上海同济城市规划设计研究院有限公司 - 城市与社会研究中心
同济大学社会学系
中国社会学会社会地理学专业委员会
主办

全球化/绅士化/与后空间

GLOBALIZATION, GENTRIFICATION AND POST SPACE

朱伟珏　主编

同濟大學出版社
TONGJI UNIVERSITY PRESS

主编及主持人介绍

朱伟珏　出生于中国上海市，1989 年赴日留学，获得日本名古屋大学社会信息学博士学位。2002 年回国，同年进入同济大学社会学系工作。同济大学社会学系教授，现任中国社会学会社会地理学专业委员会理事长、中国社会学会理事、上海社会学会理事等职。2009—2019 年担任同济大学社会学系主任。主要研究方向：城市社会学、文化社会学、理论社会学。已出版《布迪厄"文化资本论"研究》《上海社区研究与规划》《可持续与包容性发展——全球城市的多元实践》《社区、空间、治理》等著作；发表《超现实主义与精神分析学》《中国的后现代主义思潮》《资本的一种非经济学解读——布迪厄文化资本概念》《象征差异与权力——布迪厄的象征支配理论》《权力与时尚再生产》《消费社会与自恋主义》等数十篇论文。此外，长期致力于城市治理与更新方面的田野研究，并积极参与相关实践项目，已在上海南昌路街区进行了长达七年的田野调查，目前出任环复 - 南昌路跨界自治会会长，负责制定了《南昌路店招店牌导则》（2019）、组织策划了数次大型文化艺术节及学术季；积极推动城市研究领域的国际交流与合作，策划并主持了近十次大中型国际论坛与工作坊、二十余次国际学术讲座和小型研讨会，与美、法、德、日、韩等国的著名城市问题研究者建立起了长期的合作关系。

序　　言

20 世纪后半叶以降，城市社会学研究出现了一系列重要的变化。其中尤为显著的，是伴随着经济全球化而来的城市研究的转向。全球化对城市研究影响主要体现在以下两个方面：其一是全球化导致各国的城市尤其是大都市被纳入同一体系，进而出现了一些新的、需要共同应对的问题和课题。全球化时代的城市研究主要集中在绅士化、城市空间重构、全球化与本土化、文化消费、城市治理、老龄化、健康、环境问题等领域。它们和移民问题、城市物理与社会空间分异、社区认同等传统问题交织在一起，共同构成了复杂的城市问题群。其二是出现了全球城市。"全球城市"概念由美国学者萨斯基娅・萨森(Saskia Sassen)所提出，特指在经济、社会、文化或政治层面能够直接影响全球事务的城市。纽约、伦敦、东京、巴黎等城市被视为全球城市。随着 21 世纪亚洲尤其是东亚的崛起，香港、新加坡也被部分学者视为全球城市。近年来，上海、北京等超大城市也具备了全球城市的某些主要特征。

城市的复杂变化对社会学研究提出了新的挑战。我们在理解与描述我们居住的城市时，有必要具备国际视野，并与城市规划学、地理学、建筑学等其他研究城市空间的学科进行全方位的跨学科合作。正是基于这一认识，近年来，同济大学社会学和城市规划学等学科以"城市与社会研究中心""同济大学公平城市与城市治理高峰团队""同济大学城镇化与社会发展研究中心"等作为主要科研平台，展开了多方合作并共同推进了国际学术交流。《全球化、绅士化与后空间》收录了其 2017 年至 2019 年的部分成果。

本书由两大部分构成：第一部分为"后空间社会学系列讲座"的五场小型工作坊实录，第二部分为"2019 秋季同济大学'城市与社会'系列学术活动"三场国际学术交流沙龙实录。这些工作坊与学术沙龙的讲演者主要是美、日、德、法、中等国的城市社会学家与城市政治学者。

“后空间社会学系列讲座”由上海同济城市规划设计研究院有限公司—城市与社会研究中心、同济大学社会学系、同济大学公平城市与城市治理高峰团队、同济大学城镇化与社会发展研究中心共同主办。作为系列讲座的主持人，我承担了主要的组织与策划工作。系列讲座包括两场国际学术讲座和六场小型国际学术工作坊，跨越 2017—2019 三个年度。“后空间”一词源自我和法国社会学家劳伦斯·罗兰-伯格(Laurence Roulleau-Berger，以下简称罗兰)教授的一次谈话。2017 年 10 月，罗兰教授来同济进行短暂的学术访问。由于之前的几年，我每年都跟罗兰教授有 2～3 次单独的学术交流与探讨，罗兰教授抵沪当晚，我和我们系陈晋博士一起去她下榻的君禧大酒店迎接并共进了晚餐。那晚，我们就如何从理论层面把握我们所处时代的特征、中国大都市的空间重构、宗教社会学对研究法国都市问题尤其是巴黎的重要性等议题进行了深入交谈。我们还探讨了近几十年来，全球各大都市出现的一些新的空间形态，诸如购物中心这样迪士尼化的娱乐休闲空间、由绅士化导致的新的消费空间、新的移民空间等。罗兰教授详细介绍了法国巴黎伊斯兰移民聚居区在空间形态上的新特征。当时我们就考虑是否可以用一个新名称来指代此类空间变化，如“后空间”，在“空间”中引入时间的维度。“后空间”后来被用作历时三年的国际系列学术讲座的题目。

到目前为止，“后空间”还没有成为一个真正意义上的学术概念，有必要对其做进一步研究。从某种意义上讲，我们很难对“后空间”做出确切的定义。不过，我们想要表达或传递的思想是清晰的，即希望通过这一系列讲座，来捕捉全球化时代新的、都市空间的变化。这些变化后来在我们的讲座中得到了充分展示。佐金教授研究的纽约曼哈顿绅士化商街；罗兰教授阐述的中间空间，以及义乌这样一种新的产业空间；松本康教授陈述的日本古都金泽新的空间创出；上海中心城区南昌路的绅士化消费空间；等等。我们想要着重把握的，正是在时代的急剧变化中，在全球化的影响下出现的新的城市空间特征。

第二部分的“2019 秋季同济大学‘城市与社会’系列学术活动”由同济大学主办，同济大学社会学系、城市与社会研究中心、中国社会学会社会地理学专业委员会、环复-南昌路跨界自治会承办，由我担任总策划。作为尝试，学术活动地点安排在两个性质完全不同的场所：一个是我们称之为学术场域的同济大学，另一个是上海中心城区南昌路。这是我们的新尝试，把学术带到城市空间，即城市街区去。南昌路是我本人长期从事田野研究的地方，也是同济大学社会学系的教学科研基地。我们把此次大型学术活动中的三场国际学术工作坊，或者说学术沙龙安排在了南昌路，两场分别放在南昌路上不同的咖啡馆举办，另一场放在小型图书馆举办。本书收录了这三场学术工作坊的主要内容。我认为这是一次十分有意义的探索。迄今为止，绝大部分学术活动都是在大学这样的象牙塔里举办的。但事实上，许多学术研究和我们的生活、我们身处的空间，以及现实世界有着紧密联系，城市研究尤其如此。我们有必要把学术带回到我们日常生活的场所。

本书共分成八讲。第一讲“后西方理论与欧洲和中国的城市社会学”(Post-Western Theory and Urban Sociology in Europe and in China)由法国社会学家、法国国家科研中心社会学研究员、里昂高等师范学院教授罗兰主讲。罗兰教授从①什么是后西方社会学(Post-Western Sociology)；②城市社会学知识的遗产与循环；③中国与欧洲城市社会学的延续；④中国与欧洲城市社会学的断裂，这四个方面阐释了西方社会学理论与欧洲和中国城市社会学之间的关系，具体探讨了马克思主义、芝加哥学派城市社会学说及其对欧洲和中国的影响，并以法国移民问题、融合与隔离的几个案例加以说明。讲演内容涉及公共空间、社会分化和集体行动。

第二讲“加拿大和美国的三个老字号家庭餐厅：交融的全球地方文化经验”(Three Time-Honored Family Restaurants in Canada and USA: Inter-Glocal-Cultural Experience)由美国纽约州立大学奥尼昂塔分校社会学系教授梁浩瀚主讲。梁教授以 Brooks' BBQ、Tomahawk Barbecue 和 White Spot 这三家源于北美的老字号家庭餐厅为案例，考察城市的社会与文化变迁，探讨了“老字号”背后包含的建筑、场所、体验、归属、认同等问题。考察涉及以下一些问题：①家庭餐厅如何才能获得顾客和社区的认可；②这些老字号餐厅是如何维持其运营的；③它们在运营的历史上随着城市和社区的变迁而经历了哪些适应性改变；④它们是如何成为地方场所认同标志的；⑤全球本地文化建立带来哪些影响。

第三讲“大都市中心城区的空间重构与分异”(Spatial Reconstruction and Differentiation in Metropolitan Central Areas)。具体内容由①法国著名社会学家罗兰的“城市、好客与驱逐”(Cities, Hospitality and Expulsion)；②美国纽约城市大学社会学教授莎朗·佐金(Sharon Zukin)的“地方商街：

再开发与原真性”(Local Shopping Streets: Redevelopment and Authentic Character);③同济大学社会学系教授朱伟珏“城市更新与城市治理——以原法租界南昌路为案例”构成。罗兰教授的演讲从理论知识出发,主要聚焦于中心城区在空间重构过程中产生的新的分异形式。她指出,此类分异由社区阶级化、不平等化、城市结构、生物政治、中间空间和世界主义等因素促成。

佐金教授考察了大都市中心城区绅士化的过程。她分享了自己团队在纽约曼哈顿 Orchard 商街所做的研究。Orchard 商街随着时间的推移逐步高尚化,从曾经的乡村小街演变成全球化城市商街,租金也随之水涨船高。通过对三位不同背景店铺老板的采访,佐金教授展示了商街逐步走向高尚化的过程,并提出如下追问:这个商街到底面向谁?这样的商街有自己的历史积淀吗?

我本人的讲演围绕着三大主题展开。①南昌路更新:全球逻辑与本土逻辑;②南昌路的空间重构与空间分异;③问题的提出:城市更新与社会治理。具体探讨了如下问题:上海中心城区的更新是如何在全球化与本土化双重逻辑影响下,以不同方式展开的;以绅士化方式推进的城市更新是如何导致上海中心城区出现空间重构与新的空间分异的;最后,作为对佐金教授的理论回应,探讨了城市更新过程中,如何保持城市“原真性”的问题。

第四讲“传统消费城市的文化重建——以金泽市为例”(Cultural Reconstruction of Traditional Consumer Cities — A Case Study of Kanazawa City)由日本城市社会学会会长、立教大学社会学教授松本康主讲。松本教授以金泽市为案例,围绕传统城市文化重建过程中的“同质化”与“个性化”议题展开。金泽市是日本藩政时期最大的封建城市,在明治维新之后的近代化进程中,工业发展道路并不顺利。虽然经历了从轻工业向机械工业的转型,但战后的重化工业发展战略却并未获得成功。不过由于避免了战争的灾难,传统消费城市丰富的历史文化资源被保存了下来。这为后期发展创造了有利条件。自 1970 年以来,金泽市在重新评估传统文化的基础上创造出自己的独特历史叙事。此后被视为城市文化建设的一种有效尝试,通过将城市历史的选择性建构和对传统文化的重新诠释与当代文化创造相结合,金泽市创造了自己的“个性”。

第五讲“城市的政治学”主要由德国达姆施塔特工业大学都市政治学教

授休伯特·海涅特(Hubert Heinelt)"如何解释城市之间的差异"(How to Explain Differences Between Cities)、德国海德堡大学都市政治学教授迈克尔·豪斯(Michael Haus)"崛起的城市,民族国家的衰落"(Rising Cities, Declining Nation-states?)两篇讲演稿构成。休伯特·海涅特教授的讲演围绕着"如何解释城市之间的差异"展开讨论,运用后实证主义方法,探讨了法兰克福、慕尼黑和斯图加特这些城市为何会做出不同政策选择的问题。讲演以地方气候政策比较研究为例,分析了气候政策在不同城市之间有所不同的原因,并对经验确定的交际互动机制进行了分析与探讨,通过考察当地如何适应这些机制来解释城市之间的差异。此外,休伯特·海涅特教授还分析了叙事模式的组成部分,认为地方叙事实质上体现了交往互动机制的具体适应性,每个地方叙事都需要一个故事情节或一个连贯的叙事模式。

迈克尔·豪斯教授的讲演围绕着"崛起的城市,民族国家的衰落"展开,具体针对公共媒体上兴起的城市进行了讨论。他指出,随着城市网络和相关社会运动的兴起,以及全球问题如难民问题本地解决方案的出台和创新,"权力是否已经从民族国家转移到城市"已成为新的关注点。为了解答这一问题,迈克尔·豪斯教授首先以圣丹尼斯和巴黎为例,对是否应该对城市作出定义进行分析性阐释,提出了针对城市的理论上与文化上的两种认识。接着,他通过分析法兰克福、多特蒙德、格拉斯哥及伯明翰四个城市的"问题话语",来阐述城市如何有所作为。最后,迈克尔·豪斯教授对"上升城市"的话语进行了评述,并得出以下结论:城市不仅是复杂的社会建构,而且仍然需要民族国家。为此,我们必须考虑城市与民族国家之间的紧张关系和互补性。

第六讲到第八讲是"2019 秋季同济大学'城市与社会'系列学术活动"的三场国际学术沙龙实录。第六讲"情感·团结·都市新移民"(Emotion Solidarity Urban New Immigrants)主要由法国国家科研中心社会学研究员、里昂高等师范学院教授罗兰的讲稿构成。随着全球都市的迅速发展,不仅都市新移民的数量在急剧增加,其身份构成也变得更为多元和复杂。如何让都市新移民更好地融入城市,是全球都市共同面临的问题。近年来,法国社会学注重从"情感"的角度,思考新移民社会融入问题,关注情感和城市之间的关系。罗兰教授的讲演从情感社会学出发,围绕社会歧视、社会认同、社会团结、社会包容等议题展开。她指出,在西欧社会中,部分群体如失业青年、都市新移民等处于弱存在状态。这些群体不知道如何在目前的社会结构中继续生活，感受到被边缘化和被歧视。为了使这些边缘群体和难民群体融入社会，近年来，人们开始尝试建立一种情感的共同体。一些社会组织和政府部门开始尝试建立一种新的平等，用以帮助难民和边缘群体。在城市的中介型公共空间中，一些艺术的、经济的、环保的活动被开启，人们参与社会活动和运动，在此过程中获得了社会认可，得到了精神领域的社会认同感。与此同时，不同民族、族群也找到了交流与"和解"的机会，促进了城市和谐。

第七讲"历史风貌街区的商业化与绅士化"由纽约城市大学教授，佐金的"历史风貌街区与商业化——一种全球城市的更新策略"和同济大学社会学系教授朱伟珏的"绅士化与南昌路街区商业化"构成。佐金教授从自己的著作《全球城市　地方商街：从纽约到上海的日常多样性》谈起，探讨了地方商街与全球化的关系。她指出，不同地域中的商业街显示出地方性差别，是地方文化的公共性表征(public face of local culture)。商业街不仅体现了一个社会的经济资本，更反映出当地的文化与社会资本。一条好的商业街应该有供人行走和休憩的空间，对所有人几乎都具备经济适用性。这条街道同时也应该具有地方特色和文化遗产。在这条街上，人们总是能够发现新鲜有趣的事物。

我本人的演讲以南昌路为案例，围绕着上海中心城区的绅士化而展开。上海中心城区的绅士化趋势大致经历了三个历史时期：1980—2000 年，绅士化萌芽期；2000—2010 年，绅士化成长期；2010 年以后，绅士化发展期，在这一阶段，绅士化蓬勃发展，更新路径发生了很大改变，由自下而上演变为自上而下，地方政府开始大规模介入。与此同时，绅士化也逐渐成为旧城更新的一种主要模式。在南昌路这样的上海中心城区，城市更新基本发生在街面的高尚商业空间内，居住区则几十年来没有什么改变。城市更新是一个长期和复杂的过程，应注意保护当地居民的场所、利益和街区的人文环境。为此，需要建立政府、开发商和当地居民全方位参与的长效机制。此外，旧城更新的目标不仅仅是改变城市的物质环境，更是一种全方位的更新，是人文、社会环境的改善，既要管理和治理，在可能的情况下也要保持其多样性。

第八讲"逆转的人类学"由法国社会人类学研究所研究员皮埃尔·德里亚奇(Pierre Déléage)主讲。德里亚奇博士的田野工作主要是记录生活在亚马孙河流域的沙哈那瓦(Sharanahua)族群传统的吟唱仪式，并翻译成法语。由于这些仪式和当地的神话有关，使用了某种特殊的语言，使得对文本的解读非常困难。在人类学中,主要的解读方式有三种:第一种是心理主义的解释,即记忆是人类心智能力的体现,这是最简单同时也是德里亚奇最不感兴趣的。第二种解释是仪式歌唱使用了某种固定的、类似诗歌的结构,通过排比、重复,符合人的记忆规律,属于某种“知识技术”。第三种解释是关于权威性的,即神、精灵或祖先的权威使得这种知识能够流传。德里亚奇博士通过对文本的解读并加以理论化,试图弄清这样的问题:这种看似非常原始的口口相传,是如何一代一代稳定地流传至今的?

补记:

我目前居住在日本中部伊豆半岛,在我的工作室双枫舍进行此书的统稿工作。自 2019 年 10 月开始,我们便着手书稿的整理和编辑工作。这项工作意外地繁复。首先,我们要和作者们取得联系,一一获得他们的出版确认。然后,要将根据演讲录音整理出来的初稿用邮寄等方式请作者再次确认。譬如,松本康教授的演讲由于涉及许多日本地名和人名,给讲稿的整理工作带来了许多困难。为此,我便趁他 2019 年 11 月来同济大学访问期间,和他逐一进行了校对。2019 年 12 月底,和作者的相关确认工作总算告一段落。然而 2020 年初,疫情不期而至,编辑和校对工作因之从 1 月初便停顿了下来,直到 4 月才重新启动。

我本人的生活和工作也发生了一些改变。我于 1 月 27 日赴日度假,原定 2 月中下旬回沪,因疫情影响至今仍然滞留在日本。工作方面,国内大学改为网上授课,对我的直接影响倒不是很大。不过,网上授课和面对面地教授毕竟不同,效果还是要差一些的。生活方面,疫情发生后我一直生活在伊豆半岛,相较于住在上海、东京这样人口密集的大都市,我的伊豆生活是自在和自由的。而且,这段在日本的较长逗留期,也为我近距离了解日本的疫情发展创造了有利条件。

我 1 月 27 日抵达东京时,日本疫情几乎还没有出现,当天全日本只发现了三名新冠肺炎患者。也因此,东京的整体氛围是放松的。除了在我下榻的、位于池袋的大都会酒店门口放着的一瓶酒精消毒液,可以让人联想到疫情外,几乎没有什么异样之处。

但不久情况就发生了很大改变。随着确诊人数不断增加,日本开始感到疫情的严重性。我在东京待了几天后,去了伊豆半岛,其间只在 2 月中旬去了东京一次。总体来说,我的旅居生活经历了这么几个阶段。第一阶段是刚到日本的那段时期。当时日本疫情还没有大规模爆发,尤其是我所在的伊豆高原,至今还没有发生疫情。而且我居住在国家公园里,风景秀丽,空气清新。因此,我的生活几乎没有受到什么影响。但到了 3 月底,疫情开始变得严峻起来,日本每天都有几百人感染,东京也每天有近百人确诊。4 月 7 日,日本政府宣布了包括东京都在内的 7 个都道府县进入紧急状态。同月 16 日,日本全国进入紧急状态。这段时间一直持续到 5 月 25 日紧急宣言解除。这一时期,我个人的生活受到了很大影响。除了为购买生活必需品每周外出一次,以及为了维持身体健康的散步外,我几乎一直待在屋里。5 月底,日本虽然解除了紧急状态,但附近的商店仍然没有完全恢复营业,我除了外出吃过一顿饭之外,基本延续了前段时间的作息。要恢复正常的日常生活,估计还有较长的一段路要走。

疫情带来的影响是多重和多方面的,其对城市的冲击尤为显著。这也对城市研究提出了新的挑战。此次疫情对城市,尤其是超大城市的冲击是显而易见的。纽约、东京、伦敦和巴黎等全球城市都相继成为疫情的重灾区。从日本的情况看,疫情的爆发区基本集中在人口高度密集的东京、大阪、名古屋等大城市,尤其是东京大都市圈。截至 6 月 7 日,日本总感染人数为 17 164 人,东京都感染数为 5 369 人,东京都市圈(东京都、神奈川县、埼玉县、千叶县)感染数为 8 664 人。东京都市圈总感染人数占全日本的 50%以上。考虑到日本总人口为 1.265 亿,其中东京都市圈为 3 814 万,东京都市圈的感染率明显高于其他地区。

疫情对城市居民的经济活动和社会生活的打击同样是巨大的。疫情下,东京居民的经济社会生活几乎处于停顿状态。自 4 月 7 日东京宣布进入紧急状态后,日本政府提出了减少 80%人与人直接接触的目标。为了达到这一目标,不仅要求东京居民"自肃",不要外出,而且除了超市和一些提供日常生活必需品的商店仍然正常营业外,其他商业和文化娱乐设施都关闭了。东京街上空空荡荡,几乎成了一座空城,处于半瘫痪状态。疫情暴露出了东京这座全球城市的脆弱性。

21 世纪以降,日本人口和资源向东京以及东京都市圈的高度集中,已经引发了一系列经济与社会后果。2019 年 11 月,日本城市社会学会会长、立教大学社会学院院长松本康教授曾来同济大学出席"2019 同济大学'城市与社会'系列学术活动"并作了题为"东京的过度城市化"讲演。他分析了东京过度城市化的过程,指出过度城市化已然导致东京出现了新的空间分异,而居住区的差异正影响着大都市的政治生态。最近几年因工作需要,我经常往返于上海和日本东京等地。只要稍加留意便不难发现,日本大城市和地方之间,不论在人口规模和人口构成,还是资源分配方面都存在着不均衡的现象。走在人潮涌动的新宿、涩谷这样的繁华街区,连在上海中心城区长大的我都时常会产生一种焦虑感。与此形成鲜明对比的是地方中小城市和农村。那里不仅街上行人稀少,缺少活力,连餐饮业等场所的从业人员也大都是老年人。由于缺少工作和发展机会,年轻人都纷纷去大城市谋生了,导致地方越来越衰败。显然,人口向东京等大都市的高度集中,已经使得地方的经济社会生态遭受了不同程度的破坏。而这最终将可能像《消灭地方　东京一极集中导致人口急剧下降》畅销书名显示的那样,导致日本整体社会的萎缩。

此次疫情从另一个方面显露出过度城市化的负面影响,东京这样的全球城市以及城市圈的"集聚效益"正受到前所未有的挑战。目前,上海、北京等地正在大力推进城市圈的建设,如何避免东京等大城市圈已然出现的社会经济难题,如何应对诸如新冠疫情这样的突发性公共事件,构建具有抗风险能力的韧性城市,将成为后疫情时代城市研究的重要课题之一。

朱伟珏
日本伊豆高原
双枫舍
2020 年 6 月 12 日

目录

第一部分

第一讲　后西方理论与欧洲和中国的城市社会学

2017 年 11 月 7 日晚，“2017 城市与社会国际学术论坛・后空间社会学系列讲座”第一期在同济大学文远楼举行，法国国家科研中心社会学研究员、“中法后西方社会学”国际联合研究所法方所长（法国国家科研中心一里昂高等师范学院一中国社会科学院）罗兰教授在同济大学文远楼作了题为“后西方理论与欧洲和中国的城市社会学”的演讲。讲座由同济大学社会学系主任朱伟珏教授主持，同济大学城市规划系孙施文教授、童明教授，复旦大学社会学系于海教授，华东师范大学社会学系刘拥华副教授四位专家学者受邀担任对话嘉宾。

嘉 宾 简 介

劳伦斯・罗兰-伯格

法国国家科研中心社会学研究员、里昂高等师范学院教授、“中法后西方社会学”国际联合研究所法方所长（法国国家科研中心一里昂高等师范学院一中国社会科学院）。她在法国和中国的研究涉及城市社会学、经济社会学和移民社会学。主要研究领域为城市中的隔离和中层空间、劳动与雇佣以及欧洲和中国的移民与多元化经济等，同时也致力于社会学的非西方化。从 2006 年开始，她与中国的社会学家们共同展开认识论上的反思——她称之为“后西方”的社会学。

于　海

复旦大学社会学系教授，主要研究方向为西方社会思想史、城市社会学、社区与志愿组织研究、全球化研究等。代表成果有《西方社会思想史》《非典的社会学分析》《民族精神意涵：国家意识、文化认同、公民人格》《人文尺度的城市规划》和《西方城市理论一百年》等。

孙施文

同济大学城市规划系教授，主要研究方向为理论与历史、城市规划实施。代表成果有《田园城市思想及其传承》《摆脱社会制度改革的困境》《经济转型的理想与现实》《住房问题是个社会问题》《城市之运：现实与理想》等。

童　明

同济大学城市规划系教授，主要研究方向为城市设计与理论、城市社会学、城市公共政策理论与方法、建筑设计与理论。代表成果有《政府视角的城市规划》《拼贴城市》《园林与建筑》《从神话到童话》等。

刘拥华

华东师范大学社会发展学院社会学系教授，紫江青年学者。主要从事社会理论、中国社会学史以及当代中国研究，曾在《中国书评》《社会学研究》《社会》等刊物发表论文数篇。

主持人朱伟珏教授

图 1-1　朱伟珏教授

各位老师、尊敬的罗兰教授、各位同学，晚上好。非常高兴今晚请来我们的老朋友罗兰教授给我们做精彩的演讲。在开始之前，我们先举行一个小小的聘任仪式。罗兰教授在 2016 年被“城市与社会研究中心”聘为学术委员会成员，2017 年又被聘为我们最近出版的《城市社会学评论》学术委员会委员，我们现在举行一个简短的仪式，把两份聘书颁发给罗兰教授。

主讲嘉宾罗兰教授

后西方理论与欧洲和中国的城市社会学

大家好，谢谢朱伟珏教授。我非常荣幸，也非常开心，得此机会再次向你们介绍后西方社会学和城市社会学在中国和欧洲的发展。上周末我和于海教授一起参加了“城市与社会”国际学术论坛，非常有意思，可是时间很短，所以非常感激你们给我新的机会，让我可以深入讲解自己的理论。（前几天）我曾和朱伟珏教授、陈晋老师一起讨论，发现我们有一些共同（关注）的理论问题。

我是社会学家，三十年来一直从事社会学研究，从 2002 年开始在中国做研究。2006 年是很重要的一年。我不是在讲我的故事，这个故事对你们理解我下面的阐述很重要。那一年我在中国社会科学院做了一年访问学者，其间我发现了中西之间的巨大差别：大部分的中国学者非常了解美国和欧洲的社会学研究，也了解许多西方学者；20 世纪 90 年代后，中国的学者都在辛苦工作，可是大部分美国和欧洲的社会学家还没发现这种工作的重要性。所以我跟一些中国学者，例如李培林、国际研究中心的很多同事、同济大学的同事等去讨论这件事。十年来，我们没有中欧之分，一起一步一步朝着城市基础性理论的新方向——后西方社会学迈进。我们一起出版了很多书，如果加上我们正准备出版的新书，差不多超过 10 本了。当今世界很少有西方人和中国人一起出书的情况。后西方社会学是一个“非霸权”社会学。这是一个很长的过程，是一个很长很漂亮的故事，一种新的理论、新的认识论、新的方法论的故事。我一边和大家进行大量的讨论，一边和大家一起从事研究。有一些法国学者研究法国郊区、法国市区，而我在中国做研究，我的博士生也在中国做调查——我有 8 个博士生，其中 5 个都在中国做一些非常好的研究。

今晚，我要向你们介绍后西方社会学关注的是什么，有城市社会学知识的继承与传播，有欧洲与中国的城市社会学共同关注的移民、融合和隔离的问题，以及中国和欧洲城市社会学的延续性和非延续性、公共空间、社会分层化和阶级性问题。

1. 后西方社会学是什么

首先，我给大家讲一讲中法之间城市社会学的联系和断层。我们今天生活在一个转折点，一个历史学研究意义上的转折点。社会学的一些重心已经从美国、从欧洲转向了亚洲，特别是中国。改革开放之后，中国产生了许多新的知识。在“城市与社会”论坛上，我和中国、韩国、日本的社会学家一起讨论了许多问题，这是非常有意义的。我经常参加亚洲的一些论坛，参与亚洲学者的讨论——通常我是其中唯一的欧洲学者——我看到很多的学术问题慢慢地开始在亚洲讨论起来，因此去年我出版了一本叫作《后现代革命在中国和欧洲》的书。我们现在所处的时代是一个非常重要的时代，从我的角度来看，这个时代社会学知识领域经历了两场无声革命。

我们要回到一个很重要的概念：认识论的不平等。印度学者 Rajev Bhargava 提出了这个概念，它的含义是什么呢？首先它是指有一种无知，有一种无视，使人们看不到知识的整体。在中国，尤其是在改革开放以后，出现了一些很著名的社会学家，他们的研究做得非常好，提出了很多理论，可是在欧洲和美国很少有人知道这些事。我们就像盲人摸象一样，对这个领域没有整体的了解，我们研究人员各讲各的。甚至有一些西方的社会学家十分满意自己的中心地位，把自己封闭起来之后，就更加不了解外面的世界。

韩国、日本进入了一个西方化的进程，但是中国的经历不一样，中国社会学的发展和日本、和韩国的路径也很不一样。在 2006 年和李培林等教授讨论之后，我突然发现我们不能这样继续下去——中国其实有很多的科学研究成果，特别是在社会学领域。我就问了一个问题，为什么以及怎样会出现这样的情况？我不认为这是萨义德所说的“东方学”的问题。在西方，知识有不同的层级，有些知识被认为是正义的，有些知识被认为是非正义的——在社会学当中也存在这样的现状。Rajev Bhargava 在印度出版了《认识论的不平等》，指出了三种不平等。首先，是非西方相对于西方的地位上的不平等；其次，在中国、印度或其他的一些地方的思想框架中，有时候也会有一种西方或者非西方的霸权；再次，知识分子内心可能会觉得，在非西方做出来的研究成果，或许没有像在美国产生的研究成果有价值。这种认识论的不平等是非常关键的，而且我们仅仅认识到其存在还不够，必须立刻去思考。如果我们深入思考认识论的不公平性，就会觉得不公平的认识论让学者们很被动，其实不然。学者们尽管有能力理解认识论的知识，但是，由于不同的认识论知识模式存在差别，认识论的概念和相关知识体系很复杂。

我即将讲到中国的认识论不平等现象，我们要打破认识论和不平等之间的联系，所以这些年来我致力于建议中国和法国的社会学家，或者是联合对这个问题感兴趣的欧洲社会学家一起来研究知识生产传播的延续性和断裂性问题。我们要打破东西方的界限，这样就可能产生后西方的理论，我们会因此变得非常有效率、有创造力——这就是我们现在所做的工作，我们可以一起来工作，一起来创造一个跨国的知识共同体。

认识论知识是一个复杂的概念，我给大家举五个例子。李培林、渠敬东(2011)区分了 20 世纪上半叶中国社会学历史的不同阶段，比如第一阶段是马克思主义和社会调查运动，他们向我们展示了 1949 年以前其实存在一个适合中国本土的社会学的方法——这种方法当然受到了马克思主义的影响。Yijin He(2017)在分析中国社会学 20 世纪 50 年代的自我调适时，提出了选择性自主权(alternative autonomy)的概念。渠敬东(2015)指出了康有为、王国维、陈寅恪等哲学家具有不同于西方社会的“大一统”普世价值，他们已经脱离了传统的哲学观念，其中有一些论著展示了中国古典时代的思想。谢立中(2012)也有一些后西方社会学的论著，他讲到了“社会现实”(social reality)。李培林(2015)引介了“东方的现代化”(oriental modernization)的概念。

什么是后西方社会学？像李培林、谢立中等人的理论其实并不是“反西方”的社会学理论。在我的作品中也提到，我们可以从不同知识的交叉点切入，或者从中国和欧洲的交叉点来看后西方社会学理论。后西方社会学的建构其实是基于那些不能通过二元模式理解的延续性和非延续性，它依赖于不同的知识过程：

(1) 看似是欧洲的或者是中国的“知识点”(knowledge niches)，但是并不代表知识的可传播性。

(2) (后西方社会学)鼓励知识从欧洲向中国，或者从中国向欧洲部分传播的中介的认识论过程。

(3) 欧洲和亚洲的知识并置的跨国界认识论空间。

(4) “共同空间”和“适当空间”的形成。

我觉得要找到这些知识点,或者说知识的联结点。从中我们会看到知识是怎么样从欧洲到中国,从中国到欧洲迁移的——现在大部分知识还是从欧洲往中国迁移,但是我觉得我们现在所做的工作就有利于中国的一些研究成果慢慢地向欧洲迁移。这里有一个知识的国际流通过程,同时我们也要创造共同的空间。

2. 社会学知识的传承和循环

下面我想给大家展示这种传承和继承的关系。我选择从城市社会学入手,看看我们怎样来做一些后西方化的城市社会学(研究)。

首先,马克思主义的城市社会学对中国很重要,对法国也很重要。比如说,我们学过 Henri Lefebvre、Jean Lojkine、Christian Topalov 等学者的著作,内容包括“城市的资本主义生产”“国家与城市政策”“城市和社会运动”“公民与参与”,等等,这些主题对中国和欧洲都非常重要。

马克思主义城市社会学首先是一个整体的批判社会学。保罗·亨利(Paul Henri)在法国社会科学高等研究院建立了“城市社会学中心”(Centre de Sociologie urbaine)。20 世纪 70 年代末,米歇尔·福柯(Michel Foucault)的门徒们于 1968 年创立的“研究”(Recherches)和 1978 年创立的“城市研究年鉴”(Les Annales de la recherche urbaine)一起,建立了一种新的批判城市社会学,他们通过福柯的一些理论来重新思考城市,来重新把握城市问题。1979 年,Yves Grafmeyer 和 Isaac Joseph 将芝加哥学派引入了法国(里昂)的城市社会学。他们想要发展关于日常生活的田野社会学(fieldwork sociology about daily life),一种摆脱了全球理论的城市社会学,而法国社会学历史上的这一重要事件就发生在里昂第二大学。我当时在法国里昂做博士后研究,亲身经历了法国学派的整个发展过程。1981 年,经历了城市研究的快速而短暂的兴盛之后,马克思主义城市社会学的法国学派逐渐走向了衰落。但这个法国学派非常的重要,特别是在当年,它有一个先锋性、奠定性的作用。

我们可以认为,马克思主义的城市社会学在中国还有很大的影响力,它们存在于不同的议题中:①空间的社会分化、社会分层;②新中产阶级和中产阶级化(gentrification),相关研究包括:城市生活方式的差异化和新中产阶级的分层(Zhou Xiaohong, 2008; Chen Yingfang, 2012; Zhang Dunfu, 2010),住房私有化和城市化(Guo Yuhua, Shi Yuntong, 2008);③中国大都市中的贫困和新的城市下层,例如"城中村"的多元化(Li Peilin, 2008; Lian Si, 2009),无家可归现象的出现(Liu Neng, 2015)。不论在法国还是在中国,我们(都)不能说芝加哥或者非芝加哥、马克思或者非马克思,我们认为这些社会学家应该成为国际的社会学家,我们创造的其实是一种混合的思想,不能去做一个结构主义的划分。

中国和欧洲的第二个传承就是芝加哥学派。芝加哥学派在法国的发展开始于 Yves Grafmeyer 和 Isaac Joseph 将芝加哥学派的著作翻译过来之后。90 年代开始,里昂有好几位社会学家受芝加哥学派的影响做了一些社会学研究,其中包括:城市"环境"和中心城区(Grafmeyer, 1991);移民和种族经济(Péraldi, Tarrius and Missaoui, 2000);居住轨迹与城市生活(Authier, 2001);年轻人、边缘化和中间空间(Roulleau-Berger, 1991, 1999);种族和社会世界(Payet, 2001; Boubeker, 2003);毒品经济与年轻人(Michel Kokoreff, 2000);城市贫困与无家可归(Pascale Pichon, 1994)。芝加哥学派的大数据研究方法对我们来说是非常重要的,我们可以知道怎么样去做一个实证的研究,怎么样进入实地去调研。我们现在还是在用这样的方法,像边缘、郊区、移民团体、社区等社会学主题,也是现在法国研究的热点问题。

从中国(的情况)来看,芝加哥学派的代表人物——罗伯特·帕克(Robert Park)及其女婿罗伯特·雷德菲尔德(Robert Redfield)在 1931—1932 年和 1948 年来中国教授过社会学。费孝通在重建中国社会学的过程中受到了他们很大的影响(Zhou Xiaohong,2004)。但费孝通在 20 世纪 30 年代的研究成果,我们西方一点也不了解。所以,当我把他的学说介绍到法国去的时候,法国的同事们十分惊异。我不知道费孝通和芝加哥学派之间具体的联系是什么,我想中国的学者对这个问题可能有更深刻的研究。

3. 中国与欧洲城市社会学之间断裂的延续性

我不能包罗万象地讲所有中国和欧洲研究的社会学问题,所以选择了一些我认为比较重要的,中国和西方都在研究的议题——移民、融合与隔离——来看一看它们之间的区别、断裂在哪里，今天城市社会学的理论怎么样，芝加哥学派的理论是否还有价值，这样可以来研究法国和中国的问题。

当前城市社会学中的同化理论——社会学中的城市融合过程常常与移民问题相关。芝加哥学派关于移民的研究（Park，Burgess，McKenzie，1925）描述了移民如何能够利用调试策略定居于城市区域中，其中涉及了移民与其他社会团体的空间竞争并发展出他们自己的社会轨迹；帕克和伯吉斯还研究了城市的融合与隔离问题，提出了第二代移民的向上社会流动问题。同化理论首先展示了第二代和第三代的移民后代是如何接纳了他们的主流社会地位，而这个过程看起来似乎是不可逆的。

在欧洲城市社区中，尤其是在强迫集中居住过程中的法国城市郊区工人阶级的社区中，空间、社会和经济的隔离在过去二十年中愈演愈烈。法国的情况非常复杂，因为移民的后代学历不高，在社会上受到很多的歧视，而且他们的失业率非常高，就业非常不稳定，所以很少有向上流动的可能性，因此他们经常集中在郊区的贫困街区。比方说，2011 年法国 40%的北非裔年轻人是工人后代，与之相应，祖籍法国的年轻人只有 12%是工人后代；23%的北非裔年轻人居住在敏感城市区域，而且在他们积极生活的前七年中，平均有 27 个月的失业期，与之相对应，祖籍法国的年轻人只有不到 11 个月的失业期。

在当今的欧洲城市，芝加哥学派的理论仍然可以用来分析国际移民的优势社会群体的轨迹，例如企业家和贸易人士，但并不适用于移民后代。移民后代的代际流动似乎越来越非线性，反映了城市和经济融合的不规则、不可逆、不可预测、多维度和差异性等（Roulleau-Berger，1999、2013）。

在中国，这一方法在某些特定情况下也有助于理解中国农民工的被融合与被排斥（Li Peilin，2012；Zhang，2014）以及大城市中的新移民问题，比如在广州持续的阿拉伯和撒哈拉以南商人的迁移潮（Liu，2013），他们可以在中国提高自己的社会地位，有的人还能够取得一定的成功。在欧洲的城市里，特别是在米兰、巴黎，一些中国的创业者、企业家的社会地位也获得了非常大的提升——由此可以看到大城市和中国超大城市移民问题的复杂性。但是芝加哥学派的模型不能用来分析新的、非正规的年轻国内移民的社会非正规进程——他们当中一些人居住在城中村，也有些人被迫离开大城市回到老家。

我们尤其注意到一些正规的年轻移民。如今在中法两国社会中都可以看到学历比较高的移民也遇到一些问题。一些年轻人在中国的大城市中(如北京)能够获得技术性工作,比如工程师、国有企业或者私营企业的管理人员,但是他们中的大部分仍然保持移民的状态,工作和住房得不到保证,他们称自己为“北漂”,即“北京的流浪者”。当前,年轻的毕业生,尤其是技术移民的工作环境在持续恶化(Chai Guoyun, Deng Guoying, 2011):20 世纪 90 年代末,他们还被认为是社会的精英,而且一旦毕业就能在政府部门和公共机构中获得稳定的工作。但如今完全不是这样了,年轻的毕业生被迫接受非正式的工作或者面临失业(Roulleau-Berger, Yan Jun, 2017)。所以说不仅仅是最贫穷或者没有学历的人有这些问题,接受过良好教育的人也遇到了这些问题,这是一个整体现象。它能够反映出我们城市的特征,也让我们思考什么叫整体城市,城市产生了新的整合过程。

在如今的法国城市社会学界,我们对“世界性的环境”(cosmopolitan condition)(Agier, 2013)的讨论越来越多,它对于新移民——通常是寻求庇护者和难民——意味着全球化带来的循环加强了国家、民族、种族、宗教、语言的经验,甚至是考验,反映在欧洲城市中就是一种世界性的环境。面临着反复出现的风险情境、威胁和不确定性,最受威胁的新移民被迫跨越一系列的边界。每次跨越,他们的生命都被置于危险当中,诸如区域战争,等等。之后,这些最受威胁的移民又不得不在欧洲城市的有限条件中停留相当长的一段时间,而且这并不一定意味着(他们)能够最终稳定下来。

我们正在和华东师范大学(的学者们)进行在广东的索马里难民的研究,这是相当令人惊讶的事情,在国际化城市中不光有一些移民,还有一些难民。在不同的国际性城市中出现的这类移民潮,反映出世界上有很多的威胁,特别是恐怖主义、种族战争和自然灾害。新的人口在世界各地流动,他们是不是移民呢？今天很难定义什么是移民,我们要从头开始看,很多社会学家认为要重新考虑移民的问题。普通城市中的移民和国际性城市中的移民是不一样的,广东和米兰的移民类型是不一样的。

可以说芝加哥学派一些核心的策略已经失效,对于经历国际性移民的人来说出现了一些新的界限,并且互相之间存在一定的渗透。这其中有一种延续性,但也有一些断裂或者割裂的现象。因为各个社会所处环境不一样,政治条件和历史条件已经发生了变化,比如法国就没有中国的城市状态。

中国社会学家目前运用社会结构、互动与关系、个体策略(Li Peilin, Li Wei, 2007; 2014)等概念来理解中国城市中的移民经验,法国社会学家则运用结构化过程、个性化与主体化、代理与能力等概念来理解这个问题。在后西方社会学中,我们已经看到了中国和欧洲城市社会学之间的一些断裂的延续性。

4. 理论上延续的断裂性:公共空间、社会分化和集体行动

我工作的重点是城市关系,因此我选择了从公共空间和社会分化来看一下发生了什么。首先,我的工作受到了中国社会学的影响,我和中国同事们的研究比较深入,我们在中国会集中谈论公共空间。而法国学者想不到社会的差异性,他们仅仅局限在公民权、集体的行动。中国社会的差异和公共空间其实存在着密切的关系。

公民都能享有的首要商品。现在法国的失业率增高、贫穷化加深、种族主义出现,导致公共空间变成了一个表达社会冲突、不平等、不确定性和不认同对方的特别空间。在欧洲城市,社会关系定义了特定形式的公共空间中的占用和控制,它甚至被上层阶级以私有化的形式,围绕社会同质化原则组织起来,形成基于阶层集中、强调归属感的强闭合性策略(Grafmeyer, Authier, 2010; Pinçon, Pinçon-Charlot, 1989)。富裕阶层的街坊非常封闭,上层人士把很多的街区都封闭起来进行私有化控制。在中国则表现为社会的均质化、民众的均质化。我们做了很多研究之后发现,(这里)出现了一点社会的融合性,但并不是上流社会和普通民众进行融合,而是中产阶级和上流社会出现了一定程度的社会融合。法国已经实施了15年的认同性城市政策,主要目的是鼓励社会的融合——使工人阶级和外国移民、中产阶级之间能够产生一定的社会融合。但实际上,社会上仍然有很多冲突,目前来说"社会融合"只是政治口号而已,成功的例子很少,例如有些知识分子到一些街区里生活,造成了社会融合的效果。

在法国,穆斯林的影响越来越大。所以欧洲的城市社会学必须考虑宗教因素。在目前我们做的关于法国的民族阶级调查中,老百姓经常和我们谈论穆斯林,一说到穆斯林或者见了穆斯林女性,他们就觉得自己有些压力。而戴着面纱的穆斯林女性则希望法国社会更加宽容,能够接纳她们的宗教习俗和行为。

工人街区里面形成了一种城市下层阶层，在这些街区的公共空间，一方面可以看到民众之间的互助，另一方面也可以看到社会的冲突。同时我们也能看到宗教活动对法国的民众、阶级、男女都产生了一定的影响。比如到了一定的时间，女性都消失了，这导致了法国城市风貌的改变。

我从 1983 年左右开始研究街区的情况，亲眼看到城市街区变化的整个过程，现在一些严肃的研究课题摆在我们面前。25 年前有很多民众阶层的协会，现在越来越少。比如里昂 1981 年出现了民众的骚动，出现了很多关于年轻人的协会，但现在已经没有了，取而代之的是一些宗教协会，我正在研究它们到什么地方去了。但是在马赛、巴黎又出现了一些协会，(这些协会)全是城市中的女性成立的，这完全是崭新的现象。她们非常担心孩子的前途，生怕自己的孩子被法国社会所抛弃，所以她们团结起来在互联网上组织协会，鼓励新的民众权利。如果没有这些女性，我们社会会成为一个火药桶，里面有毒品，等等。她们尽自己的可能来做这些事情，从而形成一种维护社会稳定的力量。

因为中法两国的政治历史不同，也没有同样的城市发展史，因而中国城市的公共空间概念和法国有着很大不同，这就是我讲到的断裂。在中国新的城市里出现了新的公共空间，它是一个封闭式的空间。我在北京住过三个不同的地方，其中一个是农民工聚集区附近，还有一个是比较高档的街区，所有的街区都是用围墙围起来的。中产阶级街区的公共空间里出现的是带孩子的阿姨，这里面就出现了社会的分裂和割裂。而移民的公共空间很难把握，因为它是分散的，没有明确的界限，很难说哪个属于移民的公共空间。在法国可以说非洲街区、中国人街区或者北非民族街区是移民公共空间，在中国就很难这么说，因为中国主要的问题是国内移民。

中国的一些研究工作非常重要，特别是关于当地现有居民以及老年人怎样出现在新的公共空间的问题。法国没有老年人的公共空间以及两代人之间的互助公共空间等问题。我觉得这种社会组织的形成和中国的政治体制有关，和中国的历史有关，而且和中国社会主义历史有联结，可以看到这背后有社会主义的身影。法国有一点类似的东西，但是没有这么明显。这些很重要，它是多样且复杂的，并且展现了中国城市的特征。

陈晋博士(2016)的研究工作表明了被置换的人口和老年人是如何因为他们对一些地方性集体记忆的缺失而被排斥在这些公共空间的城市生活之

外的。他阐述了空间、场所与记忆的概念，以理解中国城市社区中的转型问题。我们需要理解在中国发生的事情，然后运用中国的方式去研究法国的现实。老年人、空间与记忆的关系等问题，实际上是一种观察公共空间的方式，我们在其中看到了延续性的断裂。

下面是关于公共空间与集体行动的关系。中国和法国都有很多的社会变化，需要注意的是，中国和法国城市里的移民后代都希望得到社会的承认和尊重。1935 年以来，法国出现了很多移民后代“上街”现象，意大利也是如此。年轻人以占领公共空间的方式来要求获得社会对他们的尊重——因为走进公共空间是一种使自己获得社会地位的象征性方式。一个人如果没有任何行动能力的话，就不可能进入公共空间——只有他走进公共空间，才表明他还有一种反应、行动抵抗的能力。我们在做这方面的研究，中国也有相关的研究，而环境问题、拆迁问题则是中国特有的一些情况。

结论

欧洲和中国的大都市都在成为社会和公民认同、抗争的场所。欧洲城市的公共空间已经发生了很大的变化，并产生了一些恐惧和不安感，移民的后代完全被排斥在社会的公共空间之外，导致了一些反抗、骚动。有些社会的演变情况也难以进行定义，民众在城市工作生活当中遇到了很多问题：让他工作，但是他没有工作；让他获得住房，但是他没有住房；由于他是北非人，他租不到房子；让他去申请房子，但是他没有身份证；另外，种族歧视问题也非常严重。欧洲城市中民众的骚动是将所有的感情迸发出来，他们强烈、迫切地要求得到社会的承认，从而形成了骚乱。

将公共空间的民众动员起来，是一个微型、谨慎的行动，是慢慢积累起来的。一开始大家由于各种理由不注意，但某一个事件的发生却造成了激烈的反应——警察误杀了一个阿尔及利亚的年轻人，大家不在意，但是为日后埋下了积怨；北非摩洛哥移民的孩子被警察误杀之后马上就爆发了。这里我们可以看到法国政治体系的脆弱性以及社会和政治调节的失能。从更深层次来说，我们处在一个社会发生重大演变的时代，许多事情正在发生。

最后，越来越多的社会学家关注到了城市的问题，特别是在社会公正领域——我们的城市社会价值观使我们从理论上来考虑社会的结构、社会互动能力建设、公民能力建设等问题。

嘉宾对话

朱伟珏教授

非常感谢罗兰教授的精彩演讲。刚才罗兰教授向我们介绍了中国和欧洲城市社会学的学术传承与断裂。从中我们发现中国和法国社会学有一些共同点。首先我们了解到芝加哥学派不仅对中国城市社会学的影响是决定性的，而且对法国城市社会学的影响也非常巨大，这是我们第一次分享到的经验。实际上从方法论上讲，芝加哥学派研究城市的方法是非常有意义的。相对于我们现在广泛关注的量化、大数据或者是纯理论的研究，芝加哥学派，尤其是早期芝加哥学派主要采用田野的方式。这种观察式的质性研究方法，我始终认为对于社会学研究至关重要。我们的研究团队已经深入社区进行了 3～4 年的田野研究，我个人甚至在一个社区整整住了一年多，通过田野的方式去观察一些问题，发现一些问题。因此，我认为芝加哥学派作为一个理论框架会发生变化，社会不同，政治环境不同，传统也不同，解释方法自然会有所不同，但我始终认为它的研究方法对都市研究来说还是非常适合的。刚才罗兰教授也分享了芝加哥学派对法国的影响，这种影响现在可能已经发生了一些改变，芝加哥学派对中国城市研究的影响也渐渐出现了一些变化，或者说随着城市自身的变化(不同的城市会出现不同的变化)，我们的介入方式也会发生改变。美国可以用这种方式介入，但在中国可能就不行，它要采用另外一种方式介入。

例如，我的研究团队进入社区调研时，通常会通过基层居委会的协助，这个中介组织的介入究竟会产生什么影响？这本身就很值得研究。很多时候，我们的调研对象也是居委会介绍的。这当中，我始终认为会出现某些偏差，这个偏差在一些细节肯定会有所表现，会影响到我们的研究结论。另外，罗兰教授跟我们分享了关于法国的社会隔离问题，即移民问题。这方面我个人做的研究比较少，我们系只有一名老师在做社会分层研究。不过我对这一现象的观察也比较仔细，其实在上海这样的城市，问题并不体现在种族问题上。我们的问题主要是区域隔离。至于刚才罗兰教授讲到在中国，我们如何去鼓励一种混合社区？我觉得从理论上来讲，从社会学立场上讲，这是一个非常好的理想化状态，但落实到现实层面，的确是一件很难的事。

我曾在混合社区住了一整年，那种体验是令人沮丧的。我住三楼，二楼是一位老人，还有一对外来移民住在二楼的亭子间。说实话，我很难跟他们和谐相处。因此如何去融合，这本身成为一个很好的研究课题。但现实层面如何突破，这可能是一个很难解决的问题。当然也可以做一些有益的尝试，比方把围墙打开，或者去拆除一些围墙。其实我今年送给罗兰教授的那本书里，专门写到了建立围墙导致的社会隔离现象。那么这些隔离现象应该如何纠正？现在中国政府已经出政策要求拆除围墙了，但目前这一政策受到来自中产阶层的强烈抵制。所以围墙的拆除与否非常复杂。从法国的角度来看，可能难以理解为什么中国城市中产阶级对拆除围墙持强烈的反对态度。我认为这背后的逻辑其实是非常不同的，总之我不认为中国城市中产阶级的利益诉求都是负面的。下面我们有请于海教授做精彩的点评。

于海教授

谢谢罗兰教授，我今天抱着一个很重要的目的，想了解什么叫“后西方社会理论”(Post western social theory)，听下来之后，答案基本上有了，当然这是我个人的答案。我教了 30 年“西方社会理论”，学的全是西方的东西，所以对西方是非常熟悉的。罗兰教授讲到的所有的人我都知道，芝加哥学派就不用说了，比如帕克、伯吉斯等。她也讲到了几个法国学者——我在法国学者福柯和布迪厄身上花了大量时间，我目前的博士教学和本科教学就

图 1-2　于海教授

涉及了大量的法国社会理论。罗兰教授所说的“Post”是什么？就是大家现在所看到的：一位法国学者的文章中充满了中国学者的名字。这在西方学者里面几乎没有过，所以“Post western social theory”就是“走出西方中心”。这也让我很难过，因为西方人要走出西方中心，我一个中国人却还在西方中心里面。

我认为罗兰教授自己就在实践“走出西方中心”。由此我就联想到，美国《时代周刊》(*Time*)最新一期的封面同时用了中文和英文，这是从来没有过的：英文是“China Won”，用的不是“Win”而是“Won”——用“Win”是指中国将要赢了，而用“Won”是说中国已经赢了——意思是美国“Lost”，美国输了。倒过来是中文的“中国赢了”。昨天晚上和今天早晨都有美国朋友让我评论一下美国《时代周刊》这篇文章，但是我今天不去评论它。我想说的是，中国从来都是去学西方：我们 1978 年改革开放也是学西方，学西方的理论——先是学美国，然后再学欧洲，欧洲的就全部学了法国的。我们都没有承认过中国自己的东西，但是现在美国已经放下了身段，认为中国赢了。刚才说走出西方理论，我们要看到中国对“公共空间”“移民”等研究都做出了重要的贡献，我们必须把这些因素考虑到社会理论中去。现在整个西方(包括美国)都承认中国的发展战略，承认中国方案——不说中国模式(Model)，而说中国方案。这一系列的发展都表现出，我们现在的追随者越来越多。陈向明上次在同济大学做了一个演讲，今天早上他在复旦做演讲，讲得更加详细。他说柬埔寨首都金边的口号是“向深圳学习”(Learn from Shenzhen)，目标是把金边建设成柬埔寨的深圳。金边原来全是佛教建筑，而现在后面有一排中国的城市建筑，是中国的公司在那里用中国的钱和技术造的中国式的房子。跟在金边后面的，还有巴基斯坦的中巴经济走廊等一系列中亚项目，还有东欧、捷克这些国家。我去过的都是那些非常富裕的国家，看不到中国对世界的深刻影响。但我的朋友去了那些比较穷的国家，发现中国的存在感已经非常强了。西方现在在发展战略上都需要向中国学习，要走出西方中心，那发展战略可能需要重新考虑，需要怀疑西方的这套模式。比方说自由资本主义、自由市场。我想现在可能是到了一个许多科学家都提到的拐点(Turning Point)，在这个拐点中要发出中国声音和中国方案，这是我的第一个问题。

今天两位同济规划学的同事在这里，我正好找到机会提出我的第二个问题——公共空间(Public Space)。2003 年的时候我在《文汇报》发表文章，反对在苏州河边造房子。我认为河岸线不应该让发展商建造成住宅小区的私家花园，一如他们在广告里打出的“亲水平台”的标语，叫“Waterfront”，它是当前最流行的词。2004 年，韩正在《解放日报》发表了一篇文章，说不应该把黄浦江的景观变成发展商的后花园。2003 年，我在《文汇报》的文章没有人理睬，实际上，韩正说的话也基本上没起什么作用——那个时候正是把黄浦江和苏州河两岸，尤其是苏州河两岸变成发展商的“亲水平台”最热闹的时候。但是，当前最吸引公众注意的是黄浦江 45 公里的贯通，我觉得从原来把公共岸线变为发展商的红利，到今天让黄浦江两岸所有的企业和机构退出来，这件事情办得好。浦江办说，3 000 家企业要退出占领的空间，把空间还给人民，这是一个非常好的方案。但是就在新江湾城——我的家门口，那个河道原本是公共的，我们为河道的存在感到欣喜，但是发展商把河道弄干净之后把它圈进去造房子了。我们认为这个河道是不能圈进去的，但是他们说河道被租下来了。这个河道可以租吗？这个河道是连到黄浦江的，它绝对不是发展商的，也是绝对不能租的。新江湾城的居民一直盼着河道修整好之后，可以去散步。我今天遇到你们，想邀请你们一起来写些东西，呼吁一下，让发展商把侵占的河道还给人民。因为黄浦江现在都已经贯通了，他们凭什么还占着河道并且言辞凿凿地告诉居民“被我租了”。不久前在大连、烟台，人们告诉我说：“这段海滨修好了以后就是我们小区的了，可以通过地下通道从小区到海滨。”我说：“这个海滨不是公共的吗？”回答说：“我们租了。”我说：“租了之后其他居民都不能去了吗？”再回答：“其他居民都不能去。”我觉得在中国有两条路：一条路，像黄浦江这样的公共空间要还给人民，“First benefits for all people”；另一条路，在小处，别人看不到的地方——像我们住的新江湾城是一个死角——以为别人看不到，就可以偷偷摸摸地租给一家公司。还告诉买房子的人：“我们占了 50 m、100 m 的河道，在上海绝无仅有，将来你就是顶级居民欤。”我把这个问题留给两位规划专家，你们觉得它合法不合法？你们愿不愿意呼吁一下这件事情，让它停止？谢谢。

童明教授

我回应两个问题。今天的主题是“Post”，我觉得主要涉及两个议题，一个是“Post western”，另一个是“Post modern”。我觉得“Post modern”这个词可以存有疑义，但是“Post western”是明确的——只在全球化语境里面才会有“西方中心”或者“去中心”这样一个话题，否则这个议题实际上不太成立。我听了罗兰教授的演讲，发现非常多的主题词是“Migrant、Immigrant、Discontinuity、Dislocation、Displace、Marginal、Segregated、Divergence”，等等，这些词实际上是典型的“Post modern”的描述词。我们在谈论“Modernity”和“Post modernity”的时候，基本上是用这些术语来进行描述的，包括时间和空间上的整体关系或非整体关系。

图 1-3　童明教授

如果从这个含义上来讲，我并不认为存在一个明确的东方或者西方的差异性，因为不论是美国、法国、中国，还是阿拉伯国家的城市，今天所面临的共同特点，都是上述这些词语所描绘的。如果说从后现代的角度来讲，我觉得“后西方”的议题并不能非常明确地成立，因为无论日本、韩国、中国、法国、美国的城市，都面临着我前面说的这些词所描述的状况。也就是说，实际上我们每一个社会都在共同面临着这些问题，并且这些问题可能与 20 世纪 30 年代芝加哥学派所讨论的议题面临着共同的情境，即大量移民涌入城市、社会结构面临瓦解、新的问题——暴乱、骚乱以及各种社会危险性活动开始出现，正是在这样的情境下，来讨论上述问题。我认为社会学在那个年代出现，实际上主要是为了解读这种现象，并且为它寻求一种出路。今天这些现象已经全球化，那么社会研究还有可能提供解决之道（solution）吗？我们当今的社会学还有能力为当前的城市社会状态提供答案吗？这个就是我想问的第一个问题。

下面回应于老师刚才向我们提出的问题。这是我们的本行，也是经常讨论的话题，我的观点跟于老师有点不太一样。当我们在质问今天新江湾城的那条河是怎么弄的时候，可能与人们质问以前黄浦江是怎么弄的、苏州河是怎么弄的是一回事情。目前黄浦江沿岸拆了 3 000 多家单位，以便沿线贯通，那我们是否需要思考一下这 3 000 多家单位是怎样搬离黄浦江沿岸的？他们大多数都是国家单位、国有企业，在搬离之前它们是怎么样占领的？在搬迁过程中又发生了什么？我们不能完全期望政府或者公共部门如何去做。就像新江湾城的河道案例，它被租给了开发商，因此这个问题并不完全在于开发商，而在于是谁租给了开发商？我认为这是一个值得讨论的问题。对于公共空间的理解，我比较倾向汉娜·阿伦特(Hannah Arendt)的观点，也就是“公共和私有是相对的”，如果对于私有权限没有非常明确的尊重和界定，公共领域是不可能出现的。我觉得您的问题是一个大问题，是关于我们城市空间的大问题，而它的解决很难寄托于城市规划，因为城市规划只是更大范畴的指挥棒下的一个工具而已。

朱伟珏教授

童明教授的追问是，当今社会学还有没有能力为城市状态提供答案？关于现在社会学提不提供答案我想插一句，我觉得社会学从来不是答案的提供者，更不是立法者，社会学只是解释者，没有办法也不会提供明确的答案。

孙施文教授

我先回应于教授的问题，这个问题如果按照罗兰教授讲的和童明教授刚刚讲到的公域私域的问题，那么应当好好研究——为什么政府把公共空间出租给私人？这是以后西方社会学研究的一个非常好的课题，我相信在国际上可以很好地讨论。不仅仅是这个问题，包括黄浦江沿线的问题也是：黄浦江贯通的结果可能是好的，但是过程中究竟发生了什么？我相信对西方国家来说这是接受不了的一个过程，一声号令、一句话就把 3 000 多家企业搬走。这里面就有很多社会学研究的社会过程的内容。这些不是我们在规划里面能操作的，整个运作其实是由政府、规划部门进行的。

上海是由规划部门和土地部门共同运作的——其实是两个部分，地方政

图 1-4　孙施文教授(右)

府,也就是区政府将地提供给土地部门,而区政府还要根据原来的地属关系,才能提供出来。比如说新江湾城区域原来是军事禁区,如今"军转民",这里面包含着一系列很复杂的产权关系。

于海教授

当你们在为发展商或者政府的有关公共项目做规划或设计的时候,你们可以问一句"这个河岸怎么能给发展商呢"对不对?问题是开发商造房子的时候就把河岸全部圈在里面。所以,你们做建筑、做规划的人下笔的时候,你们应该问一问:"这是公共的岸线,你怎么能租给开发商呢?"

孙施文教授

这个我们没有办法,不是我们能够涉及的。我提供的方案就是:这是绿色空间,是河道的空间。但是最后怎么实施不是我们能决定的。我们在做规划的时候,是没有业主出现的,比方说我留出绿地,旁边留出建房区域,但是具体怎么切分不是我们能够决定的。

于海教授

比如中远两湾城,沿苏州河就没有绿地,被中远两湾城开发商划进小区了。整个规划里面可以看到,中远两湾城的线就在岸边了。我希望我们的规划师和建筑师都像一个社会批判家和社会问题的分析师一样，如果是政府的问题要质问政府，是发展商的问题就要质问发展商。

朱伟珏教授

建筑师和规划师也很难的，规划师的权限是很有限的。

孙施文教授

我们是没有权限的，我们连地块都不涉及，怎么切分是他们的事。

罗兰教授的报告是一个非常有意思的报告。我跟于老师有点像，教了30年西方的规划。西方的规划理论目前在理论领域是主要的，但是最近我们也确实在反思，中国经历了30多年的发展，城市化发展迅速。到了现在这个阶段，我们在物质上、建设上贡献了很多，但是在理论上是没有贡献的——对世界的规划理论没有太多贡献。大家也都在反思，但很难做到。我对社会学没有太多研究，主要看过一点涉及规划理论的社会学内容，所以刚才讲的西方理论我大部分看到过，中国的看得就比较少了。

我认为，“Post”这个词跟“Post modern”这个“Post”有关联，关联在于以下几点。第一层面是开始反思。西方也在反思，西方思想在直接输出的过程中产生了一些问题，很多现象解释不了，所以有一个自我的反思。第二层面，我觉得还是和“Post modern”的“Post”一样。现代主义是一个延续的过程，视角还是西方的——在西方的框架和视角下来看和西方不一样的东西，必然是一个不断发现问题的过程。同样，中国的社会学、城市规划研究，一直说要回到西方的学说形成的时期，而不是开始传播之时。学科在形成过程当中，是从嵌入整个社会当中一点点抽离出来的，很多概念也是在这个基础上形成的。中国的规划、社会学一路在向西方学习，学习的过程是别人已经结了果子以后我们拿过来。这就带来一个很重要的问题，比方说概念问题、跟社会契合程度、学科之间的分工，等等——西方社会与我们的社会有差异性，这就会导致很多的矛盾。我们现在用的很多概念是西方的，就导致了概念与社会事实不符。比方说“城市”，中国概念当中的城市和西方概念当中的城市是完全不一样的，差异非常大。我觉得罗兰教授讲公共空间时，里面就存在这个问题。所以说我们要回到概念界定、学科基础的部分，回到学科起源，探究它为什么要往这个方向发展？为什么要去研究某些问题？从这个角度来看，中国的研究，就不能仅仅从西方搬来已经结成的果子，而要把东方的实际考虑进去，需要沉到下面去。

图 1-5　讲座现场

第三个层面，我们怎么去做这个事情？我觉得必须明晰概念和含义。首先，比如说城市的概念，“城市”和英语里的“city”是不对应的。我们来看中国的上海和美国的纽约：纽约市 700 多平方公里，上海的外环以内是 600 多平方公里，将近 700 平方公里，在面积这个层面上相对应。但是纽约政府只覆盖了这 700 多平方公里的范围，而上海市政府的辖区有 6 000 多平方公里。纽约的大都市区 8 000 多平方公里，跨三个州、几百个城市。上海就一个上海市政府，下面是下级政府。规划里说“纽约 2030 的发展战略”，如果我们拿着纽约市的“2030”来对话上海的“2040”是没法谈的，包括伦敦也是一样的，我们对城市的定义本身就完全不一样。其次，从历史的发展角度来讲也是完全不一样的。中国城市的设置方式和欧洲、美国的城市设置的方式是不一样的。中国是设一个地方政府——一级管理机构，再设一个城市，筑城墙。而西方可能也有城墙，但是人家不是这样设置的。从形态上，欧洲中世纪的城市圆形的特别多，而中国的城市是方的。方的完全是为建而建，为了这个城永远是新城，政府机构位于核心之中。曾经我跟加拿大的一个老教授争论过，他拿出《清明上河图》给我看，说中国古代也有很多公共空间，我跟他讲这个“公共空间”是完全不一样的。《清明上河图》中很热闹的彩虹桥，它在城门的外面，在城市以外。苏州盘门以外是热闹的，里面不热闹。中心城区是什么？如果在首都、国都，它就是皇宫，没有什么人，皇家禁地。一般的城市，它就是政府所在地——衙门。所以这跟西方的符号学研究成果中的城市热闹是不一样的。中国城市是空心的，外面热闹，所以城市的历史性也很不一样。第三，我们对城市生活的理解其实也是不一样的。西方社会学的芝加哥学派研究的城市特征，按照费孝通的话说就是“陌生人社会”——城市就是一个陌生人的社会，现代社会就是一个陌生人的社会。但是中国的城市历来是一个熟人社会——即使在城墙以内的市民看上去来自各地，最后都会被转化成熟人社会。现在我们办事情要找熟人，就是熟人社会带来的后果。我们不遵守制度，是因为法律、制度都是针对陌生人社会的，所以这里面有很多的差异。我们对城市的研究，包括对城市的社会学研究等，有必要从最基本的概念去理清，弄清东方和西方之间的差异。现在很多的研究都是先设了一个西方学术的框架，这样做是因为很难，因为我们在讨论城市规划发展的时候，我们所有的学术框架，甚至学术的语言都是来自西方。所以结果是，看上去我们都很一致，但实际上含义都是不一样的，很多东西其实都是不一样的。我们现在看西方写中国的文献，看上去都对，在西方的学术框架下面去讨论这些问题也好像是对的，但是跟中国的现实又好像是脱开的，这就说明了我们不是那么回事。

回到于老师举的这个案例。我们经常讲，中国的政府是大政府，实际上又并不如此。我们在做上海研究的时候也发现，很多的案例一轮又一轮地改，其实不是因为政府的想法变了，而是民众上访，导致不断地修改。这里面就又衍生出了一个话题：中国的学者——我相信不论社会学还是城市规划都一样——做了很多的研究框架，但是我们讲宏大叙事的比较多，讲具体过程的相对比较少，而这一过程里面有很多跟西方对应或不对应的运作。所以说过程是重要的，而结果是不是重要还要再谈论。为什么会出现这样的情况？这样的情况和社会之间的关系是什么？政府和市场之间的关系又是什么？这些才是值得研究的内容，现在确实也有很多这种研究。

还有一个衍生的看法是关于中国学者和西方学者的。中国的学者基本上是文人型，法国的学者很多都是社会介入型，参与社会过程中。这个差异很大，所带来的学术成果也是有差异的，我们的学者还是以旁观者的眼光去看待研究对象。现在很多研究底层社会的社会分层、社会隔离的文献，其中很大一部分都是一种旁观者视角。很多的居住区，包括里弄住宅和所谓的豪宅区，里面本身是非常多元的，经济收入差异很大。有人开玩笑说，家门口收垃圾的人或者摆小水果摊的，也住在我楼上这个所谓的豪宅里。这个现象就在那儿，社会隔离是如何进行的？我们关于有围墙的社区的概念也不一样。在西方越是高级的社区隔离越明显，但我们是中低阶层或老公房的隔离可能更加严重。外面有围墙，楼有门，里面每家每户还有门，这就说明中西有很大的差异，文化的心态不一样，这值得深入进去看一看。做一个调查或者发一发问卷，得到的很多东西都是不可信的，比方说你去问他收入是多少，在中国没有一个人告诉你真话——就我自己而言，假如你来调查我，我都不知道给你填哪个数字。

朱伟珏教授

我们现在也不直接问具体收入了，而是问“你感觉自己宽裕还是感觉自己不宽裕”，现在是这样问的。

孙施文教授

但是那个是不可比较的，因为不同的人对宽裕不宽裕的概念是完全不同的，所以这里面问题也有很多。

刘拥华教授

我大体认为所有关于“Post”的理论建构背后都有某种“幽暗”心理在起作用，它预设着“前”或者“已有”的一些理论都具有某种不可弥补的缺陷，然后它才有资格说我能够建立一个“Post”理论。所以，我把这种预设称为一种“幽暗”意识（借用张灏先生的用法），这是一个不带贬义的称呼。这样一个假设、预设，成不成立呢？我同意哈贝马斯的观点，后现代理论在诸多方面都难以成立，它实际上仍然是现代进程当中的一个事物，所以我的立场是，并没有所谓的后现代，所谓的后现代实际上只是现代的未完成状态。因而，我的关注点是“后西方理论”这个新概念，如果罗兰教授一定要建构一个“后”的话，意味着她需要对“西方社会学”进行某种推倒重建。西方社会学理论到底讲了什么呢？你能不能从根本上推翻它呢？我想简单地用四个法国人的几句话来说明西方社会学理论是很难被推翻的——不是说它能够解释所有问题，也不是说它能够解释今天发生的问题，而是说它所预设的某些核心要点，是我们没办法在今天完全无视，或者不重视的。我之所以提到法国，不是要具体针对什么，而是因为法国古典社会学无疑是社会学的奠基所在。

图 1-6 刘拥华教授

第一个法国人是孔德(Auguste Comte)，他出生在一个乱世。孔德说，现代社会的整合和生物学不一样。生物学可以通过器官这样一个机械的方式整合起来，而社会的整合实际上需要情感的方式和道德的方式。今天我们之所以对中国寄有很多希望，不在于我们的经济不发达，管理上不科学，而在于我们情感上出了问题。我们的情感还停留在非常狭隘的、精致的、局促的"我"的认知层面，我们接受和认可的不是"我们"的概念，而是"你""我""他"这样单个的对象，并且这个"你""他"可能都是"我"自己的敌人，我们没有形成一个大的"我们"的概念，换句话说，我们没有在情感和道德上很好地整合起来。

第二个法国人是涂尔干(Émile Durkheim)，他要为法兰西第三共和国进行精神奠基。涂尔干认为社会是很脆弱的，某一个我们的自然倾向、欲望、情感、企图，都可能使得社会的脆弱性表露无遗，危及整个社会的存续。所以涂尔干会讲很多宗教的方式、共同体的方式、集体欢腾的方式，去消除这样一种脆弱性、不确定性和无秩序感。所以，他会重点讲"社会是赢得的""道德始于群体成员资格”“稳定的群体生活对自杀的影响”，等等。我觉得这一点也是很深刻的。

第三个法国人是托克维尔（Alexis de Tocqueville），他对社会学极为重要。托克维尔认为，现代社会的特点就在于它不像传统社会——在那种社会里，我们有很多自然的联结，血缘、地缘等的联系。但现代社会打破了这种天然联系，现代社会的政治家要做的事情就是去建构人为的关联——比如民族国家就是人为的建构。这种人为建构的民族国家的概念，跟传统社会基于血缘和地缘共同体的概念是完全不一样的。

第四个法国人是雷蒙·阿隆（Raymond Aron），实际上他是在接续托克维尔来讲社会学理论。雷蒙·阿隆认为，现代社会不是实证社会，不是工业社会，不是资本主义社会，也不是有机团结的社会，现代社会是民主社会——不是说我们就一定能在今天的现实里面实现民主、自由、个人权利，而是说它是一种乌托邦现实主义，你有了这样一个理想之后，会不断地朝向它迈进。这也是费孝通说的“美国人的精神”里一个很特别的地方：我知道今天现实不好，但是我不放弃希望——我们称为乌托邦现实主义。

所以，如果我们想要建构一个“Post”的理论，先要把这四个法国人对现代社会的一些基本判断进行批判，然后再开始重建。我不知道我们有没有这个能力，德国人认为不可以。但有些亚洲人在做这样的努力，试图在后殖民地社会发展出一种新的理论建构，但这种努力也是有限度的，而非推倒重建。罗兰老师讲到亚洲，毫无疑问，在西方之外能够跟伯明翰学派构成对立的另外一个学派也就只有印度的底层学派了。除此之外，在亚洲没有哪一个学派可以和西方的学派对话。底层学派是可以和伯明翰学派、和西方学派对话的，也是被西方社会接受的一个所谓的“后西方”社会学理论。而一些中国学者所做的研究，都无法在学理和经验上构成“后”理论，西方人不认可，他们自己似乎也不承认自己是理论。查特吉（Catterji）所建构的这个西方人认可的底层学派是怎样形成的？他 20 世纪 70 年代从美国回来，40 多年以来，他所做的研究得到了普遍的认可。他要和西方的公民社会的框架对话，他建构了政治社会的框架：公民社会的主体是公民，而在印度这样的后殖民地社会中，很多人连微弱的公民都称不上。这些人被他称为“人口群体”——逃票的、偷水偷电的、非法摊贩、非法居住者——他们是“人口群体”而不是公民的概念。但在查特吉的理论预设背后，你会发现他本人也没否认公民社会在印度的重要性，他只是说，在迈向公民社会的过程当中，会有极端的、不一样的情况出现，比如政治社会，但是前进的方向依然是公民社会。我用这样几个人来说明，“后”并不“后”，它依然需要在西方现代性的、民主的框架里面才能够找到自我，不然的话，它无法找到自己清晰的定位。我或许对罗兰老师的观点有些误解，毕竟我接触罗兰老师的研究不多，我希望更有可能的是，我们殊途同归。

罗兰教授

这里有一个很大的误会。这里的“Post”跟现代和后现代没有联系，“后西方社会学”是一个过程，不是反对西方，不是说西方社会学烂，它是一个新的认识论的建立过程。我和中国的同事们 10 年来出版了很多书，所以这个新的过程已经开始了。

我是法国社会学家，在法国差不多做了 30 年研究，在中国做了 15 年研究。我 2002 年刚来上海做研究的时候，发现有时候没有办法用一些西方社会学概念。我很想知道中国社会学是什么。我知道中国有很多知识，有很长的文化历史，我跟北京、上海的学者一起讨论了很多很多。2006 年，我在中国社会科学院做访问学者，我问中国的同事你们同意不同意和我一起出版一本关于中国社会学的书？他们说 OK。我们出版了一本法文书——《新的中国社会学》。在法国，大家不知道中国有社会学。我需要对我法国的同事讲，中国有社会学，有知识分子。

社会学是我的专业，这不是我专业水平的问题，而是因为有的理论在中国有用，可是又有边界。我教了很多年的社会学理论，我想我们需要复习一下我们的概念，国际的讨论很重要。有一些法国学者不管，他们在法国做他们的研究，他们很高兴，很满意，而我不是这样的社会学家。我认为在世界上，我们需要正视一切不同的社会、不同的理论。这是我自己的想法，可能有其他的人和我一样，后来我出版了一本书叫作《走出西方的社会学》，李培林翻译成了中文。我们为什么想合作？因为我觉得霸权社会学不太正常——只有在美国和欧洲写出的文章，没有其他国家的文章和社会学，没有非洲社会学，没有中国社会学，这是不正常的。在世界上有美国和欧洲，也有其他国家。

所以我谈的不是“Post modernity”的问题，我的问题是：世界上有霸权的知识。我很关注这个问题，所以我们一起讨论研究。2011 年我们一起开会谈论有没有一个很好的办法让大家一起合作。首先，要建立一个新的共同研究的框架，尝试一起提出新的概念——不是西方也不是东方，而是新的概念，去理解现代社会的复杂性，所以我们要建立“后西方社会学”。这个概念叫什么不太重要，重要的是我们做什么：其一，非霸权社会学（Non-hegemonic sociology）；其二是全球批判性社会学（Global critical sociology），很像布迪厄的理论，可是他关注的不是全球的，而是法国的。

在参加过很多个国际会议之后，我发现在中国、日本、韩国、阿拉伯、埃及等一些地区都存在非常不一样的认识论、方法论。我没有在非洲做研究，但是在中国的研究已经足够复杂了。所以，我们建立了一个理论的框架，这个理论的框架是非霸权社会学。以后我们需要知道中国社会学的历史、讨论、流派、争论点，法国社会学也有争论和冲突。争论很有意思，因为它是一个看法、理解，不能说它属于西方还是东方。“Post”就是“一起”——用“Post”有很多误会，我不是第一次被误会，我经历过这种情况，所以没关系——“一起”不是“比较”，而是比如说我请你们来看一看工人的社区，之后我们一起做访谈，一起讨论、交流看法。比方说“公共空间”，你不用法国的公共空间概念，你有一个其他有用的概念，你提出来，我们看一看，讨论讨论，一起思考。我们正在做这样的工作，正在尝试一起提出一个很小的、新的概念，一个属于中法的概念。有一些美国、法国学者在中国做研究，可是很少有中国学者在法国和美国做研究，中国和法国学者一起做研究的情况更少。所以“后”是这样的东西。我跟谢立中、沈原、刘玉照等学者讨论了很多，到底用不用“Post”，最后我们确定了要用，因为没有其他的概念可以替代。上个星期我在南京大学和谢立中、李培林、李友梅以及一些法国学者讨论了“后西方社会学”是什么，我们深入讨论了这个问题，确定了继续用“Post”——后西方社会学，因为还没找到合适的概念。

“Post”会涉及一个延续性，我很同意你们的批评。可是我这里讲的不是你们理解的意思，不是“Post modernity”，而是一个新的讨论。我很理解你们的问题，因为你们不知道我的“后”里面有什么——它包含很多东西，有“workshop”、一起讨论概念、一起做研究、一起出版，也有博士生——我有博士生在中国做研究。所以“后”是一个过程，是我们已经开始的过程。因为最重要的是延续性和非延续性。这很容易说但是很难做。如果我们要提高现有的社会学理论,我们需要创造新的理论的公共空间。尽管这是一个很辛苦的工作,但是我想,社会学的未来在这里。

图 1-7 嘉宾合影

邵春霞教授

我是同济大学教师,我的专业是政治学。我觉得"后西方理论"这个主题对我特别有吸引力。中国社会科学界也确实在讨论西方理论在中国的适用问题,我觉得对我来说理解也有一些困难。罗兰教授刚才讲,"Post western"是建立新的认识论的一个过程,是不是意味着在社会科学领域的一个知识创新的过程? 我感觉您的整个演讲过程当中好像涉及两个方面:一个是在中国社会出现的特殊的问题需要新的概念,所以需要理论上进行创新;还有一个是,您还经常与中国的知识分子群体一起交流、研究。我就想,您的"post western theories"指的是中国问题所激发出来的知识领域的创新,还是中国的知识分子在这个创新中的贡献?

罗兰教授

的确有一些中国学者参加,不是说大家都参加。原来有很多法国学者认为不需要这个创新，觉得我们有非常好的理论，所以这是一个很复杂的问题。这是一个创新的过程，但是没有办法大家全都参加，这个创新有一部分在法国，有一部分在中国。这是一条路，在这路上有一些中国社会学家、一些法国社会学家、一些日本社会学家，也有其他的人，我们一起在这条路上。你的问题非常重要，因为中国社会学有不同的流派，在法国也有不同的局势，我们现在不说这个。比方说关于"specificity"和"singularity"，我们的讨论是，平衡在哪儿？这是一个很大的问题，对中国学者和对法国学者都是。我认为是很不稳定的理论的问题。在中国有特区，有特殊，在法国也是。可是，如果我们一直说特殊，就没有办法提出新的知识。在这个过程中，有一些法国人不太同意中国的一些观点，没关系，重要的是我们如何一起提出一个新的方向，一条新的路径。世界上有很多政治学家和社会学家在讨论非霸权社会学。四年前我在印度新德里参加了一个非常重要的会议，我不知道为什么没有中国社会学家、中国学者——但有其他很多国家的学者——有著名的印度学者，有印度尼西亚学者，有美国学者，等等。我们讨论"后西方霸权"，所以你看，这不是中国和法国的事，而是一个国际性问题。

第二讲 加拿大和美国的三个老字号家庭餐厅

——交融的全球地方文化经验

2018年3月21日晚，由同济大学社会学系、城市与社会研究中心、公平城市与城市治理高峰团队和同济大学城镇化与社会发展研究中心共同主办的“后空间社会学系列讲座”第二期在同济大学文远楼三楼举行，美国纽约州立大学奥尼昂塔分校社会学系教授、社会科学研究中心指导委员会主席梁浩瀚应邀作了题为“加拿大和美国的三个老字号家庭餐厅：交融的全球地方文化经验”的演讲。本次活动由同济大学社会学系主任朱伟珏教授主持，同济大学建筑系王桢栋副教授、同济大学社会学系钟晓华副教授、上海财经大学经济社会学系孙哲讲师等三位学者受邀担任对话嘉宾。

图2-1 讲座现场

嘉宾简介

梁浩瀚

美国纽约州立大学奥尼昂塔分校社会学系教授，社会科学研究中心指导委员会主席。主要研究方向为文化社会学，主要研究领域包括民族研究、移民研究、比较民族老龄化研究等。代表作品有《调查多样性：种族、民族和超越》等。

王桢栋

同济大学建筑与城市规划学院建筑系副教授，博士生导师，国家一级注册建筑师。长期专注城市建筑综合体领域研究，现主持国家和省部级课题各 1 项，参与国家级课题 2 项；完成各级课题 3 项；发表专著 1 本，论文 20 余篇。

钟晓华

同济大学政治与国际关系学院政治社会学系副教授、副系主任。主要研究领域为城市更新、遗产保护、社区治理、青年研究等。代表成果有《遗产社区的社会抗逆力——风险管理视角下的城市遗产保护》《社会实践的空间分析路径：兼论城镇化过程中空间生产》等。

孙 哲

上海财经大学经济社会学系讲师，博士后。主要研究方向为经济社会学。

主持人朱伟珏教授

今天我们非常荣幸地邀请到美国纽约州立大学奥尼昂塔分校的社会学系教授、社会科学研究中心指导委员会主任梁浩瀚先生来为我们做精彩的演讲。梁教授主要从事文化社会学研究。今天他将和我们讨论有关城市老字号的话题。所谓老字号指那些存在了几十年甚至于上百年的老店。在上海，尤其是老城区也有很多保留下来的老字号。而梁教授给我们带来了加拿大和美国的三个老字号的家庭餐厅。同济社会学系近年来一直致力于城市方面的研究，梁老师从文化的角度去思考城市商业、城市的这些老字号，对城市社会学研究具有启示意义。一个城市，或者说一个场所，它的存在和活跃度与场所之内一直坚持下来的那些商业或一些标志性的建筑有非常重大的关系。所以从这个意义上来讲，梁教授的研究对于城市社会学的研究至关重要。

图 2-2　朱伟珏教授

我个人对文化问题同样十分关心，曾长期从事文化社会学研究，所以对梁老师的题目也非常感兴趣。我甚至想：或许以后我们能够跟梁老师合作，把上海的老字号也挖掘一下，看一看这些老字号的存在对上海这座城市而言究竟意味着什么。下面介绍今天邀请到的三位嘉宾：第一位是建筑与城市规划学院的王桢栋教授，第二位是我们社会学系的钟晓华老师，第三位是上海财经大学经济社会学系的孙哲博士。三位老师虽然年轻，但是学问可不年轻，已经在城市研究领域深耕多年，今天晚上他们也将给我们带来很多精彩的见解。我们首先有请梁教授来做精彩的演讲！

主讲嘉宾梁浩瀚教授

各位晚上好！谁还没有吃饭？都吃过啦，那还好。因为听了以后令大家觉得肚子太饿的话，我就不好意思了。朱老师刚刚提到希望将来有机会合作做研究，但是这是很危险的事情。做这些研究有三个危机：首先是“三高”，血压高、胆固醇高、信用卡账单很高——一定要去吃嘛对不对？因为我跟学生去做研究，学生可以免费吃，我要请他们吃，最后我的钱包要付钱。

这个课题是我最新的一个嗜好。我觉得做研究是一个很有趣的活动。为什么是新的呢？我大概在五六年前认识了北京社科院的一些教授，他们很

图 2-3 梁浩瀚教授

注重研究中国老字号。因为那时中国刚刚改革开放，经济要跟国际接轨。我们很多老字号都是以家庭的形式存在，现在却要随着国家一起向国际发展，很多事情就必须系统化——有注册招牌、有登记。比如说，我在加拿大随便开一个北京同仁堂，然后中国的北京同仁堂来告我，我说："唉，你有没有注册啊？""哎！我是好几百年的老店了。"这就不合时宜，现在是全球一体化的时代，知识产权很重要。所以北京社科院的学者耗费了大量的时间和金钱去做这些系统性的研究，深入研究老字号的经营跟技术的改变：怎么进步、怎么把这些中国文化的宝贝延续下去。这是老字号必须做的事情，也是国家需要的经济新动力。但是我还意识到老字号其实不光是一个品牌的问题，还是一个很重要的文化问题。我就跟北京社科院的学者们提议加强合作。我去挖掘老字号的文化问题，他们继续做品牌研究。于是，这几年我就尝试去做跨城市、跨国家、跨文化的比较研究。因为，现在品牌的竞争是全球性的竞争。每个城市都受到当地的人口变迁、城市的变化和全球化的冲击等多方面因素的影响，新的条件下这些老字号怎么生存成为值得关注的问题。我们等一会儿通过个案的介绍，再来总结思考这个问题。

我建议通过老字号这个窗口去研究本地的文化、地方的身份认同、种族的身份认同、国家的身份认同和集体回忆，通过老字号去探讨这些概念到底是什么。老字号的店铺本身是一个建筑，而"吃"中的价值观、"吃"的方式都同样是重要的非物质文化遗产。全球一体化是不是的确有力量消灭当地的文化呢？当然大家知道，答案是否定的。但是我们需要追问，这是怎样的一个过程呢？所以，能够在新时代生存下来的老字号，本身就是一个回顾当地文化、探索当地身份认同的绝佳窗口。

这里有一些文献综述，展示了通过不同的渠道、不同的方法去研究老字号的个案。这些个案基本上都是国外的，他们也很注重老字号彰显的民族意识。比如福特这个汽车品牌，根本上代表着美国的经济发展特别是汽车文化的发展：不同的广告、Marketing、他们的价值观种种均有研究。但是他们没有把建筑这个元素放置在对老字号的研究中。所以，我除了跟他们学以外，还额外加入一个场所、建筑的元素作为研究视角，去研究在我们面前的一个活生生的建筑物究竟代表了什么。

从文献综述可以看到，老字号研究中除了 Marketing、广告，还有建筑等种种元素寓于其中，必须从学科交叉的角度去看待问题。建筑的功能是什么？建筑的象征意义在哪里？在城市研究里，对于一个场所，我们可以研究吃的文化、房子的变化、工作与娱乐、吃的景观（Foodscape）等众多问题，最终将这些不同的理论概念放在一起。

刚刚谈到地方的身份认同，那我们必须解释为什么要研究这个场所、这个空间。关于空间有不同的理论，这个地方、这个空间的功能是什么？如果全球一体化的系统，或者说技术（例如手机、电脑）是一个把空间跟时间压缩的工具的话，那很多时候，场所是不是没有意义呢？为什么会提出这样的问题呢？比如说，大家如果不来这里听课，可不可以？绝对可以。有录音对不对？因为大家有手机，学校里有自己的平台，我们根本就不需要坐在这里面对面地交流。如果真的失去对话场所，那我们会失去什么？这是一个理论问题了。但是，如果我们的科技、全球一体化的系统的确压缩着空间和时间，Cresswell 就提出不同的看法，“地方”是不是会变得越来越重要？例如就在这两个小时的交流里，我们是不是应该更加珍惜我们只有面对面能够做的事情，透过面对面地交流更深入地去体会人生到底是什么、社会是什么、空间是什么。所以这个理论就支持着场所是研究“吃”的文化的一个很重要的理论元素。质量是一个经验的东西，而且老字号存在的年代比较长，所以需要将历史、经验、空间、场所等种种元素融在一起再去研究老字号概念到底是什么。

综合刚刚提到的不同理论与文献，我就做了这个理论框架。大家用手机拍照的时候，手机镜头已经把四边的框架定下来了。但是在社会、文化里边，框架是无形的——可以两维，也可以三维、四维。但是通过刚刚的文献综述，再加上对一些理论的探讨，我觉得研究老字号的理论框架应该先把 Planning 擦掉，因为它是另外一个很重要的题目，等一下有时间的话再去谈。

这个理论框架必须包括以下几个：①建筑、实在物。②实在物里边、外边的环境。③这个空间里边的经验——老字号的经验理论上当然是正面的，否则它也无法长期经营。④然后在正面的经验里边，我们就产生了归属感，即 Affective——如果有同学不了解的话，需要明确它的重要性：比如说我们在同济大学读书，四年在一幢楼里面，如果里边的体验是好的，我们自然就会对那个地方产生一种归属感。有了归属感之后，同学们就会非常骄傲地说，“我是同济大学的学生”，就产生了⑤认同。所以，这个理论框架就带给我一个指导的方向：走到一个老店的时候，我起码要观察这五点。当然在研究的过程中，我发现了更多的东西，但是这个理论架构对学生来讲是一个很重要的概念——没有一个拍照的镜头，你怎么拍摄一个空间？但是社会是无形的、无穷的，所以我们必须建立自己的架构，使它成为观看老字号这个社会空间概念的一个镜头。

我提出了五个特别关注的研究问题：①这些家庭餐馆怎么获取它们的声誉？②九十年、六十年、五十年当中，它们的生意经营是怎么维持的？③在艰苦的时候，它们用了什么策略去继续维持其生意？这些策略也反映了它们在社区、城市里边的适应（Adaptation）。④这些老店怎么会形成当地的地标？⑤最后，这些老字号在本地的文化概念的建立方面，到底产生了一个什么样的功能？这些问题的答案能给我们带来一些什么样的想法？我希望通过研究能够回答这些问题。

第一个个案是我所在学校奥尼昂塔里面的一个老店。我们学校的人口只有 13 000 人，而学生有 8 000 人左右。这里就是一个小地方，但是它也拥有很丰富的历史。奥尼昂塔只有一条主街，从学校走下去不到十分钟。饭馆是 Brooks' BBQ，饭馆只有一家，没有分店。Brooks 是一个姓，吃的东西当然是 BBQ，这不用解释。它是如何诞生的呢？其实当初 Brooks 这个家族并不出售烧烤，只是养鸡的家族。他们从 1912 年就开始养鸡，就在这个小地方养鸡。但是养鸡和做农夫很困难，鸡会生病，还要管，要喂。相比之下，杀掉的鸡就容易处理多了，蒸也好，炒也好，焖也好，都可以。后来周边发展成为一个迷你高尔夫球场，附近有一个室外的大银幕电影院，很多人开车去看电影。

因为有人来了，附近的人就欢迎不同的人在那里摆摊，那家餐厅的祖上在1951年就决定卖烤鸡。由于生意非常好，1961年他就把烤鸡摊改成了一个正规的饭馆——地方不是很大，大概只可以坐300人，但是他们的室内烧烤池是全州最大的，现在的老板已经是第三代继承人了。

图 2-4　Brooks' BBQ 餐厅位置

图 2-5　Brooks' BBQ 餐厅

他们的一些经营数据如下：有120个员工；提供外卖；一年大概烤400吨的鸡——有人说这里简直是屠场——其实它除了烤鸡以外，还有烤猪肉、牛肉等；它是炭烤，一个星期烧约18吨炭，所需原材料非常多。

讲了那么多，大家意识到这个肯定是老店，因为它经营了差不多六十年了。那有什么好讲的？的确店铺本身没有什么好讲的东西。但是，为什么美国人特别喜欢吃烧烤呢？这个问题才是整个研究的重点。我发觉了这个问题之后，相当兴奋！

图 2-6　就餐的顾客

图 2-7　就餐的顾客

不同的媒体杂志表示，有五种食物代表美国：第一是苹果派，第二是汉堡包，第三是炸鸡，第四是意大利面跟芝士，第五就是烧烤。这五种代表美国的食物都是相当简单的食物。我们中国生煎包也好，小笼包也好，相比之下种类多太多了。但是如果要追溯烧烤背后的意义，的确是有另外一种感受——全世界人都要吃，人发现了火，然后能操纵火，最简单的一个烹调手段就是把猎捕回来的动物烧一下吃，所以烧烤其实是全球最基本的烹调手法。全世界文明发祥之时，无论你在哪里，除了生吃就是烧烤。因为那时候既没有什么工具，也没有什么材料。

大家都知道，美国是移民国家。虽然很多东西不能从移民国家带到美国，但是一样东西肯定会随身携带，它就是文化。虽然不是每种文化都可以带到美国，但是起码有一样一定会随身携带，就是吃的文化。我们学校请了不少中国的访问学者，他们唯一不习惯的地方就是吃我们老外的饭堂，他们觉得哪里的饭堂都比这里精彩，这里吃来吃去都是汉堡包、比萨那些没有味道的东西。但是有趣的地方在哪里？美国竟然通过两三百年的进化，把烧烤变成四大门派，好像武林高手一样：Memphis 是偏酸的，需要用番茄酱腌；North Carolina 口味比较酸，但不是用番茄，而是用醋来腌制；Kansas 是用干材料腌；然后是 Texas。除此以外，烧烤跟运动的文化紧密联系在一起。有人开玩笑，吃饭的时候三样东西不能谈：第一不能谈政治，会打架的；第二不能谈宗教，也会打架的；第三，不要说谁的 BBQ 最好，说不定会引起第三次世界大战。通过他们的媒体我就发现，他们的确很注重 BBQ 的来源和烹调的方法。而且从不同的文献来看，每一种方法都体现着他们的祖先因为移民带来的不同的饮食文化。这些文献中就提到：如果面包跟酒是意大利人的灵魂的话，烧烤就是美国的灵魂。烧烤对于这个仅有两三百年历史的年轻国家来讲，就是他们自己的象征性文化之一。

图 2-8　不同的牛排腌料

图 2-9　厨师制作 BBQ

图 2-10　厨师制作 BBQ

除了吃以外，这个 Brooks' BBQ 还有什么特点呢？这是一个家庭的场所，大大小小的、老的、年轻的朋友聚会都会来这里。他们去吃的时候，很多人就告诉我，唉，什么时候我爷爷带我来这里吃过，什么时候我爸爸带我来这里吃过，现在我也带我的孩子来吃。Brooks' BBQ 里边的场所布置从建成起基本上没改过，为食客提供了一个熟悉的环境，使他们就好像回到家里一样。还要强调，奥尼昂塔在整个纽约州的中心，属于乡下地带，周边的人很多都是常住居民，移民并不多——当然每年都会增加，但是基本上都是老居民，所以他们请的员工都是附近的邻居、朋友、同学。在它外面等着进去吃饭的地方放了很多照片，有人指着照片告诉我："唉，这个是我的同学；唉，在这里干过活的是我邻居的阿姨！"回头吃饭的时候，的确有一种回到家的感觉。

图 2-11　厨师生火制作 BBQ

下一个店位于温哥华。北温哥华(North Vancouver)已经是比较偏远的地方，虽然这个小地方比我们奥尼昂塔大得多，但总体上还是比较安静的一个地方。这个店也是 Barbecue，但是它的名字叫 Tomahawk。看到这个名字，大家有什么想法呢？Tomahawk 其实是当地原住民的一个词，是"斧头"的意思。我当初听了名字后想，这是不是一个印第安人的餐厅？其实不是。餐厅老板原来是一个从英国移民来的年轻人，叫作 Chick Chamberlain，他 1926 年就在北温哥华开了店。那个时候里边的装修很简单，只有一个喝酒的吧台高高地立在那里，中间就是一个烤炉，烤炉就是 Barbecue 了。1926 年的时候，有没有炸薯条？没有。有没有汉堡包？也还没有。有没有可口可乐？也没有。在北美洲有没有咖啡？也还没有。喝什么？水。那个店就是这样的：客人就坐在吧台这里，老板就在中间烧烤，只有水和几种肉，例如鸡猪牛诸类，最后再加两块白面，1926 年就是吃这个。

图 2-12　Tomahawk BBQ

图 2-13　Tomahawk BBQ

这家餐厅整个周边都叫 Squamish Nation。现在的老板——就是那个叫 Chick Chamberlain 的孩子告诉我，那时候根本没有餐厅的概念，他们也不把自己叫餐厅，而是叫作 Meeting Place，大家没事情干就来聊天。餐厅周边当时还没有发展起来，还是很落后的地方。而且在北温哥华和温哥华中间有一个海港，那里有很多运输行业的从业人员，因为周边没有电话，那些人要跟其他地方通电话就只能来这里。所以这个空间除了吃以外，变成了一个 Meeting Place，现在餐厅就叫作 Café 了。后来餐厅慢慢变化，吃的花样比较多了，从一个小的 Café 变成大的 Café，现在变成了一个大的店。这些也算是有趣的地方。但是更加有趣的是，1926 年，全世界都面临着大萧条，但是这个老板心态很好，很多原住民没有吃的也没钱，生活很窘迫。他就说："以物换物，你把你什么东西带过来，我就给你吃的。"这种关系就使得这个店跟周边的原住民产生了一段情谊，直到现在还没有断。

图 2-14 Tomahawk BBQ 餐厅的装饰物

还有什么更有趣的事情呢？1926 年到现在，这里不光是一个吃饭的地方，简直可以被称为一个艺术馆，一个活生生的艺术馆。这个面具很大（图 2-14），Squamish 有一些节日每一年都需要到店里来拿面具用于举行宗教舞蹈（Ritual Dance），很多装饰品都是他们的艺术品，所以它根本不只是餐厅那么简单。还有菜单上面的东西，很多菜品都是来自客人的创意。老板介绍的第一道菜叫 Mixed Grill，我一个人吃不下这道菜，翻译成中文叫作杂盘，实际上就是什么都放进去。原来这个创意来自一个踢足球的人。那时候根本没有那么大的盘子，只有一个八英寸大的白色盘子。但是那个人每次来都说："你盘子里边的分量根本不

图 2-15 Tomahawk BBQ 餐厅内景

够我吃。”他每一次来就拿一张大的锡纸放在桌边:“老板,有什么可以放进去的,全部给我。”Mixed Grill 就是这个故事创造出来的,之后它就被放在了餐单上面。

图 2-16　Tomahawk BBQ 餐厅外景

图 2-17　Mixed Grill

我觉得下面这个故事更加动人。因为餐厅老板跟原住民的关系很好,如果哪一个酋长去世了,就会有一个汉堡包以他的名字命名,而且这个汉堡包里边的材料都来自客人的建议,比如 Chief Simon Baker Burger。所以食物根本就离不开社区客人的支持,这是很有趣的现象。我去吃的时候也看到很多居民在餐厅用餐,这里也是他们经常去吃饭的一个地方。

除此之外,虽然它的菜单一直在变,唯一不变的却是“妈妈的派”(Mom's Pie),就是老板的妈妈一手创造流传下来的菜品。他的父母都是麦当劳创立者雷·克罗克(Ray kroc)的好朋友。克罗克经常从美国跑到北温哥华,跟他的爸爸聊天。麦当劳经营生意的想法跟他妈妈经营生意的想法是背道而驰的:麦当劳赚的钱 70%都投资于 Marketing,只有 30%投资于食物的发展。所以很多人说麦当劳根本就是垃圾食物,但是 Chamberlain 的妈妈却说,“我们赚 100 块,100 块都要投回食物里面”,所以它的食物品质一直到现在都相当好。

图 2-18　Mom's Pie

因为以前的店面空间不足,这个店其实已经搬迁过了,但是这些凳子、吧台都是以前的东西——当然重新修过了,但是原材料还是那些老家具。这个店跟刚刚讲的 Brooks' BBQ 除了都是在社区里边生长出来的一个老店以外，还有一个共同点，他们真的很注重"家庭"观念。他们不卖啤酒——如果吃 BBQ 卖啤酒的话，他们可以多赚多少钱？但是他们说，"我们是家庭的饭馆，不卖酒，啤酒都不卖"，所以他们的文化是从草根而来的。

现在的老板是第二代，他很后悔做了一件事情。美国和加拿大有个著名的电视台"Food Channel"，里边播放的都是一些关于吃的节目，它看中了 Tomahawk Barbecue 这个卖点，电视台就来跟老板说："我们可不可以做一个特别的节目介绍你呢？"Chamberlain 答应了，因为 Food Channel 在整个北美洲都非常受欢迎，播放之后很多人都知道了 Tomahawk。老板说，最忙的时候排队排三个小时——从做生意来讲没问题，但是 Chamberlain 说自己很后悔，因为他经常被本地区常来的客人骂："这里已经不像我们的家了，现在变成了一个好莱坞一样的景点，来的都是凑热闹的，没有社区的感觉。"他说："我们经营那么久的生意，唯一后悔的市场策略就是接受 Food Channel 的邀请，做了一个节目。"

我研究的另外一个店在大温哥华，叫作 White Spot。这个名字的意思是白点，在英文语境中含有"一尘不染"的意思。Nat Bailey 于 1928 年创立了这家餐厅。Nat Bailey 有一个理念："你来到我们这个店吃饭，我希望能够提供一个一尘不染的场所给大家。"因此别人就说："那你不如就用这个名字吧。"这个店跟其他两个店有区别，因为它在 1968 年被卖给另外一个家族——Shato Holdings(Peter Toigo)。现在这个家族还在经营 White Spot，但是他们的 CEO 坚持说："虽然我们的店是买回来的，但是我们还应保持那个家族的传统。"他们现在的 CEO 坚持老祖宗的三个价值观：品质统一、参与互动和保持创新(integrity, involvement and innovation)。它生长在这个社区里边，最终也将归还于社区。

刚刚那两个店没有分店，全世界只有一家。但是 White Spot 在 1993 年就开始做连锁店，现在在亚洲有一百多家店，在中国也有 15 家左右，主要位于浙江。它在亚洲的店铺不都叫 White Spot，而叫 Triple O。为什么有这样的转变呢？当初这个店跟刚刚提到的 Tomahawk 一样，是 Drive-in 的餐厅。刚刚我在讲 Brooks' BBQ 的时候讲过了，他们有开放式的电影院，这意味着客人需要开车去看电影，餐厅也就需要开车去吃。顾客开车来停在这里，就有伙计过来问要吃什么，之后他会用一个很长的板把东西端过来，放在两边窗的中间，你就坐在车里面吃。大家有没有在电影上面看过这种吃的办法？这种吃法就是 Drive-in。

这个店又有什么意义呢？这个店是在大城市，既不像我们 13 000 人的小城市，也不像北温哥华那么安静的地方，大城市当然有很多人的大型活动。那个时候去吃的地方基本上只有两种：一是相当高档的餐厅，一般都在酒店里面，价格昂贵，不是一般人可以去的；另外就是像他们那样的。所以一般的居民有什么高兴的事去庆祝，都会去 White Spot。所以很多客人都说："为什么 White Spot 是值得我们留恋的一个地方？因为我第一次约会就跟我女朋友在 White Spot 吃饭，这也是我第一次拥有到餐厅吃饭的经验。"其实我 1980 年在温哥华第一次去吃饭也是在 White Spot，我访问的爱尔兰移民说，"我亲戚朋友带我去吃的地方就是 White Spot"。还有很多移民找工作，第一份工作也是在 White Spot。我访问的一个女服务员说，她叔叔从多米尼加移民过来，第一份工作就在那里，她自己移民过来的第一份工作也是在那里。她非常自豪地说："我现在买的房子，所用的钱都是在 White Spot 里面赚的工资。"1926 年时，吃的文化不是很丰富，而且很少人像我们现在这样随便到外面去吃饭，那时候的文化环境根本不是这样。所以很多人在外吃饭、工作的经验，都直接跟 White Spot 有关系。

White Spot 有什么特别的食品呢？其实还是汉堡包。除了汉堡包以外，它特别著名的就是 Triple O——放在汉堡包里面的酱。这两款都一直保存在现在的菜单里。而且他们最著名的、最受人欢迎的还是原来的 Award-winning Burger with Triple O Sauce。我也吃过，味道还可以。

图 2-19 White Spot 的汉堡包和 Triple O 酱

创新，怎么创新？其实大概 20 世纪 80 年代以后，温哥华才发展起来。除了那时候的世博会，除了李嘉诚在温哥华投资地产，还有很多亚洲移民也开始到温哥华。人来了，人的口味也变了。CEO 跟我说，除了保持汉堡包以外，"我们必须不断地创新、更新，把很多比较旧的东西慢慢淘汰"。他们怎么创造一道新的菜呢？也是来自社区。它有自己的学校，训练不同分店的总厨,他们学了烹调的方法以后,再回到自己的店去做。最大的厨师发明了一道菜后,先做焦点小组测试(Focus Group Testing)。什么叫焦点小组?就是请不同的人坐下来吃,问他们感觉怎么样,菜品什么地方不好?其实在营销领域,当我们做创意产品的时候,通常会使用焦点小组这个方法来检测一个产品的质量。包括《泰坦尼克号》这部电影,它的成功背后也做了不少焦点小组测试,例如得到观众的反馈后再不断地微调电影。其实很多大电影在电影院上映之前都是通过焦点小组的测试来获取经验,很多产品都需要经过这个阶段。它的CEO告诉我,他们做了一道新菜以后,必须有客人赞同,只有客人觉得好,新菜才能被推出。

另外,刚刚说了餐厅的空间本身也是很重要的元素。餐厅内除了摆放自己的历史照片——例如不同年代的老板、伙计的照片,装饰画和壁炉也是很重要的组成部分。壁炉对我们来讲好像没有什么感觉,但是在国外,一个壁炉就是一家人坐在旁边取暖的地方。每一个店门口基本上都有一个壁炉,就能给人一种回到家的感觉。另外,这些装饰画全部都是British Columbia这个省份的自然风光,因为温哥华是British Columbia这个省里面最大的城市,而且温哥华的天气很好,风景很漂亮。所以它就以此来给大家营造一种"餐厅就在当地居民住的周边环境里面"的感觉——一种家的感觉。

图2-20　餐厅内的装饰画(一)

图2-21　餐厅内的装饰画(二)

餐厅需要适应还是创新?这跟时代的变化、城市的发展有很大的关系。上海现在和温哥华差不多,房地产发展很快,一般人根本买不起房子,店铺的租金自然也很贵。White Spot在温哥华市中心最热闹的一条街——Robson街上有一家很老的店。老板说:"没办法经营下去,不是我们没有生意,我们有生意,但是赚的所有钱基本上都用来交租了,划不来。"为了适应时代的变化，它怎么做呢？White Spot 把整个店面缩小，只卖咖啡、饮料、汉堡包。除了租金问题以外，它也需要跟麦当劳、汉堡王、肯德基这些快餐店去争一些新的顾客，也就是年轻人。为了应对城市里人口、地产业的变化，White Spot 决定开一个分支出来，只卖快餐，导致这个分支店面根本不像一个餐厅。同时，在 Robson Street 这个地方，还存在跟其他餐厅之间的竞争。我曾在一条街访问一个 White Spot 的人，他说，“我们这条街差不多有一百个寿司店”。以前的温哥华哪里有如此大规模的多元文化彼此竞争呢？所以 White Spot 需要改变自己才能经营下去。

再讨论青年文化和亚洲移民的问题。因为温哥华在西岸，跟亚洲比较近——如果是欧洲移民来加拿大，一般都在东岸落脚；而如果是亚洲移民来加拿大的话，一般是在西岸落脚，所以温哥华吸引了很多亚洲移民。但是加拿大的经济发展不是一帆风顺，有很多时间都处在衰退期。那些移民比较难找工作，特别是下一代觉得亚洲的发展机会反而比较多，所以很多年轻人都回到了亚洲国家，例如菲律宾、泰国、中国、日本等。所以 White Spot 其中一个适应的方法就是跟着回流的移民潮把快餐文化送回到亚洲。所以，2013 年第一次在菲律宾开设 White Spot；据说 Triple O 在浙江有一百家分店，我怀疑报道不太准确，但是数量的确很多；香港有六家；泰国的现在倒闭了，不是因为生意不好，而是政局有变。总之我们可以看到，它从一家店到开分店、到快餐，到跨国化、全球化，它的生意模式一直伴随着人口变化、移民潮、经济发展不断改变。

下面回到刚刚我问的五个研究问题，得到什么答案呢？我相信大家都能猜得到。

(1) 这些家庭餐馆怎么获得顾客和社区的认可

它们是老字号，开业早期竞争不大，所以一般的社区里面的人外出就餐，基本上都是找这三家。而且那个时候到外面吃饭的文化不是那么流行，也是偶然才出去吃一顿饭，跟现在的文化环境并不一样。而且，三个店的成长都离不开居民的支持。刚刚说的 Brooks' BBQ 在农村，无论客人还是在那里工作的人，都是周边的人，大家都像一家人一样；Tomahawk 是跟印第安人原住民社区结合在一起的餐厅；温哥华当然是大城市，但是 White Spot 是跟来工作的移民、社区一起成长的餐厅。而且三个店都捐钱资助当地的一些活动。Brooks' BBQ 也有他们自己的烤鸡、自己的酱，这些跟社区的支持都是分不开的。

(2) 它们如何维持并发展自己的企业

人是最重要的。我访问过很多员工，他们说："老板的确很照顾我们。"比如 Brooks' BBQ 的员工说："我家的窗有问题，坏了但是没钱修。老板说'我给你修'。"White Spot 有员工说："我生病了，病了很久了，老板说'不要怕，尽管休息，病养好了回来再做'。"老字号的核心就是把人心锁在店里边。当我在餐厅里面访问 CEO 时，很多客人、员工都跟他打招呼——当然对于员工来说，他是老板必须跟他打招呼，但是居然连客人也热情地打招呼，令我很吃惊。通常印象里，CEO 一般都是在办公楼里工作，但是这些 CEO 却跟客人打成一片。

(3) 它们的适应策略如何反映其城市和社区的变迁

适应(Adaptation)。回到第一个个案——烤鸡。你一天能够烤多少只鸡？里面只有 300 个座位，你能够提供多少服务？我觉得 Brooks'BBQ 做生意很聪明。因为鸡不能交付(deliver)，但是工作人员可以"到会"——就是指如果你家有婚宴之类的需求，你可以聘我去现场，我就可以马上烧烤给你。但是它的生意执照要求它不能离开纽约州，它也不希望开分店，那生意怎么发展出去呢？Brooks' BBQ 就把自己的 BBQ 酱装到瓶子里边，这样一来就可以行销整个美国。所以它是非常聪明的，鸡不能走出纽约州，但是酱可以。另外，因为它自己有一个生产系统去制造自己的酱，机器等各方面条件都具备以后，它现在也帮别的没有自己工厂的店做酱，然后贴上人家的品牌。我觉得这是一个非常聪明的生意，把它的酱卖到全国以后，再利用工厂去帮别人代工，赚人家的钱。Tomahawk 的老板自己认为失败了，失败的原因不是生意不好，而是做了那个美食电视台的节目，这是他不愿意选择的一种适应方式。而 White Spot 从一个地方性的店，现在起码亚洲都有它的分店。

(4) 它们如何变成地方场所认同的标志

情感(Affection)。大家说起来温哥华的代表，就会想到 White Spot。奥尼昂塔由什么代表？就是 Brooks' BBQ。当地人说："谁来奥尼昂塔没有吃过 Brooks' BBQ，就不算来过——特别是学生，如果你没有到 Brooks' BBQ 去吃过它的鸡的话，你没有这个荣誉拿到我们这里的学位。"当然这是开玩笑，但是你可以从中了解这种情感已经变成地标性的东西。同样，Tomahawk Barbecue 在整个北温哥华，特别是在原住民的心里，也是一个很重要的地标。

(5) 给本地文化在全球的建立带来的影响

从人类学的角度来看，BBQ是一种全球性文化，但是北美洲是移民的世界，每一个种族BBQ的手法、文化都被带到北美洲去，使那里变成一个全球文化的集中地，然后再发展出去，送到国外去，甚至像White Spot这样，送到亚洲去。

基本上我的讲述内容已经全部结束了，抛给大家一个问题：这种类型的店铺到底是老字号，还是一个品牌？H&M、GAP肯定是一个品牌，但是它算不上老字号。这三个餐厅也做品牌，但是我们可不可以把它叫作品牌？为什么它们可以做老字号？CoCo饮料算不算是老字号？通过这些研究，我们得以去构想老字号这个概念到底指涉着什么存在。

嘉宾对话

朱伟珏教授

梁老师的题目很出彩。我本人生于老城区，长于老城区，与老字号有非常深的渊源。可能大家一谈起上海，就会有很多老字号从心里冒出来。今天梁老师从学术的角度带给我们新的思考——我们作为普通人经常去吃，经常去购买食品，但是从来没有上升到学术的高度来思考老字号的问题。刚才梁老师提到，从北美的经验来看，其实一个老字号的存在和“人”紧密关联——一个人性化、对社区有贡献的商店，它很容易成为老字号。另外，老字号可能还是一个跟情感有关的场所。我现在对此深有体会。只要去繁华的淮海路，那我一定会到老字号去买东西，比如去哈尔滨食品厂买蝴蝶酥，因为相比于其他西点，哈尔滨食品厂现做的蝴蝶酥物美价廉，分量十足，所以整天都有人排队。其实，我们每到一个地方，都会发现一些这样的老店。

刚才共进晚餐时，我跟梁老师探讨了上海老字号存在的理由。上海繁华街区商铺租金特别贵，而许多物美价廉的老字号为什么可以生存下来呢？除了梁老师刚才说到的原因，即它跟社区有关——因为现在这些老字号的食品基本上还是上海本地人在买，或者附近的居民在买。还有一个非常重要，和北美经验不同的地方，上海的大部分百年老字号都是国有企业。也就是说，它们之所以能活下来，需要靠政府支持，最起码这些老字号不用面临租金压力。所以，上海老字号和北美老字号既有相同之处，又有很多不同的地方。社会学在思考老字号存在的原因时，有必要充分考虑社会因素和经济因素形成的合力。梁老师的研究比较多地谈及社会因素。

我不清楚梁老师说的这三个老字号现在有怎样的社会影响力，至少我观察到一些上海的老字号其影响力实际上在不断下降。原因在于现在上海移民非常多，差不多要超过城市人口的50%，而且新移民完全不了解上海老字号。老字号目前变成一个比较封闭的场所。如今，老字号如何真正成为上海的老字号？因为上海不仅是上海本地人的上海，上海是一个更大的概念。北美老字号就在思考这个问题，大量亚洲移民抵达北美，北美的老字号就要做出改变，反观之，上海的老字号可能经营比较安逸，似乎还没有考虑这些问题。这就是我们的差异。

上海的很多老字号实际上需要依靠政策的优惠才能活下来，而北美并没有政策优惠，所以在此基础上做比较研究可能会很有意思，因为两者背后的存在和发展逻辑可能有所不同。上海的老字号怎样才能像北美那样，依靠自己的力量生存下去，这显然是一个值得探讨的问题。某种意义上讲，老字号代表了上海这座城市的归属感。如果哪一天它全部消失——其实现在已经所剩不多了，有关于上海的记忆将会出现很大缺失。我刚才跟梁老师也谈到，像红房子西餐馆这种老字号，由于它的原址被拆迁，导致西餐馆被搬到了淮海路，结果却死掉了。很奇怪，一个老字号在原来的地方才叫老字号，很难搬迁，一搬就死。另举一个例子，淮海路的哈尔滨食品厂，一百年没有大的搬迁。至今为止，那里的西点仍然物美价廉，现在蝴蝶酥才四十多块钱一斤。看来上海人比温哥华人、美国人幸福得多，那么好吃的点心我们从一百年之前吃到现在。老大昌有一个奶油做的冰糕，现在还是十块钱一盒，非常好吃！因为它是国营的企业，原材料都非常便宜，里面的员工都是国有企业员工，所以他们不在乎大量使用高质量的材料。我希望它永远不会消失。下面先请王老师来点评一下梁老师演讲的内容。

王桢栋副教授

作为一个建筑系的老师，很荣幸能够参加此次讲座。梁老师将一个非常好的、既有宏观视野又有微观研究的故事娓娓道来。而且这个故事是全球化背景下的故事，作为听众从中看到和学到了很多东西。刚刚朱老师的谈话也很有启发性，我今天对吃有了全新的认识——我觉得朱老师肯定是上海资深吃客，因为她买吃的东西都按斤算。我也很喜欢美食，蝴蝶酥也是我心中特别美好的记忆。

我想把我听梁老师讲座的一些感触结合起来与大家做一些分享。很巧，我上周末在外出差，晚上无聊的时候看央视纪录片频道，纪录片探索了味觉和嗅觉跟人的大脑的关系。科学研究结果显示，虽然我们好像觉得这两种感觉跟视觉、听觉相比不太重要，但是实际上它们跟人的记忆紧密相关。当中有一个案例给我留下特别深的印象：有一位年轻女性的脑部受到了一些损伤之后失去了嗅觉，她一开始并不在意，后来发现她的记忆力逐渐开始衰退，她的情绪也受到了很大的影响。很巧，过了一段时间之后，突然有一天她的嗅觉又恢复了，伴随着闻到的味道，很多记忆居然可以逐渐恢复。所以从某种角度上，梁老师研究的老字号，尤其是吃的东西，为什么能够那么强烈地在当地人的记忆中成为一个组成部分？可能是因为嗅觉和味觉可以通过吃的途径一体化地传递到大脑当中，来构成我们特别重要的记忆，我相信这个记忆对每个人都特别重要。

再分享一些经历。上学期在豫园做毕业设计，我们也针对豫园的一些老字号做了一些研究，当时发现一些很有趣的现象。上海有一个叫王大隆刀剪店的老字号，可能现在一般人都不知道，因为说到中国传统的剪刀，大家可能就会想到张小泉，因为它商业化做得比较好。但实际上王大隆的质量很好，很多老上海人都会去买，而且听说张小泉也有很多产品让他们加工，然后贴张小泉的标志。调研之后我个人觉得，可能因为这个东西使用者逐渐变少，而且离生活越来越远，这其实是很多老字号必须面对的问题。与此同时，另一个老字号的情况也让我大吃一惊。众所周知，在豫园南翔小笼包很出名，我们原来都知道它很火爆，但是不知道那么厉害——厉害到什么程度呢？我们一直觉得豫园当中商业价值最高的地方应该是老庙黄金，毕竟老庙黄金卖金银珠宝。然而当我们有幸接触了一些基础数据后发现，实际上南翔小笼包每天的收益要超过老庙黄金，并且南翔小笼包每天的销售量非常大。一个吃的老字号，它居然会有这么强大的生命力——而且在豫园新一轮的改造当中，它还在进一步扩张。这样的对比让我深有感触，也很有启发。

钟晓华副教授

回应刚刚王老师讲到的话题，豫园那边南翔小笼卖得最好，而田子坊豆腐花卖得最好。梁老师今天讲到食物景观(Foodscape)的概念，其实关于食物可以做很多学理方面、学术方面的探讨。下面我会结合自己的一些研究，分享一些感受。

我觉得，老字号首先是一个非常重要的社会空间。刚才梁老师讲到了一个概念，时空压缩还是时空延展？在全球化的时代，因为通信技术的发展，因为网络时代的发展，所以其实大家的沟通不一定要见面，不一定要到现场，这是一种压缩。但实际上，关于延展，大概可以从物理空间以外去探讨空间另外的一些含义，就像刚才梁老师讨论社区、家庭、记忆、认同、社会互动——很多时候雇主和雇员之间的联系、商家和顾客之间的联系，它不是一个简单的经济关系，而是一个非常重要的社会关系。因为通过一种连续性的、时间延绵非常长的经营，老字号餐厅对于很多人来说并不是一个简单去填饱肚子的地方，而是已经扎根当地。这才是为什么一定要到现场去吃、去感受的原因，而不是用“饿了么”叫个外卖。如果这样看待一个老字号的话，它付诸情感的内涵就非常重要，我们一定要到现场。所以我们说空间的社会性真的非常重要，当物理空间被压缩时，社会空间却在延展。

图 2-22　讲座现场

再从时间的维度来分析老字号问题。讲到 Time-honored，其实一定需要从比较长的时间跨度去探讨刚刚梁老师讲到的变迁问题。从时间轴来讲，我也一直在思考应该如何界定“老字号”，老字号到底是连续的概念还是断裂的概念？第一个案例应该是连续的概念，因为它是一家三代一直继承下来的餐馆。第二个也是，但第三个案例却发生了易主。易主之后它还算老字号吗？从老字号的发展可以见微知著地看到时代变迁的烙印——就算一家三代一代一代去接手、去经营，实际上也会碰到一些大事件、大的节点，最终会对整个店的发展，即对老字号的历史产生比较大的影响，比如大萧条。刚刚朱老师也认为所谓的老字号，其实它的性质已经发生了改变：原来的私营店铺，在新中国成立以后经历了国营化的过程。所以我们还能不能认为它延续得很好？它还是不是原来的牌子？还是说因为它的属性变易，跟原来的老字号就毫不相干了？在探讨时间维度的时候，研究者会发现这个微观的主题其实和宏大的结构变化有很强的勾连。其实上海除了新中国成立以前的这些牌子之外，新中国成立以后工业化的那段时间也有"上海制造"——很多大家承认的品牌。因为上海是工业化时期的先锋，专门去供应非常精密的工业制成品，比如上海的手表、服装都非常知名。那段时间工业化的烙印留下的这些东西，算不算老字号？怎么从时间角度界定它？每个不同的制度结构背景下，我们界定出来的老字号是不是也不一样？这是很有意思的问题，因为和梁老师讨论在上海找"老字号"案例，我就在想，上海什么样的店算是正宗的老字号？这是从时间的角度来探讨老字号到底是断裂还是连续的问题。

最后问题回到梁老师大标题讲到的全球化与本土化关系。的确，现在移民化、全球化、信息化等趋势会对原来地方性、社区性非常强的老字号造成很大的冲击。今天还有大一的学生找我，他们想做网红店和传统店的比较。他们提了两个个案，认为可以用"喜茶"作为网红店的案例，然后把"都可奶茶"作为老字号的案例。我当时就想，"都可奶茶"也是老字号吗？或者说不同成长背景的人，是不是对老字号的界定都有不同之处？如果说从定义的差异性角度去考虑，它本身也是很有意思的问题——为什么学生会认为"都可奶茶"已经是个老字号了？他们觉得"喜茶"特别吸引他们的点是有很多人排队，想研究"喜茶"到底采用何种营销手段，可以让人两个多小时、三个多小时在那里排队。我回应学生，你们要做老字号研究就做光明邨，或者是哈尔滨食品厂，其实这些老字号和"喜茶"有一致的地方，为了买月饼我可以排两个小时队，一样是排队，就可以研究"为什么大家愿意在那边排队"，对不对？其实在这种大背景之下，一个新的东西，一个老的东西，一样都是老字号，它们与地方的关联很有意思：到底是全球化、本土化，还是全球本土化？

地方商业虽然可能无法称之为老字号，但同样承载着城市的记忆和变迁的历史。我们之前在杨浦区民星路跟于老师一起做社区商街案例时，找了一家水果店，它不是老字号，而是第一代移民来到上海的外来务工人员，他在上海积累第一桶金以后自己开的水果铺。商铺老板就讲到从 20 世纪 90 年代一直到现在的二三十年时间里自己的经历、店铺的发展，我们认为这个店很大程度上就是一个全球化的产物，实际上也是在探讨移民融入本地的本土化过程。他的水果店为了融入本地，为了让本地人认可，可以让他们赊账——你今天没钱，可以先在我这里把东西领回去，你觉得拎不动也没关系，店家送货上门。这种事情在标准化商店里可能做不到，但是作为一个有移民背景的地方性商店，它愿意这样做。它其实是全球化、城市化的产物，它的经营模式进入本地之后又有新的应对。

孙哲老师

我对梁老师的研究很感兴趣，梁老师提到的框架和维度带来的印象最深。食物跟老字号的研究，很容易单纯地就事论事。但梁老师的维度跟框架切入全球地方化的背景中，或者说怎样在全球化的时代去重新建造“地方”的概念。餐馆老字号作为研究对象具有丰富的维度，因为单纯的品牌可能没有空间、味觉的概念。比如可口可乐只是一个品牌，它跟建筑没有关系，它跟具体的本土实践也没有关系，所以无法把它落到具体的位置跟群体之中。

梁老师通过食物的老字号，找到了人与空间关系的切入点。在同济讲这个问题，大家可能更关心“怎么去切入空间”。“吃”是一件很真实的事情，它是与空间发生关联的重要形式，用这个框架和维度可以深入地方原真性的研究。餐馆老字号必须有历史、有照片、有故事，这样几十年才有意义——而不是几十年这个单纯的数字。老字号的故事才使地方有一种原真性，这种原真性是我们现在稀缺的东西。如果只是在文献上看到食物的照片，这种体验不一定是原真性的体验，因为没有切身体验的味觉参与其中。

现在提 Global，我想说 Local 这个概念也很有用，但它还不够。还有一个词我比较喜欢，中文叫“在地性”。它并不是说地方的概念，也不是说全球的概念，而可能是混合在一起的概念，在这个时间段内是动态的、创造的概念，英文对应的单词是 inplaceness。“在地性”可能是一个比较关键的议题，在虚拟时代或者网络时代里面，怎么重新去塑造“在地性”，包括本地的、外来的，结果都可以变成“在地的”。

承接钟老师提到的“网红”概念，我认为网红是对“在地性”的一种挑战。网红是时空的压缩，比如说刚才提到的“喜茶”，最夸张的时候食客需要排八个小时的队，但是其实它就是2012年的一个Come from nowhere的品牌，变成一种突然出现的景观。但这还不是最可怕的景观，可怕的是“鲍师傅”，它是从北京来的老字号，结果也变成了网红。所以我们可能不太了解哈尔滨食品厂、蝴蝶酥，但如果哪天说它是网红，可能就会被关注。人们不关心它是不是老字号，只要它变成网红——什么都可以变成网红，都要去排队，那原来人们对地方的情感性就被这样的一种排队、拍照，然后发到网上的景观性行为所取代。原来的老字号、历史上各种各样的品牌都被碾压成网红。这个现象值得反思与警惕：网红消解了人们与现实空间的真实关系，现实空间变成了一个取景地，人们只在乎拍照片上传到网上空间。

对于食物而言，视觉正在跟味觉形成一种竞争关系。食物跟空间、跟地方发生关系有多种形式，一种是“吃”，这是真正跟记忆有关系的味觉、嗅觉；另外一种是拍照，我觉得拍照是一种占有性的、炫耀性的行为，但它不一定跟地方真正发生关系。互联网时代，很多拍照其实是一种景观化的剥削：只是为了获取图像，然后离开，没有回馈到具体的场所。

最后，举几个与“在地性”有关的正面例子。梁老师提到White Spot后来也推广到亚洲，有一些亚洲的老字号也推广到了欧洲。比如说我在巴黎留学六年，看到一些帖子，在巴黎的华人留学生最怀念的巴黎食物是“pho”——一种越南米粉。巴黎的两大标志性食物就是“pho”和土耳其烤肉“kebab”。它也是一种全球化当中的“在地性”，这可能是比较真实的处境，也是双向的过程——不只是从欧美到亚洲，也可以从亚洲到欧美，它是动态变化的概念。老字号并不是排斥性的概念，而是包容的、陪伴人的概念，它帮助人们融入所在之地。“吃”其实需要很多的安全感，所以“吃”是建立“在地性”的一个重要契机。

朱伟珏教授

刚才梁老师讲到一位老字号的店主非常后悔接受电视台的采访推介，我在南昌路也遇到了同样的情况。南昌路上有家咖啡馆，那里的老板娘曾对我说：“我不会接受任何媒体的采访。因为我是要挑选顾客的。”来她店里喝咖啡的人有电影导演、画家和我们这些知识人。她认为自己的咖啡馆是一个小小的公共空间，也是一个社区——小的商业形成的特殊社区。她不允许甚至十分抵触网红带来的冲击，她认为网络效应吸引来的顾客比较杂。所以我个人理解，她希望在一个全球化的信息时代中，坚守一种 face to face 的交流，一种具有空间含义的场所。

我们已经进入了网络时代。不能说网红现象不好，但是我在想，如果仍然认为佐金教授讲的“原真性”富有启示性，那么的的确确我们身体的“在场”就至关重要。当然可以有质疑：“难道在网络中，我们的身体是不在场的吗？老师你说错了，我们谈恋爱都通过网络，谁说身体不在场呢？”可能我比较保守，包括谈恋爱也同样如此，认为需要有一个真正的地方，有一个场所，有一个物理的空间，身体寓于其中——像梁老师刚才讲了那么多故事，它们发生在一个具体的空间里，听者似乎觉得这个空间是一个可感可知、可以去理解的对象。所以我在想，网红店跟老字号并不对立，老字号完全可以成为网红，实际上老字号也应该思考如何利用网络的影响发展自身。哈尔滨食品厂的蝴蝶酥当然不是网红，它只在上海人当中很流行，那儿天天有人在排队，但基本都是上海本地人。而且它还很有区域性，基本是住在淮海路附近的人在排队。显然，食品和区域性会产生一种联系。比如，刚才我听说王老师也吃蝴蝶酥就很高兴。齐美尔(Georg Simmel)认为，人跟人的靠近，是从分享秘密开始的。吃有共同记忆的点心也属于一种小秘密，大概网红食品也是如此。因为网络太大了，所以知道喜茶也让我们共享了一种秘密，“哇，你也知道喜茶，我们是同类”，我觉得从这里开始，老字号就涉及认同的问题了。

梁浩瀚教授

各位老师的点评非常到位，给我带来很多新的想法。刚刚结束之前我就提出问题，品牌跟老字号到底有什么区别？老字号的定义当然可以有很多种，但是首先有两个条件：第一，我们定五十年——这是北京社科院做老字号研究的学者规定的时间跨度；另外，我提到但没有深入的问题，怎么去认知这个是老字号呢？到每一个城市，先问当地的人，哪个点、哪个饭馆能够代表这个地方？而不是以专家的身份去判断。如果当地人认为蝴蝶酥能够代表上海的话，有认同(Recognition)，那它就是老字号。

刚刚朱老师说得对，老字号也可以变成网红。但是网红品牌就没有历史性，没有故事性，最重要的问题是没有跟当地的社区建立关系，这是很重要的区别。网上还有很多朋友，在脸书也好，微信也好，但都没有见过面，跟面对面的联系还是存在很大的差异。

另外一点，老字号跟建筑有绝对的关系。因为一个老字号、一个店，建筑是一个具有象征意义的实体。它的意义原本是空白，是人贴上去的标签。如果没有经验的话，那你怎么可以贴？还是要靠经验赋予建筑以意义。

朱老师说蝴蝶酥的例子——香港人有自己的点心，叫作鸡蛋仔。我真的想问朱老师与王老师，蝴蝶酥现在是不是真的很好吃？老实说，大家都是这个年纪了，会不会觉得腻了一点？现在在香港，每一条街都有鸡蛋仔。都不好吃，没有一个店出品能到正常水平。但是为什么到了香港就要排队？所以如果要回答“后空间”的概念，它还是像黑洞一样，什么东西都被吸进去，吸进去以后产生了无可想象的变化。其实那个味道是不是三十年前、四十年前吃的味道？不晓得，只是靠记忆来判断。但记忆不光包括味道，还包括那个时候的家庭背景——那时候根本没钱，鸡蛋仔是街上最便宜的食品，我们上学回来，爸爸妈妈回家的时候就带一份热腾腾的鸡蛋仔，那种感觉根本上已经脱离了那个形状和味道。所以如果要解释，如果真是有“后空间”这个概念，就是鸡蛋仔已经变成一个象征——蝴蝶酥亦然。

我现在在研究香港茶餐厅，每次到现场做观察时，我的女儿就给我发信息：“爸爸，你不允许吃菠萝油！”这是健康问题。好吃，但是现在又不能多吃，女儿都骂就更不能吃了。我说我不吃怎么行，去茶餐厅怎么能不吃这个？不是每一家的菠萝包都做得好，但是为什么每到茶餐厅都要点菠萝油跟奶茶？这个没有逻辑性，没有理性来解释。所以，食物真的包含了我们五官的感觉。

很多朋友向我介绍，你不如做红酒研究吧。去法国，去酒庄。但是红酒没有可以跨城市、跨文化的比较，因为不是每个城市都有资本去酿酒。还是家庭饭馆可以做全球性的对比研究。比如说，中国的情况就不一样，中国由家庭经营变成国营，这个情况在国外也不一样。我们现在还继续做长沙的火宫殿、马来西亚槟城的海南鸡饭，还有巴西的一个葡萄牙人饭馆的研究。但是还没有最终成功，因为要去那里看看才知道切入点在哪里。这个题目，如果同学、老师有兴趣，可以在不同的地方找一个点做比较，肯定可以在里面学到很多东西。

听众一

老师您好，我想问一下。您讲的前两个案例我是可以理解的，因为它从1912年或者1926年开始逐代传承，代际传承一直没有变过，而且餐厅的地点也没有变过，所以它对应的社区、社区的居民和当地的原住民具有时空的情感记忆，老字号与社区连接得比较紧密。但是White Spot在后期不仅经营者已经发生变动，而且走向了市场化。走向市场化就意味着它需要做到标准化，标准化的结果就是它的情感连接，或者时空的连接会变弱。

图2-23 讲座现场

前两个都位于固定的区域，属于一种小众的记忆共同体，但是第三个其实在不断发生变化，它和前两种不同。所以我觉得第三种餐厅经营方式的变化带来的情感连接其实和前两种餐厅有所不同。第三种餐厅不再是一种情感连接的方式，反而在用市场的逻辑推动它的发展，而不是前两种那样的逻辑。

梁浩瀚教授

问得很好。其实Tomahawk那个店也搬了三次，但还是在老区里面，Brooks' BBQ没有变，还是那个店。那你说White Spot有没有变？如果没变，为什么呢？它最老的店还在，因为温哥华市民很多的初体验都在这个场所。但是人一直搬出去，它就根据人口的需要开不同的店。你说得对，食物一直在变，市场追求标准化，但是它有两种东西不变——Triple O的酱和汉堡包。所以我访问时，很多温哥华的白人觉得那个地方已经不属于自己。

White Spot 的 Award-winning Burger 就变成一种安抚食物（Comfort Food），食客在意吃下去舒服的感觉，“这个才是我的温哥华啊，不是那个多元文化的温哥华”，有一种这样的感觉。我通过电子邮箱找人访问——这个教授已经在美国西雅图教书，但是当我提到 White Spot 时，“哎呀，我很想家”。其实不光是食物的问题，刚刚我说鸡蛋仔也好，蝴蝶酥也好，不是吃的问题，而是整个感觉的问题。还有 White Spot 这个店随着温哥华，或者说随 BC 这个省在变，如影随形，好像是陪伴着一样。虽然我同意你的观点，它确实已经企业化，但是又要知道，它有一个老店的厨房，一切的菜单都在那里研发，它一级一级地在不同的店训练厨师，它仍然还保有一个中心。White Spot 即使像麦当劳的汉堡一样有标准化制造的过程，但它还是始终保存着 Triple O 的酱。

钟晓华副教授

刚刚梁老师讲到了麦当劳，对比麦当劳和 White Spot，为什么我讲到麦当劳，或者讲到星巴克的时候，我没有感觉我想家，那是因为我知道它的根源在哪。但是梁老师却说 White Spot 有一种延续性、地方性在里面？其实它也有全球化的战略，它在中国杭州开店，所以其实它已经走出社区。那怎么去界定它们呢？麦当劳算不算老字号呢？

梁浩瀚教授

在美国，麦当劳当然算是老字号。询问美国人什么代表美国，那回答就是汉堡包了。谁的汉堡包？麦当劳的汉堡包。我带几个美国学生来上海上课，这里有一个旅行社负责我们的车和两三顿饭，伙食很好。你觉得他们最喜欢吃的是哪一顿？是比萨，是东方明珠附近的一个比萨店，比萨还没有放上桌子就已经没有了。怎么解释这个现象？这是家的感觉——思乡（Homesick）。比萨好不好吃？每个人有自己主观的味觉。中国美食多得很，但是比萨没有来得及放在桌上就已经没有了。吃的感受已经超越食物本身的价值，这是个很有趣的心理状态。

听众二

梁老师您好，我对美食电视台的事情比较感兴趣。我们知道，企业大多以经济利益为主要目标，但是那家餐馆很神奇，那个节目出来之后有很多人来排队购买它的食品，他们却变得不那么开心了。但是另外的餐馆又在开分店，可能是追求经济利益的目标比较明确。所以我想问，老字号的餐馆是如何处理其经济利益和文化价值或观念之间的关系的？

梁浩瀚教授

这个问题也问得很好。再根据连续性的概念，虽然 White Spot 已经卖给另外一家企业，但是新接手企业的 CEO（他已经在那个店做了二十多年），他跟我强调了三点："虽然我们经营的手法改了，但是我们还是维持当初 Nat Bailey 的价值观——Integrity，老实做生意；Innovation，创新；以及 Adaptation。"它继续坚持原来主创者的一些理念。所以价值观也很重要。如果这个产品仅仅为了赚钱，它还跟社区有什么联系呢？我觉得这是品牌跟老字号的区别之处。一个品牌可以用任何手段去做生意，赚钱就好，但是它们的精神在哪里呢？

图 2-24 嘉宾合影

朱伟珏教授

我也延伸一下这个问题，我跟南昌路咖啡馆的老板娘曾经聊过这个话题。她告诉我："网红不是变成全球品牌的意思。一家咖啡店在上海成了网红之后，它会遭遇什么呢？可能在半年之内客人天天络绎不绝，半年以后一旦它过气就再也没人光顾了。而老顾客也不再来了，所有客户全都流失了。"经济利益分成短期和长期，从短期看，咖啡馆老板娘可能吃亏，但从长远看，她培育了一些真正的顾客。一旦他们也流失了，那么这家咖啡馆迟早要关门。事实上，很多网红店现在都遭遇着同样的尴尬。

第三讲　大都市中心城区的空间重构与分异

2018 年 5 月 22 日，由同济大学社会学系、上海同济城市规划设计研究院有限公司-同济大学社会学系城市与社会研究中心、同济大学公平城市与城市治理高峰团队和同济大学城镇化与社会发展研究中心共同主办的"后空间社会学系列讲座第三期"以"大都市中心城区的空间重构与分异"为主题的研讨会在同济大学文远楼三楼举行。本论坛特别邀请了法国社会学家罗兰教授和美国社会学家佐金教授，分别做了题为"创造城市：好客、世界主义与驱逐"(The Invention of the City: Hospitality, Cosmopolitanism, Expulsion)和"地方商业街：再开发与原真性"(Local Shopping Streets: Redevelopment and Authentic Character)的主题发言；同济大学社会学系主任朱伟珏教授做了题为"城市更新与城市治理——以原法租界南昌路为案例"的发言。研讨会由朱伟珏教授主持。其他与会对话嘉宾有：上海社会科学院城市与人口发展研究所副所长、研究员屠启宇，同济大学建筑与城市规划学院城市规划系教授、副系主任卓健，上海大学社会学院教授刘玉照，上海交通大学国际与公共事务学院教授王郁和同济大学建筑与城市规划学院城市规划系副教授肖扬。

嘉宾简介

莎朗·佐金

美国纽约城市大学布鲁克林学院和研究生院社会系教授；美国社会学协会消费者与消费分会主席(任组织领导职务，2014)；《城市与社区》(*City and Counity*)副主编(任委员会成员，2012)；美国社会学协会社区与城市社会分会林德奖委员会主席(任组织领导职务，2011)。研究领域为现代城市生活。

她在自己的一系列著作《阁楼生活》(*Loft Living*,1982、1989)、《权利景观》(*Landscapes of Power*, 1993)、《城市文化》(1995)、《购买点》(*Point of Purchase*, 2004)和《裸城》(*Naked City*, 2010)中,对去工业化、全球化、绅士化和移民在近期对城市的重塑,以及基于文化产品和消费的象征经济的崛起进行了追踪考察。1996至2008年,任Broeklundian教授。美国社会学协会社区与城市社会学分会曾授予她林德奖,以表彰她在城市社会学领域的杰出贡献。她还凭借《权利景观》一书获得米尔斯奖。2010年至2011年,担任阿姆斯特丹大学客座教授,2014年秋被表彰为纽约市立大学研究生院高等研究合作中心杰出研究员。

劳伦斯·罗兰-伯格

法国国家科研中心社会学研究员、里昂高等师范学院教授、"中法后西方社会学"国际联合研究所法方所长(法国国家科研中心—里昂高等师范学院—中国社会科学院)。她在法国和中国的研究涉及城市社会学、经济社会学和移民社会学。主要研究领域为城市中的隔离和中层空间、劳动与雇佣以及欧洲和中国的移民与多元化经济等,同时也致力于社会学的非西方化。从2006年开始,她与中国的社会学家们共同展开认识论上的反思——她称之为"后西方"的社会学。

朱伟珏

同济大学社会学系主任、教授,中国社会学会社会地理学专业委员会理事长、同济大学城镇化与社会发展研究中心主任、中国社会学会理事、上海社会学会理事。主要研究方向为城市社会学、理论社会学、文化社会学。近5年共出版学术著作7部。长期致力于城市治理与更新方面的田野研究并积极参与相关实践项目,迄今为止已在上海南昌路地区进行长达7年的田野调查,现任环复-南昌路跨界自治会会长。积极推动城市研究领域的国际交流与合作,与美、日、法、德等国著名社会学家建立起长期的合作关系。

屠启宇

上海社会科学院城市与人口发展研究所副所长、研究员,上海市软科学研究基地"创新型城市发展战略研究中心"首席专家。

卓　健

同济大学建筑与城市规划学院城市规划系教授、副系主任。主要研究领域为网络、地域与城市交通机动性与智慧城市、城市设计与社区更新可持续城市交通政策等。主要成果有《普通轨交站点周边地区的城市更新开发策略刍议》《历史街区街道保护与更新中的交通安宁化——以上海市嘉定西大街历史文化街区为例》等。

刘玉照

上海大学社会学院教授、博士生导师、副院长。主要研究领域为经济社会学、组织社会学、新制度经济学、城乡社会学，研究方向包括工业化与乡镇企业发展、基层选举、流动人口和城市新移民、大陆台商等。主要成果有《乡村工业化中的组织变迁》《社会转型与结构变迁》《快速城市化过程中的乡土文化转型》《流动与和谐：宁波市外来人口服务与管理》等。

王　郁

上海交通大学国际与公共事务学院教授、博士生导师。研究方向为区域与城市发展，研究领域包括城市治理、区域与城市发展研究等。主要成果有《区域发展与城镇体系规划的理论与政策实践》《城市管理创新——世界城市东京的发展战略》等。

肖　扬

同济大学建筑与城市规划学院城市规划系副教授。研究方向为建成环境的社会/经济价值评估、社会空间分异、公平城市、社会健康等。主要成果有《空间句法在城市规划中应用的局限性及改善和扩展途径》《世界经济格局和世界城市体系的关联分析》等。

主持人朱伟珏教授

尊敬的罗兰教授，尊敬的佐金教授，各位来宾，下午好。今天我们很高兴请到两位社会学家与大家分享她们最近的研究成果。一位来自美国，另一位来自法国，所以要凑齐这么一桌（人）不太容易。我们聚集在一起，共同思考城市化和城市更新在中心城区的呈现；思考在城市更新的过程中，美国的经验、法国的经验和我们中国的经验与困惑。等一下我也将就今天的对话主题作一个简短发言。今天两位教授给我们带来的题目非常有意思，一是聚焦于中心城区在空间的重构过程当中产生的一种新的分异方式，这和此前我跟罗兰教授两人共同提出的“后空间”概念紧密相关——此类新形式分异的表现是什么？新的分异是如何形成的？二是城市中心的绅士化过程。在大都市的中心城区，很多原先比较高档的住宅区，现在正在经历向商业空间转换的过程。在这一过程中，遭遇了很多与“原真性”相关的问题——这也是我一直在思考的、重大的问题。这两个问题的面向是不同的，它们从不同的角度去思考城市空间的问题。

罗兰教授

创造城市：好客、世界主义与驱逐

我非常高兴有机会回到同济大学来跟大家介绍我的城市社会学理论。我们今天要讨论一个我认为很重要的题目。我们会讲到社会，讲到城市的重构与分异，但是我觉得非常重要的是要来探讨和思考关于城市的发明、打造(invention)的问题。我们将会看到(它们之间的)一些联系，莎朗·佐金教授也会提及相关的一些内容，大家可以看到两者之间的联系。

这里有三个概念：好客、世界主义和排斥，这是一种思考问题的方法，也是我们对于城市的发明方面所要进行的一种思索。我们在关注城市空间重构和社会分异的时候，要将中国大都市的转型作为重要的考虑对象。世界上有很多的大都市，在其中我们看到了隔离的加剧，社会阶层分化越来越严重，还有一些新型下层(底层)阶层的出现。我们要考虑新的形势之下社会阶层分化、(各社会阶层之间)不平等的现象。其实，讲“中心”是非常困难的，到底什么是“中心”？大都市可以被视作中心吗？我们可以看到有一些“中心”具备这样的概念。这是非常有意思的、值得探讨的问题。大家通过这样的方式去考虑不同的城市中“中心”的功能和特质。

我现在要解释一下我所说的空间重构。我们要谈城市的重生，就要谈到它的快速生长，以及它的边界所在。现在，有一些不同的理论来帮助我们看待城市的再造和发展。就今天的演讲而言，我希望谈一谈城市结构、生命政治、中间空间，以及世界大同主义如何塑造城市，它们为我们创造了看待城市的新窗口。我们通过这样的窗口，来看那些隐形人口的迁徙，那些新的移民群体——他们现在在世界各地不断地迁徙，涌入城市，并重新塑造城市。由于生命政治的影响，尤其是在像法国、意大利或者是一些西欧国家的城市里面，大家可以看到新型的隐形人口迁徙正在越来越多地参与改造和塑造城市的进程。

如果仅从地缘政治的角度而言，我们就不能看到这些人员流动所带来的城市空间的改变。这些人非常积极地参与城市的塑造过程。我们需要考虑，是什么使我们产生了现在的公民权利？这是一个很重要的问题。正是这些新型隐形人口重塑了城市民主等概念，并正在重新塑造着城市。

由于人口迁徙规模的逐渐扩大，以及人口流动的加剧，我们看到欧洲及中国的大城市正在经历新的社会转型、经济建设，以及社会阶层的分化。这是非常复杂的过程，因为城市之间是互相关联的，这就出现了跨城市网络的打造和建立。在城市区域之中，一方面出现了空间社会不平等的现象，同时也伴随着复杂的人口流动，中国和欧洲的大城市里都出现了一些不平等现象——日益复杂和多样化的不平等现象。同时，我们现在又处于新的维度和空间。实际上，有时(人口)从某地区被迁徙到另一处，并不意味着其本身是受到排斥的。这就加剧了这些隐形空间流动带来的城市空间的复杂性：一方面有新的空间出现，在巴塞罗那、米兰等一些其他的城市都有这样类似的情况出现——我们不能说城市仅仅是一种空间的融合；同时由于欢迎和接纳“异己”(外来移民)所带来的新空间的塑造。所以，现代城市的一个重要特点就是其复杂性。

这里是一些西欧社会学家以及政治学家的研究。我们发现，新移民和寻求庇护者涌入西欧城市，给整个社会组织以及社会阶层的改变带来了巨大的影响。难民和寻求庇护者进入不同的西欧城市，他们所获得的城市空间无法得到大众认可，很难具备合法性。对于意大利政府以及不同城市的市民而言，来自非洲的难民涌入米兰是一个巨大的挑战，他们现在也在开始考虑收紧对难民的接纳(政策)。

在迁徙过程中，我们看到了社会的分化。我们看到(迁徙中不乏)高素质人才，包括大学教授、医生等，但是也有较低阶层的人。这给整个公共空间带来了复杂性和多样性。从 2015 年开始，约有十万名移民和难民通过地中海涌入欧洲，因此法国和意大利的城市面貌大为改变。(街道上出现)越来越多的警察，政府开始加强街道管控——我们的城市生命政治学是驯化这些新的移民和难民，进而识别、定义和控制他们的想法和行为，使得他们能够获得符合社会机制规范的叙述身份，并且以这样的身份来对待我们城市机制的主要概念，比如民主、宗教、两性关系等。实际上，这些移民和难民也有很聪明的办法来自下而上地应对政府的管控政策。

在生命政治之中有一种双重过程的出现。这个双重过程是指，一方面，新移民无法做自己；另一方面，他们必须遵从国家意志。所以我将其称为主体化和臣服的双重过程。

作为社会学家，实际上我们无法直接看到这些人，但是他们的确塑造了一种非常复杂的新型地缘政治形势。说到城市的地缘政治话题，我们称之为一种机制化的，或者是政治化的城市道德经济。这种机制化的世界主义，是一种对弱势群体带有怀疑、轻视、怜悯和尊重的道德经济。而参与移民救助的城市志愿者胸怀世界主义同情心，并且在新型的市民活动中团结到一起，形成了情感社区的雏形。这种机制性的影响因素，还有一些地缘政治性的影响因素会影响城市中的那些人（包括从非洲到法国的难民群体）。这些人在迁移过程中遭遇了重重困难和挫折。对于法国、意大利城市中的寻求庇护者和难民，我们不但要关注他们的苦难——我们知道他们很痛苦，遭遇了很多挫折和困难——还要需要理解是什么导致了城市秩序的复杂性。我们需要重新解释新兴群体出现所带来的城市现象。

由于一个受欢迎的、新的空间出现，我们可以看到新的国际化公民权利随之产生。我们如何对它进行定义？一些高素质群体（比如法官、律师、医生，等等）希望能够参与人道主义危机的解决过程。涌入城市的有中产阶级，也有底层阶级，实际上他们占据了都市的中心，比如巴黎的城市中心。这些人在塑造着新的团体空间。但更重要的是要关注我刚才提及的城市中间的怀疑、轻视、怜悯和尊重并存（的现象）。这点非常重要！城市中不仅仅存在着所谓的不公平现象和社会碎片化，也有很多人——我们的知识分子、市民——希望能够参与城市欢迎空间的塑造过程，因此存在一种互动式的市民关系。新移民需要去看医生，需要新的服务。而确实也有一些医生能够为这个群体提供服务，也有律师会为他们提供一些法律咨询的服务。

接下来，我们就要来提问，这是一种考虑城市复杂性的方式。我们无法说这是完全多元化的环境——存在不平等，有时也会存在冲突性的发展过程。我觉得这是一个比较奇怪的方式，但它确实能够奏效，它能够发展出好客的空间。

我们来看这些城市空间是从哪里发展起来的，以及“中间空间”概念的产生，我会给大家介绍一些例子。中间空间和实体的社会空间以及象征性的道德空间相关，它是一种好客的空间。城市当中有不同的群体，在城市的边缘区域，我们到底是哪一种公民身份？这(个问题)在中间空间里是非常有意思的概念。城市的秩序是不断地被重新定义的，随着我们不断打开视野，可以看到有很多原本不可见的空间。在这些空间当中，各种公民都能够利用自己的能力开展活动——不仅仅是在街道上开展工作。

其实，我关于中间空间的研究始于30年之前。我对不同的话题、不同的主题进行了研究。这个话题确实非常重要。现在法国和意大利的一些城市发生了驱逐、排斥的行为，但是城市的边缘地区依然形成了一些非常好客的空间。比如说，失业的人在城市边缘地区创造新的音乐，并且对政治提出了建议，这些建议是和开放、好客相关的。在城市当中有很多这样的空间，它们反映出城市创造发展的过程。中间空间并不仅仅是实体的空间，它也有一些社会的意义。因为人们可以在中间空间当中进行实践，同时使得有支配能力的人和其他的群体能够在这些空间中发展自己的策略。在巴黎、米兰、巴塞罗那，城市当中的中间空间并不完全一样，但是在各个城市当中都有这些中间地带。这些移民、居民能够在这些空间之中一起合作，进行生产；他们共同开展宗教、文化以及家庭方面的活动。其中也有一些灰色的经济空间——法国的社会学家正在对此类问题进行研究，尽管这非常复杂，但仍然值得我们研究。

在法国有一些隔离的社区，比如说马赛、里昂等城市的市中心都有一些贫困的空间。其实我能够理解这一点，因为我已经在这些城市中做了很多相关研究，一些研究是关于伊斯兰教的。在里昂、马赛、巴黎、米兰有一些由穆斯林女性所创立的新集体。很多人会觉得家庭妇女就是在家煮饭，照顾孩子，但实际情况却不是这样。她们中的一些人成为社区领袖，正在尝试做一些改变。但是有一些权威机构比较担心和这些穆斯林人产生联系，当然我们也理解他们的忧虑。我曾经遇到过一个人，并跟她一起去了马赛。她想要打造另外一种市民社区——她没有任何的经济资本，但是她和社区中其他的女性合作来打造新的社交媒体，用以保护其子女，因为他们的子女受到了法国社会不公正的对待，这是一种建立在宗教网络上的互联网模式。我们可以从中看到歧视和不公正的现象，社会学家对于这个问题进行了讨论并达成了一致：我们必须面对这些城市中的问题。其实每人对这些情况都有或多或少的了解，但是我们需要理解情况的复杂性，特别是在面对伊斯兰教的时候。这些妇女正在建立新的组织，提高组织行动的能力。

在米兰，极端的左派有着非常悠久的历史，但是现在部分空间已经被知识分子（学生、艺术家）所占据。他们会组织活动以反对社会对于移民以及移民后代的歧视、排斥和种族主义。但是在意大利，情况又有所不同。中间空间和好客空间是互相联系的，它与经济世界主义相关联。

对于我们来说，民族空间意味着什么？非常重要的是，当我们讲到这些少数民族的时候，有时候会和好客的空间联系在一起，人们在这些空间中可以互相合作。当然，城市当中还会有流动性。比如说，里昂有一个广场，这个广场可以被视为城市的一个实体地区，它不是与商业路线相连的地区，但是它把一些不同的地区紧密联系起来。现在这个地方和中国城市以及非洲也是有联系的，成为一个国际性的地区，而不仅仅是小型商业区或街头小贩的形式。我觉得非常有意思的是，在大都市的街区中，存在于少数民族区域之内的一些空间是非常开放、好客的。我们可以考虑这些空间的共存性。我认为它们是以某种方式共存的。

我们可以对集市经济、多民族聚集地以及一些跨国空间实现区分。这些不同类型的地区都是共同存在的，它们都是非常重要的空间形式。跨国的空间与集市空间是联系在一起的，比如迪拜和义乌。去年我去了义乌，当时我看到了来自印度、也门、巴基斯坦，还有一些非洲国家的企业家在那里做生意。这种跨国的特性其实不单纯体现在义乌这样的地方——在米兰也可以看到类似的情况。我们看到这些动态空间的流动性，它们之间的相互连接性，还有空间的移动性，它们都与人口的空间移动性紧密相关。因此，这些全球化城市的国际社区里不断有移民涌入，这里的集体记忆里留下了他们的印记。在国际性城市区域里的街道上，我们可以看到本地居民和移民之间的互动。

我在法国也注意到了中间空间，或者说是欢迎空间的存在。这里有本地的商业化的行为和活动，它与不同空间连接起来进行互动，同时还有很多中心化以及流动性经济空间与之进行互动和连接。比如相对低素质的移民之间会有一些正式或者非正式的交往。我无法建议或定义：哪些交往可以称之为正式交往或者非正式交往，中国广州也有所谓的“巧克力城”的出现和存在。这些低素质移民之间正式或非正式的交往就使这些多民族聚集地形成了集市经济。其实也有一些高素质的移民，他们是代表着新经济的精英。也许有一些高素质移民会出现在欢迎空间之中，但不见得会出现在中间空间之中，或者说全球化城市的中心城区。

这里的问题就是，我们所说的欢迎空间、移民聚集地在怎样的程度上、在自下而上的意义上，可以形成和促进城市全球化和中间空间的国际化？在这些空间里，从互动的角度和政治的角度看，城市职业生涯的发展有如下五种途径：城市流动性职业、城市信息融合性职业、全球融合性职业，还有新流动职业以及全球化所带来的相关职业。我认为这些是新的社会现象。

总之，从美国或者中国社会学家的角度来看，我们如何定义城市的塑造和形成？我本人在美国做的研究工作不多，但也许我们能看到，其实两国之间在社会隔离和融合过程中存在相似性。我们也看到那些不同公民群体之间的互动在多大程度上影响着城市民主化、影响着欢迎空间以及中间空间的塑造和形成。社会学家正在使用通用的理论来解释这一新型的城市世界，但是他们往往需要考虑全球化和本土化，以及普遍性现实和个体化现实之间的区别。中国和欧洲的社会学家也需要考虑如何在自己的国际语境之下对城市塑造进行具体的解释和研究。实际上，社会学家也要参与国际化过程——我们（社会学家）也在国际化学术空间中进行穿越和移动，所以我们会从社会学家的角度来看这些本地化知识和传统。比如，我们对于时空思维的感受，对于移动性和固定性的感受，对于中心和边缘的感受，对于国家和公民的感受，等等。我们可以去研究本土化知识和传统如何在一定程度上影响社会学研究视角。

欧洲和中国的城市社会学家面临的巨大挑战在于，如何进一步找到实践和理论意义上的、非延续化的延续性以及延续化的非延续性。社会学研究发现，城市的塑造过程其实嵌入了法国的文化历史传承之中。在中国，我参与过很多的研讨会，其实没有过多地谈城市，我们主要谈的是城市公民如何参与城市塑造以及如何参与到与之相关的城市空间、公共空间问题之中，而并没有太多地去谈社会问题本身。

佐金教授

地方商业街:再开发与原真性

感谢会议主办方邀请我参与此次研讨。我对城市的理解与劳伦斯-伯格教授对城市的理解有着很紧密的联系。但是我对生命政治、城市中的身体控制、身体表达的理解很大程度上受到对土地和视觉表达的控制的影响。对我而言,在与复旦大学和同济大学的合作伙伴一起开展的关于地方商业街的研究中,我思考了在商业街道上移动的人的身体,我同时也研究了各种不同形式的社会及经济控制形式,正是它们塑造了商业空间。

有时候一些美国社会学家听说我在研究商业街,他们会大笑,并且说:“你仅仅在做购物的研究,这个问题太细微了,你怎么会做这样的研究!”其实不是,我研究的是街道的生产、商业的公共空间的生产以及具有地方性(locality)特色的生产。(对于)本地的认同是在商业街道上产生的,所以我们不仅仅研究购物行为,而是研究商业街——购物行为发生的场所。

图 3-1 佐金教授

现在,我们有现代化的技术来辅助体验现实和虚拟现实,这样的技术是怎么跟我们购物的场所和方式关联起来的呢?

图 3-2 是上次购物节期间谷歌公司在纽约创建的一个实体店。在购物节之前的两个月,谷歌公司以及其员工在这里展示了谷歌的产品。这样,你可以通过对公司以及其产品的现场体验来感受这些产品,但是你不会对场所产生特别的感觉,也不会觉得自己正处在某座城市中。与之相对的是图 3-3——巴黎一家历史悠久的当地小店,它的标志就表明了它已经在那里存在了近百年。到那里之后,你会明白自己位于什么地方。我们创造了什么样的购物空间?或许设计师会产生在商业空间中放把椅子的想法,认为这就创造了社交空间——处于公共空间中,人们可以坐在椅子上。但是商场中的商店或者饭店门口的椅子可能会闲置,与之相对的是一个真实的商业空间的社交功能。即使在真实的商业街中放了椅子,人们也可能将彼此视为陌生人;也可能视

彼此为邻居，为同一本地社区的成员。这里有美国城市中两种不同的邻里，两种不同的商业街上的椅子——人们会把这两种椅子当作不同的社交空间（图 3-4、图 3-5）。

图 3-2　谷歌实体店

图 3-3　巴黎一家历史悠久的小店

图 3-4　上海新天地的椅子

图 3-5　上海 iapm 商场中的椅子

当我们走在不熟悉的街道或者消费空间中时，是如何理解那个空间的呢？我们会看标识、店名，标识的形式和美感，然后甚至不需要思考，我们就能理解它们的表达逻辑。这些标识代表了什么？迪士尼还是嬉皮士？（图 3-6、图 3-7）不同城市的商业街标识展示出来的，是与那个购物空间相关联的不同的社区、不同的公众、不同的休闲街道。

购物空间，尤其是商业街道，是人与非人的技术和组织之间互动的复杂生态系统。生态系统中的某些部分可能会从美国一直延伸到中国，从中国再一直延伸到美国或者世界的其他地方。

图 3-6　上海迪士尼

图 3-7　首尔嬉皮士

生态系统当中非常重要的，直接影响了商业街生产的三个基本部分：建筑资金的拥有者（在中国也许就是土地所有者，即国家），建筑的业主、商店的所有者和提供市场的购物者。但是，商业街的生态系统同时也受到产品的来源地、产品的价格、产品所代表的文化等因素的塑造。如果你买一杯由一名在街边商店里的工人制作的咖啡，那么这是一杯非常简单的咖啡。但是如果你去一条有星巴克的商业街，你就会对那条商业街及其社会特征有不同的感觉。

或许地方政府对商业的影响是最大的，因为地方政府控制着营业执照。一个商店到底是合法的还是非法的，主要是基于政府的许可。商店的合法性取决于它是否符合建筑安全的相关法律，取决于它是否向地方政府支付税收。地方政府同时会保护这些商户，并且对街道进行清扫。地方政府通过很多不同的方式塑造着商业街。

当前我们都学会了从社交媒体上了解商业街上有哪些商店、有哪些餐馆、商业街的吸引力在什么地方，以及我们在商业街上能找到哪些东西、它好不好、其他人是不是喜欢。我们通常先会在社交媒体上面看到或者听到某条商业街的信息，比如浏览人们在 Facebook 的评论，然后再去实地。

当然，还有关于商业街附近居民的信息：穷还是富？上海人还是外来移民？一般到这条街上购物的都是些什么人？所有这些信息一起形成了对商业街的空间的建构，而对商业街空间的建构又影响了我们理解这些空间的方式。

在提出再开发、城市更新这样的课题时，我们会发现存在一种经济和文化价值方面的交换和互动。在市场经济中，地方政府常需要在商业街形象和居民需求之间进行调和。但是在中国，地方政府（街道或者城市政府）常常希望提升商业街的形象，它们可能并没有关注市场，但是它们希望商业街看起来全球化、文明化、秩序井然。在西方城市中常常会有跨国移民，地方政府可能会说："我们希望商业街看起来多样化，以体现出生活在这个城市中的人们的文化。"在地方政府眼中，这些都是正面积极的商业街形象。负面的商业街形象经常是跟中国人所说的"城中村"联系在一起的。这些"城中村"常被描述为"混乱的"，有时候是"非法的"，跟西方历史上本地常住居民在经济上、文化上隔离外来移民的城市形式——"贫民窟"联系在一起。正如罗兰教授所谈到的，这是一种种族上和宗教上的多数群体与少数群体之间的隔离。

在当今的中国，当我们谈到或者想到商业街——包括朱老师即将讲到的南昌路——再开发的时候，我们就会想，这条街是将成为"全球化城市"还是"城中村"？在市场与商业街形象之间进行协调的是中国的地方政府，这也是他们推动商业街形象的发展趋势。在其他的市场经济中，地方政府并不会考虑太多视觉形象的问题，而是市场决定商业街的样貌。我给大家举个例子说明一下市场是如何将一条商业街从"城中村"打造为"全球化城市"的。

图 3-8　布鲁克林"城中村"商店

图 3-8 是布鲁克林一个绅士化了的社区。这张图显示的是"城中村"类型的商店，常常出现在低收入街区，其主色调基本上就是红黄蓝、黄红绿这样的色彩组合。我在阿姆斯特丹也发现了类似的情况，"全球化城市"社区的商店跟"城中村"社区的商店有很明显的色彩差别——白、黑、棕色是"全球化城市"社区的主要色调。我们还可以看到这里有涂鸦，但并非高级的艺术涂鸦，仅仅是社区里面一些孩子随意在建筑物上涂的自己的名字或者其他。人们可以直接从商店里的 ATM 上取现金，但这里同时写着"本店接受食品购买券"，这是政府给低收入群体提供的一种社会支付方式。所以这是一个方便低收入人群购物的商店。仅仅从外面看这个商店，你就可以说："我理解了，这是一个为低收入群体提供服务的商店，是一个'城中村'商店。"而在同一个社区的另

图 3-9　布鲁克林“全球化城市”商店

外一条街道上，我们可以看到正在建造代表“全球化城市”形象的商店。你可以看到新建的公寓，人们骑着自行车去购物（这在美国被视为一种现代的生活方式）。这个白色大门的宝莱坞商店，跟“城中村”商店比起来，非常简洁干净（图 3-9）。这就是同一个社区当中几条街之外的不同商店。

在纽约，是市场决定了从“城中村”类型的商店向“全球化城市”类型的商店的转变。但是在阿姆斯特丹，地方政府对于每条街道空间的布局规划方面有很大的决定权力。阿姆斯特丹东部的 Javastraat 街是一个工人阶级的社区，那里有来自很多国家的移民，包括印度、巴基斯坦、苏里南——以前荷兰的一个殖民地，以及中亚地区的移民。他们从 20 世纪 70 年代开始移民到这里，开了自己的商店。你可以看到这些卖印度宝莱坞电影碟片和录像带的商店，叫 Music & Movie Palace（图 3-10）。图 3-11 中这家店铺尽管也是一个音像店，但是是一种新型的商店，它的名字非常有特色，叫 Studio/K。它的建筑设计也比较特别，代表了这个社区在地方政府要求下向“全球化城市”的升级。这就是这个社区的发展步骤：从 20 世纪 70 年代移民的工人阶级社区开始；在 21 世纪早期受到学生的影响开始了绅士化，或者称之为“学生化”进程；2007 年开始，阿姆斯特丹市政府规划部门认为这里移民太多了，已经成为一个社会问题区域。然后规划部门就说：“所有的商店必须不同，所有的标

图 3-10　阿姆斯特丹传统音像店

图 3-11　阿姆斯特丹新型音像店

识都应该优化，商店里面的商品展示必须更美观。”市政府工作人员甚至去跟阿姆斯特丹其他地区的店主说：“你这店不错，请到 Javastraat 去开店，提升一下那个街区以吸引中产阶级居民。”

图 3-12　Javastraat 新开的咖啡店

图 3-12 是街上一家新开的咖啡店。对于住在纽约的人而言，这个店名很有趣，因为布鲁克林有个社区就是这个名字，但其实它跟布鲁克林没有什么关系。这就是当市场或者政府试图再生产（或者生产一种新型商业街），然后尝试把一个“城中村”商业街转型为“全球化城市”商业街时发生的情况。其结果就是本地特征的改变和消失，我们会得到绅士化的 ABC——艺术画廊（Art Galleries）、精品店（Boutiques）、咖啡店（Cafés）。

接下来给大家展示另一个由市场推动商业街从“城中村”类型向“全球化城市”类型转变的例子。这是曼哈顿下东区的 Orchard 街。一百多年前，它看起来非常脏，街道上满是垃圾和贫困儿童，很多店铺把商品直接摆到街上（图 3-13）。现在看起来就不太一样了，我会给大家放一个视频，这个例子跟阿姆斯特丹非常类似。你可能会想，它跟当前上海或者其他中国城市发生的变化是否有相似性？就像阿姆斯特丹一样，这里从 19 世纪 70 年代开始就有很多来自各个国家的跨国移民，包括来自中国的移民，尤其是在 1978 年中国改革开放以后。艺术家和学生逐渐进入那里，建筑业主看到有艺术家和学生过来了，就开始希望吸引中产阶级专业人士的进入。商店店主和建筑业主组建了一个“商业提升街区”委员会，决定把店铺租给艺术制作人、艺术商人、饭店、咖啡馆或者设计师。

图 3-13　一百多年前的 Orchard 街

从视频中我们可以看到 Orchard 街上的三个不同店主的三种不同观点：第一名男性，其家族一百年以来在 Orchard 街上拥有一幢公寓楼和商店；第二名男性的家族于 20 世纪 80 年代从巴基斯坦来到这里，他开了几家店，但是他的店已经基本上没有顾客了，只能一个个地把这些店关掉；第三名店主拥有高档、时尚的精品店。三个店主都发现租金越来越高，精品店主还可以付得起租金，因为他跟时尚有关联，而那个巴基斯坦裔的店主已经被市场所置换了，不仅没有多少顾客，而且也付不起租金了。在这里我们可以看到 Orchard 街随着时间的推移而逐渐高档化，从“城中村”商业街成为“全球化城市”商业街。但是，什么样子的街道是“全球化城市”的街道呢？是面向游客的街道吗？是面向绅士化群体的街道吗？还是表达了居民和店主等群体的地方历史特色原始样貌的街道？通过创造视觉形象以营销或者品牌化一条街道——尤其是当你使用“全球化城市”或者“文明的街道”这样的字眼与“城中村”街道相对应的时候——与场所创造，或者从本地文化中生成原真的地方特色之间是有非常大的区别的。

所以，这是一个问题。城市中的每个人，特别是城市规划师、设计师和地方政府工作人员必须问问自己：他们如何在保存街道的地方特色和历史特色的同时，让街道吸引新的顾客？这个问题很有趣，正好能引入朱老师关于南昌路的讨论。

朱伟珏教授

城市更新与城市治理——以原法租界南昌路为案例

图 3-14 朱伟珏教授

非常感谢两位教授精彩的分享，接下来将和五位嘉宾一起与两位教授展开对话。在我主持的一系列讲座中，今天的研讨会第一次尝试以自由论坛的方式进行。在两位学者的发言之后，我会用较长的时间来讨论一些我们共同关心的城市话题，对话环节大概有两个小时。在此之前，我想借此机会，就我最近研究的一个案例与大家分享，希望借此难得的机会让各位学者给我目前正在推进的研究工作提点建议。

我先讲一下提出问题的背景。我在南昌路的田野研究已持续至少五年了。佐金教授也知道，我对南昌路怀有特殊的情感，或者说归属感。这项研究原本基于我个人的研究兴趣，但是现在却变成了一个参与城市塑造的实践。最近，我被南昌路所在街道任命为“环复-南昌路跨界自治会”会长，副会长是位律师，南昌路有史以来第一次有了这样一个自治组织。我原本是一名学者，擅长在理论层面谈论抽象的问题，现在要在实际层面进行实践操作，自然会忐忑不安。今天来了那么多城市方面的专家，包括实践经验丰富的城规学院的教授们，所以我想借此机会向大家求教。我今天不是来讲我的研究内容的，而是来抛出我的疑惑的，请大家共同来给南昌路出谋划策。关于南昌路的研讨会其实已经开过几次了，4 月 25 日我也曾经邀请了南昌路所在地的街道主任、副主任等和社会学家、艺术家、人文学者、规划师、景观师开了一个为时四小时的研讨会，来为南昌路的更新与治理出谋划策。正如刚才罗兰教授所讲的，我们知识分子非常渴望去参与城市的塑造，我同样也怀有强烈的愿望。

首先，我们快速地看一看南昌路的地理位置，罗兰教授两年前曾和我一起去过南昌路。我们看一下地图（图 3-15），图中粗线标示的就是南昌路。它的主要路段从陕西南路到重庆南路，南昌路背靠淮海中路，淮海中路是上海非常著名的商业街，南昌路是淮海中路的后街。历史上，这条马路曾是法租界的一个高档住宅区。在中国一百多年的现代化进程中，在上海一百多年的城市变迁中，南昌路几乎承载了所有的历史。所以，对于上海乃至整个中国而言，南昌路都是一条特殊的马路。历史上，南昌路由于地处当时的法租界，1949 年以前的经历跌宕起伏，也是中国各领域著名人物曾经生活和工作的地方。中国近现代历史上很多著名的党政军要员、革命家、文学艺术家，甚至大流氓、土匪头子都在那里留下过足迹。我简单计算了一下，至少有一百多位在中国历史上留下印迹的人物——包括孙中山、毛泽东、徐志摩、巴金、傅雷、徐悲鸿、林风眠，等等，你只要能想到的，他们大都在南昌路待过，南昌路就可以说是中国近现代历史的一个缩影。所以，如果把南昌路讲清楚了，那么在很大程度上就把中国的近现代史呈现出来了。另外，南昌路也很时尚，因为它背靠淮海中路这样一条时尚商业街。

图 3-15　南昌路地图

一、南昌路更新:全球逻辑与本土逻辑

先讲讲我的研究。近年来,我一直在南昌路做田野调查,主要关注罗兰教授讲的一个主题,就是南昌路曾经有过一段辉煌的时期,也是当时的高档住宅区,但是在年代的更替中,在时代的变迁中,这个街区作为居住区渐渐衰落了。也就是说,年轻人和中产阶级不会再选择在南昌路居住——作为居住区,那里持续衰败,这导致此类街区事实上变成了一个以老年人和本地低收入居民为主的街区。但由于它拥有辉煌的历史,区位又非常好,所以街面渐渐地发生蜕变,出现了许多高雅的时尚空间。去年年底,我在南昌路做了一个沿街商铺的研究,这个研究的一部分成果已经在之前的一个讲座中做了分享,题为"都市趣味社会学",今天不再做介绍。今天主要说一说另外一个研究内容,即南昌路的更新。我本人对南昌路的关注,是从做本地老年居民的健康和养老研究开始的。2014 年起,同济大学社会学系承接了上海同济城市规划设计研究院有关社区空间和规划的大型科研项目。为此在 2014 年,我们对上海市 13 个、5 种不同住宅类型和区位的社区展开了社会调查。内容包括健康、养老、公众参与、社区认同、社区记忆、社区商业和社会分异等 9 个方面。当时的研究发现,中心城区居民尽管收入和居住条件都不如人意,但大都长寿,而且很多居民尤其是老年居民对居住地的认同度较高。关于老龄健康的社会影响因素研究,成果已经在 2015 年发表。2016 年,我们又开始对上海中心城区的新旧里弄开展了调研,聚焦于健康、认同与记忆、公众参与和城市更新。去年年底,因受邀到复旦大学做一个关于文化社会学方面的发

言，我又回到南昌路做了关于南昌路沿街商区的研究，这个研究跟佐金教授此次讲演内容非常相近。作为商业街区的南昌路是一个时尚社区，是一个高雅的趣味空间，这是我当时拍摄的一些照片。

图 3-16 是一个非常有趣的小酒吧，我非常喜欢那里的氛围，老板娘跟我比较熟悉。图 3-17 是南昌路上一百多年的老建筑，图 3-18 是著名的南昌大厦，图 3-19 是南昌路上的淮海坊。图 3-20 中是南昌路上时尚小店，与东边那个漂亮的购物中心内部的商店有着很明显的不同。当然我很难用一个概念去概括它们的区别，可能和我们所讲的“后现代”概念有些接近。南昌路上的这些商店是怀旧的也是时尚的，它的空间有很多怀旧的元素。但是我们看

图 3-16　南昌路上的一家小酒吧

图 3-17　南昌路上一百多年的老建筑

图 3-18　南昌大厦

图 3-19　淮海坊

到 iapm 购物中心的图片(图 3-21)时可以发现,那是一个非常现代的商业空间,大块的玻璃墙、挑空的大厅、崭新的商品展示和那种小小的、怀旧的空间是完全不同的,稍后我将给大家看一下究竟是哪些人在那里购物和休闲。

图 3-20　南昌路的时尚小店

图 3-21　iapm 环贸购物中心

那么南昌路目前有多少商店呢?在这条一公里多一点的街区上,有 400 多家商店,可见这个街区的商店是非常密集的。除了街面上有 200 多家商铺外,弄堂里面也有很多商店。而这些商店罗兰教授也曾去看过,她当时说那儿的商店很精致高雅,卖的东西应该都比较贵。沿街这些商铺中,有大约 100 家时装精品店,其次是咖啡屋和餐厅,另外还有一些美容店、定制鞋店等。这些商店在南昌路的存在究竟意味着什么?从时尚或趣味的角度看,它代表了一种我们城市中先锋的趣味空间(借用了布迪厄的说法)。也就是说,如果 iapm 这样的高级购物中心,包括日本人在上海开设的高岛屋这样的高档百货商场是一类比较保守的、高雅的趣味空间的话,那么这里则是由年轻人和文化精英,包括年轻的设计师、艺术家和国外的年轻精英共同打造而成的一个先锋和高雅的趣味空间。在这一空间内,同时有两种逻辑在运作,一个是全球逻辑或国际逻辑,另一个是本土逻辑。

- 南昌路趣味空间的形成

显然,都市中心城区的绅士化现象,并不是存在一两天了。在欧美,早在 20 世纪的七八十年代就已经出现了。但是这股风潮的引入却是在最近十多年间,而且最初是由国外年轻精英阶层引入的。最开始,他们在南昌路租了一些质量比较好的旧房子，有些是买下来的。也就是说，他们先以很便宜的价格买下或租下房子，然后进行装修，过上了绅士化的生活。也有许多年轻的外国人，直接以很高的租金租下经过精装修的老房子居住。由于租金昂贵，当地居民尤其是中介（个人或机构）从中发现了商机，于是纷纷效仿，改变就渐渐地从弄堂里面开始了。同一时期，沿街也发生了一些变化。由于南昌路是淮海路的一条后街，其商业价值也开始凸显并被挖掘。沿街底层住户将他们居住的房屋出租或转手（尽管是公租房，但政府允许私人买卖），原本作为居民住宅区的南昌路，沿街渐渐出现了一些商铺。南昌路上的商铺最开始针对的消费人群有两类：一类主要以居住在附近的外国人和外国游客为对象，经营内容包括画廊、时尚精品店、咖啡屋和制作高档定制皮鞋的手工坊（上海中心城区有许多手工坊，专门定制旗袍、鞋子、包、服装等，而且各个街区各有特色，南昌路的定位是高级皮鞋定制）；另一类以本地居民为对象，主要是一些便民商店，如小超市、水果店、服装店等。此后，后一类商店在房租逐渐上涨的过程中从南昌路消失了。显然，南昌路商业街的形成和绅士化趋势遵循全球逻辑，我们有必要将其放在全球化城市的视野下去理解。

- 新天地更新模式

但与此同时，南昌路沿街商业空间的绅士化也遵循着一种本地逻辑。上海有两个著名的新地标——田子坊和新天地，这两个地方现在也可以说是一个怀旧和时尚的趣味空间，但这两个时尚空间跟南昌路有着很大的区别。田子坊也好，新天地也罢，从历史来看，这两个街区并不是高档社区，所处区位也不在上海所谓的“上只角”。所以从历史的维度看，我们去思考这两个新的高雅趣味空间时，很容易发现它们是缺乏我们所说的本土元素的。也就是说，作为一个高雅的趣味空间，它们缺乏本土的、经由历史沉淀下来的高贵气质作为支撑，这是第一点不同。第二点不同，主要指新天地（田子坊稍微有点不一样，但后期的田子坊也渐渐接近于新天地模式了）是政府有计划开发和规划的产物，由国际资本直接介入而形成的。新天地的开发至今充满争议，当时是把整个街区的居民迁走，然后进行更新，此类更新可以被称作一种“创造性的毁坏”。先把它毁坏，只保留一点点怀旧元素，然后再大量使用玻璃等现代建筑元素进行重建。如此一来，新天地就真的成了“新”天地了（和它的名称一样，这一空间充满了某种隐喻），成了一个非常受外国人欢迎的，符合其东方想象的时尚趣味空间。其开发获得了巨大的商业成功，不仅外国人，本土精英阶层也非常喜欢这样一个惬意的空间。

- 田子坊更新模式

田子坊的情况稍有不同，它以前是一个平民住宅区，曾经差一点遭到拆迁。当时上海市政府为了力推创意园区，将居民区边上的一个废弃工厂租给了一批艺术家，以上海最早的画家——田子方的名字，命名为“田子坊”创意园区。将废弃厂房变成创意园区的构想其实也来自海外，但田子坊的独特之处在于，它后来通过自下而上的方法，将周边的居民区也纳入其内，并留住了原住民，在一定程度上保持了佐金教授讲的“原真性”。

最初推动田子坊发展的是一批艺术家，大家都知道有个叫陈逸飞的画家。陈逸飞在美国多年，是个很有商业头脑的精明艺术家。在他和其他艺术家的宣传和推动下，田子坊创意园区渐渐往居民区渗透，并通过艺术的形式加以改造，当然这是商业化了的艺术形式，渐渐地就形成了现在我们所看到的一个时尚空间。可见，它的转换实际是通过艺术的形式，将一个平民居住区或者说城中村改造成了一个时尚的空间。不过，这样的时尚空间也缺乏本土认同。许多老上海人尤其是上海的老年人，把田子坊看作是新城隍庙（上海普通老百姓喜欢去的平民化商区），并不认同其是一个高雅的趣味空间。我在此并不是在做价值判断，我想讲的是，记忆或城市的记忆仍然很大程度上影响着上海本地居民的认同，我们的归属感和我们的记忆是密不可分的。当然时代一直在变化，空间属性也不可能一成不变。但如果城市建设或规划完全无视历史，那么我们将如何留住我们的记忆，又将如何透过过去去展望未来呢？

- 南昌路商业街的更新模式

刚才我们简要地介绍了新天地和田子坊的形成过程以及更新模式。那么，南昌路商业街又是如何形成的呢？南昌路的更新并没有大资本的介入，它的成员构成也比较复杂。有一部分是中小服装企业，他们以相对较低的租金，在淮海路附近开设精品店，一方面当然是为了挣钱。但也有一些厂家是为了打品牌。我曾采访过南昌路上一家新加坡人开设的、专门定制男性西服的精品店。店员告诉我，这家企业在新加坡有十几个门店，作为宣传，他们选择在淮海路后街开设一家商店。看来淮海路在新加坡也很有名气，在淮海路开设店铺是可以作为企业实力的象征的。另外一个群体是新上海人，他们都有良好的教育背景，有创新精神，肯吃苦耐劳。他们选择在南昌路创业，其中一些获得了成功。据我个人的观察，南昌路上做得比较成功而且坚持下来的，大部分都是这些人。

还有一类群体也是文化资本丰厚的小业主。他们中有海外留学经验的年轻时装设计师，有电视台的造型师，有欧莱雅的艺术总监等。这些人与其说是想来南昌路淘金，不如说是在实践一种别样的生活方式。也有一些家境殷实的、从海外留学归来的店主，好工作不易找，父母也有经济实力，就出点钱来让他们在南昌路经营一家小店，所以南昌路有很多商店是不挣钱的。后两类经营者的出现是个有趣的文化现象，和波德莱尔及本雅明笔下 19 世纪巴黎街头的都市漫游者相似。事实上，南昌路上聚集了一大批包括此类店主在内的都市漫游者，或曰波希米亚人，他们中的很大一部分人是波德莱尔式的崇尚自由的现代主义者或者漫游者。

就这样，南昌路商区从一个具有辉煌历史，但逐渐衰退的住宅区，通过自下而上的更新方式，渐渐转变成了一个集高端时尚街区和居住区于一体的混合街区。不过，尽管作为商区的南昌路由年轻精英所引领，店主及店员的年龄基本在二三十岁。但根据我的调查，来这里消费的人群却不是很年轻，一般在 30～50 岁。原因是这里的消费水准比较高，一般年轻人无法承受。

简单总结一下，南昌路商业街既不是规划的产物，也没有大资本的介入。它的出现直接源于其优越的地理位置和丰富的历史资源，而且迄今为止南昌路仍然是一个居民区，仍然没有被过度商业化。我们在田子坊或新天地，几乎看不到一个本地居民，但在南昌路上，大部分居民仍然生活在那里，那是一个生活气息浓郁的场所，而这正构成了南昌路的特色。南昌路至今仍然是一个具有历史感的、充满生气的地方，这或许也是为什么它能够吸引许多都市漫游者或波希米亚人的一个重要原因。

二、南昌路的空间重构与空间分异

因为刚才两位教授都从社会学视角分析了城市的相关问题，我这里借用她们的分析框架作一个回应。我打算借用两位教授的视角，来阅读一下南昌路。首先，南昌路肯定是一个已经被重构了的空间，它从纯粹的居住区变成了一个准商业区，它的重构有几点值得我们思考。

第一，从分异的角度看，南昌路从居住区变成一个准商业区后，新的空间分异正在形成。我们发现，沿街的时尚趣味空间和弄堂内部尤其是建筑内部形成了一种鲜明的对比。从时尚的街道拐进弄堂内居民的住宅内部，你会感受到一种强烈的反差。由于年久失修，居民住宅内部正在持续衰败。南昌路街面那么时尚，街上的行人大都年轻、富裕、有教养。但在弄堂的内部空间，居住状况总体是令人担忧的，尽管居住在里面的大部分居民也很有教养。在物质层面上，由于老人居多，且大都依靠退休金生活，街上的时尚精品屋和咖啡屋并不是他们所能负担的。在南昌路弄堂里，有时候你会产生一种时代错觉。尽管上海已经高速发展了几十年，但那里几乎没有任何改变。当然，学者和艺术家可能会喜欢这样的场所，他们在那里仿佛又回到了从前。可是那里的居民是愿意跟上时代步伐的。所以，旧城更新不能只满足学者或艺术家的怀旧偏好，而无视当地居民的意愿，这也是南昌路旧城更新最大的难点所在。南昌路作为一条历史街区固然需要保留、保护，但不能因此而强行让那里的居民变成原住民，永远不让他们改善居住条件，过上现代化的生活。其实这几年政府在旧城更新和保留保护上投入很大，但没有达到令人满意的效果。我的理解是，在旧城更新和保留保护方面，当地居民和政府以及专家之间并没有达成共识，公众参与程度远远不够。这一问题所涉及的，正是罗兰教授刚刚提及的都市空间重构过程中出现的新的分异问题。

第二，关于中心城区的融合与排斥。用社会学的行话来讲，南昌路街区是一个混合型社区，其外来租户也分成两个部分，外地租户和外国租户，因此其融合与排斥可以简单地分成两个层面。一个层面是上海本地居民和外来租户之间的关系。我们发现，上海的本地居民由于老年人群居多，低收入人群居多，所以在某种意义上，他们跟外来打工的租户反而比较融洽。外地租户总体比较年轻，有时会帮老年人做些力所能及的体力活，老年人比较欢迎他们，地域排斥并不明显，当然也有不少外地租户和本地居民之间并没有任何交往。另一个层面，本地居民和外国租户矛盾比较大。本地居民占据了地缘的优势，而外国居民则占据年龄和经济优势，两者势均力敌，又由于沟通不畅，经常闹到警察来调解的地步。外国年轻租客喜欢呼朋唤友，开家庭聚会，但是那里的本地居民大部分是老年人，在那么一个狭小空间内开 party 他们能受得了吗？所以本地居民和外国租户之间反而产生了隔阂。我不清楚应该怎样定义它，也不清楚这是否属于融合和排斥的范畴，还是普通的邻里纠纷，它比较复杂，这就是罗兰教授所说的城市的复杂性。

三、问题的提出：城市更新与社会治理

最后讲讲我这几年在南昌路展开的工作。最近，上海市黄浦区政府在南昌路有一个为期三年的微更新计划，要重新打造这个街区。我们国内的同事肯定知道，这一两年来，上海在大力实施城市微更新，并花大力气拆违，这导致了一些自下而上的商业街区消失或失去了活力，并引发了较大争议。

南昌路进行得比较晚，而且地处市中心位置。当地政府也希望把南昌路打造成一个有温度的地方，并希望能让居民参与更新的过程。为此，他们邀请我担任南昌路自治会会长，我欣然应允了，因为我们都有塑造城市的愿望。这一微更新计划分成两部分，一部分是沿街更新，另一部分是社区内部更新，公众参与也分成南昌路居民和沿街商户的参与。我理解的社区治理和公众参与应该包括几个不同层次：第一个是当地居民的参与；第二个是商户的参与，现在南昌路有 400～500 家商店，不能忽略他们的诉求；第三个是租户的参与，目前南昌路租户也很多；第四个是多方参与，就是要跳出南昌路街区本身，只要你是上海人，你是中国人，甚至你是外国人，只要你愿意，都可以参与南昌路的治理。街道领导也比较认同我的这个意见，提倡多层次参与。

作为南昌路社会治理一环的自治组织，叫"环复-南昌路跨界自治会"，其组织构架大致是这样的：有一个理事会，下设四个小组，包括商铺自治小组，风貌保护小组，垃圾分类、绿化小组和停车小组。我最近比较重视的是商铺自治小组，希望好好地把它利用起来。目前，南昌路商铺有百分之七八十是不挣钱的，可以说是亏钱的。原因很多，第一个是客流量不多，南昌路是条安静的小街，除了周末之外都比较僻静。第二个是租金太贵，如果一个商业街的大部分商铺都亏本的话，是不可持续的，所以南昌路店铺换手非常频繁。第三个是历史

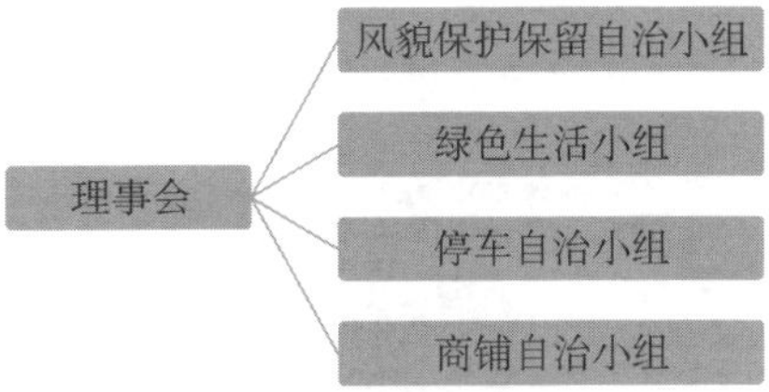

图 3-22　"环复-南昌路跨界自治会"组织架构

建筑的保护问题和环保问题。频繁的换店导致频繁的装修,每一次装修,都会对建筑有所损害,并会产生很多建筑垃圾。此外,这些商户和当地居民如何才能和谐相处,这些都是需要我们要思考、改善的。最后,当一家商店在南昌路开了到三五年以后,店主是不是会对南昌路产生认同感,把自己当成南昌路的一员,这同样十分重要。为此,我计划在今年秋天策划一个文化艺术节,希望借此先把人流引到南昌路来,为此已经做了一些准备工作,邀请了一些艺术家、作家,筹集文化节需要经费,除了让街道出一点外,也打算向企业募点钱。当然,这目前都只是我个人的设想,其实施需要和政府方面达成共识,并不简单。我也希望以此为契机,在南昌路引入一些艺术的自然元素。几年前,南昌路其实是有一些画廊和工作室的,其中有一些还是比较有影响力的,但由于人流不足,特别是租金的上涨,导致艺术家和画廊无法生存了。我希望通过这些活动带动南昌路的活力,并让艺术家们以多种方式参与南昌路的更新。

我今天的主要目的就是抛出问题,即如何参与南昌路的塑造和治理?在座的各位都是城市规划和城市社会学家,都是非常富有经验的专家,希望大家帮我出出主意。

嘉宾对话

刘玉照教授

今天这个话题,对我来说有点压力。刚才听完三位教授的精彩报告,我很难说点评,只是暂时谈谈自己的感受和问题。因为我们与罗兰教授一直有合作,在中国和法国之间做一个比较研究,也同时在中国城市和法国城市里面做田野调查的工作。实际上罗兰教授今天讲的主题也和我们的移民研究相关,主要关注的是城市移民的大规模进入对城市空间的改造。

图 3-23 刘玉照教授

当然罗兰教授今天讲的这个问题,实际上更多是从理论角度提出一个宏观的理论框架。不同类型的移民进入城市之后,如何形成一个非常复杂的城市空间？从罗兰教授的概念出发,一个互动中的城市公民是如何呈现出来的？在这里,我想提出几个自己感兴趣的问题,与罗兰教授共同探讨。

罗兰教授在强调城市空间时,同时强调了移民的复杂性。多样化的移民进入一个城市之后,在很大程度上改变了一个城市的文化和空间。我们在中国和法国的城市比较研究中,发现了多种类型的移民进入,包括国内移民,也包括国际移民。法国还有一个非常特殊的情况:因为法国和北非的阿尔及利亚有非常特殊的历史渊源,因此来自北非的一些移民就很难单纯地归类为国内移民或者国际移民。另外,欧盟成立之后,在欧盟国与国之间的移民属性和关系已经发生了很大的改变,这与中国目前的情况存在很大的不同。在如今的一个国际化大都市中,居民与国家的公民两个身份之间的关系是非常复杂的,并不是一个简单的国内移民与国际移民所能概括的。当然,这是我与罗兰教授都共同关心的一个问题,我想再听听罗兰教授的一些看法。

图 3-24　讲座现场

佐金教授今天给我们提供了一个非常好的视角。一个城市的商业街区是如何来塑造一个城市的公共生活的？我们实际上是从多个维度对城市公共空间展开研究。不仅从社区层面而且从生活层面,对如何打造城市的公共生活与公共空间进行研究。还有专门研究城市的一般公共生活,包括商店、茶馆和广场研究。实际上，今天佐金教授给我们提供了一个新的视角，向我们展示一个商业街如何参与这种多维城市公共空间的塑造，如何形成城市的公共空间。在全球化城市背景下，我们却看到了一个传统的或者比较低档的类似“城中村”的一个空间。当然，佐金教授提到的这个城中村可能和我们日常印象中的城中村还太一样。我们平时讨论的中国的城中村更多是一个郊区农村，基本上是在城乡二元结构背景下形成的一个独特现象。佐金教授的城中村研究，更多强调的是一个传统和现代的二元框架，或者说是一个国内的或者说本土的与国际的差别。在全球化背景下，佐金教授提供了一个非常好的多维视角来理解“一个城中村如何转化为全球化城市空间”的过程。这个问题让我备受启发。

佐金教授是将城市空间放在城市更新的背景下来讨论的，这里我想到了一个相关的问题。在很长一段时间内，大家讨论城市更新是放在城市生命周期的背景下来研究的。很多城市的形成过程都带有一定的周期性，比如在中国，过去这几年经过一个大规模的城市化过程，城市突然增加了很多建筑并且有大规模涌入的人群，在短期内形成一个新的城市空间。“二战”之后，欧洲特别是法国，在很短时间恢复重建了很多城市，新建了很多建筑。城市是以短期快速膨胀的方式形成的话，那么就意味着它的老化或者更新也会具备很明显的周期性。城市的老化问题，包括建筑的老化问题，还有人的老化问题都会呈现出很强的周期性，并且这两者往往是紧密结合在一起的。因为我没有看过佐金教授的文章和报告，所以我不确定如果将周期性的因素纳入考虑，会不会产生有意思的问题。

朱老师的报告很有特色，她带着感情来看待这样一个街区改造，并亲身参与。我想请教朱老师一个问题。在报告中，朱老师把南昌路这个空间定义为上海这座城市的“先锋趣味空间”，这里的“先锋趣味空间”是谁来定义的？在朱老师的研究中，这个空间的形成实际上是多元参与的结果，那么把这个空间定义为“先锋的趣味空间”，是多元参与者的共识，还是其中某些群体对这个空间的界定？或者说，把这个空间定义为“先锋趣味空间”，对于其中某些参与群体来讲，是完全适用的吗？朱老师刚才也讲到，在过去的城市更新案例中，上海有两个所谓比较成功的模式：一个是新天地，一个是田子坊。对比发现，田子坊作为一个后开发者，它的成功特色在于最大限度上保持了城市原有的东西，尤其是人的部分。

现在很多城市改造的问题，就在于在改造过程中完全不考虑人的因素，尤其是原住民的因素。改造方认为通过拆迁安置，把这些人转移到其他地方之后，妥善安置就可以了，而忽略了人是作为文化载体的最重要部分。田子坊成功改造的原因，很大程度上就在于其保留了原住民。虽然经过一段时间的运作之后，很多原住民已经退出了，但是至少在改造初期，这个思路是存在的。在南昌路改造中，如何处理与原住民关系？按照您的报告，目前好像原住民在此居住，但是我对这一点有些怀疑。可能仍有部分老人居住在南昌路，但是像朱老师您这样原来在这里长大，并且目前正活跃在各个领域的年轻人，即所谓有活力的人群，好像已经离开了南昌路。在这种情况下，这样一个改造后的“城市先锋趣味空间”到底是谁的“先锋趣味空间”？与 Local 到底还能维持一个什么样的关系？我觉得这可能是最核心的、最值得进一步研究和探讨的问题。

王郁教授

非常感谢朱教授能邀请我参加这次的研讨会，这对于我来说是一个很好的机会，尤其是今天主讲的教授，在城市社会学里都是非常活跃的学者。大约三个月前，我刚刚读了佐金教授的《裸城》这本书。在读书过程中，包括在今天的讲座过程中，我受到很多启发，包括刚才朱教授讲到的南昌路的田野调查内容和她的一些思考也带给我很多启示。我想说一说听了三位学者的报告以后的一些感想，可能还比较碎片化。我觉得今天三位学者所讲的内容，虽然主题有一些差别，但在某些方面是有共同点的。对于三位讲到的不同地区、不同国家大城市中心城区的空间变化，城市空间的各种主体之间、各种人群之间相互影响的关系，如何改变大城市的中心城区空间形态。在这一点上我想三位的关注点其实是类似的。

图 3-25　王郁教授

罗兰教授所讲的就更侧重于国际移民对于欧洲城市的城市空间、城市社会、城市形态环境以及政治所产生的影响。随着全球化的深入，不仅是欧洲城市而且在世界各地，尤其是一些国际化程度更高的城市，国际移民对于城市空间、城市形态、城市社会的影响会变得越来越突出。但是国际移民的来源以及这些移民和他们的流入与这个城市之间的关系，实际上受到各种因素的影响。

第一个层面是国际关系。这类移民就像刚才罗兰教授所讲的流入的难民，还有一些情况是更加特殊的。我上周刚刚从以色列回来，我去了几个主要城市，耶路撒冷还有特拉维夫等，那里的情况更加特殊。在那些城市中，国际移民对于城市空间的影响，与今天罗兰教授讲的欧洲的情况十分相似。在中国，实际上从我们改革开放以来，国际移民的数量在不断地增加，尤其是近五年或十年，国际移民增长速度在加快，国际移民的社会经济特征也在发生变化。由于非常严格的移民政策，从改革开放初期一直到 2005 年左右，这个时间段内的国际移民主要是一些高收入人群为主，比如跨国公司的管理人员等。但是随着全球化或者说中国开放政策的不断深入，正如刚才罗兰教授讲到的，一些中低收入的国际移民在中国的城市里面变得越来越多。有学者统计，广州可能有几十万的非洲移民，这产生了各种各样的问题。

图 3-26　讲座现场

中高收入的国际移民，在上海古北虹桥一带、浦东与陆家嘴以及联洋社区等地形成了外国人的聚居区，比如说在 Korea Town，或日本人聚居地以及欧美人聚居地，这些国际移民在改变这些地区的城市空间。我认为，这不仅是一种微观层面的社区，比如说韩国人居住的地方，有越来越多的各种韩国餐厅，也有出售韩国商品的商店。在宏观层面上，这些社区对于上海整个城市发展方向的影响也在逐渐体现出来。比如说，上海大虹桥作为下一轮发展的高端商务办公区域，其实和上海西南部的一些高收入移民社区的存在有着密切关系，这个地区在很长时间里其实是一个高收入社区比较集中的地方。所以，新的功能定位和中高收入的国际移民社区对于城市空间的影响之间有着非常密切的关系。从这些例子当中，我们可以看到前期的中高收入的国际移民对于上海这样一个城市空间来说，不仅是在微观层面上，也在宏观层面上，产生了非常显著的影响。我想，这种国际移民对于中国的国际化大都市会持续施加影响，并且会继续以各种方式表现出来。

另一方面，从移民的角度来看，除了国际移民之外，大城市里更多的移民是国内移民，就是我们所说的外来人口，或者说非本地户籍的人口。这些人也同样不断地对城市空间形态的改变施加他们的影响。刚才佐金教授所讲的纽约布鲁克林的例子中提到三个群体——开发商、房屋的所有者以及租户，那么商业街里不同的群体如何影响这个地区的公共空间？刚才录像里面也讲到，纽约本身是一个移民城市，除了有原住民以外，有很多也是 new comer。那么城市中不同的群体与街区的关系是不一样的，不同的主体之间的关系也是不一样的。我不仅在佐金教授刚才的汇报中感受到了这一点，在朱教授讲的南昌路的例子中我也感觉到了。朱教授把南昌路定义为一个比较高端的趣味空间，她举了一些例子，有一些时尚的 fashion shop。根据朱教授的田野调查，南昌路房屋的所有者主要是上海本地人。这种情况不仅可以在南昌路这样一个上海中心城区中看到，在上海其他居住区域里面也可以看到。在中低端的一些商业街的形成和改变当中，也可以看到很多例子，实际上也可以归因于国内移民对于城市空间的影响。我住在徐汇区，徐家汇附近有一个田林新村，那个地方是上海八九十年代开始建设的一个大型居住区。目前，田林路实际上有了很大的改变。原来的居民大多是徐汇区一些文教科研机构的职工，随着外来人口的大量涌入，社区居民的结构特征慢慢地发生变化。然后街面也开始发生改变，越来越像中国中西部一些小县城，从服装的品位或者说喜好当中可以看出比较明显地改变。在上海其他非常热闹的居民区中的商业街里，也可以看到这样明显的特征。这些商业街往往都是外地人进入上海后租借的较为便宜的老公房。他们居住在这里，同时也经营商铺。以大型居住区老公房为依托的商业街往往是非常热闹的，像浦东的昌里路还有老闸北的彭浦新村，那些地方有非常类似的特征，使得这些商业街成为上海非常有名的夜市。当然这些有名的夜市近两年成为政府取缔违章建筑治理的重点对象，但是它之前是很有活力的，当然它有各种问题。这种活力往往与外来移民有很大的关系：这些外来移民在这里生活，寻找他们在这个超大城市的生存空间，为了在这里生存下来而付出种种努力。因此他们与商业街的关系，和本地居民与商业街的关系是有很大差别的。就像刚才朱教授讲到的，上海本地人认为南昌路是“上只角”。我们知道上海一直就有非常强烈的社会空间分异的特征——所谓上只角和下只角的社区结构。但是外地的移民对于上海所谓的上只角和下只角的认识是完全不同的，或者说他们对于上海城市空间的社会经济的含义是不同的，这也就是佐金教授所讲的原真性的评价。因为主体的差异其实是非常大的。

所以我感受到不同的主体和这个城市的不同区域，与这个城市的关系是不一样的。他们对于城市空间所产生的影响，以及他们在这个空间当中的行为方式有非常大的区别，这是我觉得非常值得研究的方向。所以我有一个建议，是给朱教授的：是否可以将中低收入的社区和南昌路进行比较，比如刚才讲的田林路或者是昌里路。这实际上也是上海城市空间重构的过程。在这种比较当中，我们可以发现更多的、不同的主体对于城市空间重构的影响机制。

屠启宇研究员

这么多有影响力的学者从不同的角度来谈城市，我想谈一谈自己所观察到的一些现象：两重事业的交锋。虽然大家在讲不同的空间位置，不同的街道，第一重交锋存在哪里呢？在佐金教授和朱教授的交锋。我认为这是一个动态视角和静态视角的交锋。朱教授关注南昌路的原住民，但是总体来讲她的视角考虑到了这个街区的活力，活力是第一要素。所以，朱教授不在乎他是不是原住民，是第几代人原住民，是当地的商铺，还是外来者的商铺，这条街道的成败判断在于它能不能保持自身的活力。当然这个活力还是有一定定义的，与全球化城市的意义更接近，用朱教授的讲法，正好是从所谓认定的角度来做出一个取向。我可能归纳得不准确，我认为佐金教授的演讲是从她一贯强调的相对静态的视角来看这个街道本身的原真性，强调本地有一个限定的社区的风格、社区的特点，包括她的视频里面给我们展示的，也是本地在一定阶段里面形成的所谓本地特征，在一点点地淡化，最后可能放弃掉，她对这种情况的可能性明确表示感到遗憾，在更多意义上她是在讨论所谓的空间生产，所以我觉得这两个视角实际上有交锋，这是我观察到的第一个交锋。

第二个交锋存在于罗兰教授对全球化的判断中。做一个同样不准确的归纳，我认为罗兰教授讲的全球化在一定意义上是无限的视野，但是在中国语境下或者在上海语境下，可能反而是一个有限的视野。有限的视野是什么？全球化是有指向性的，并不是无限的。目前的全球化，即便在现在的情况下，我们的全球化总体上可能还是约等于西方化。但是在这里也可以看到，法国学者考虑的全球化更多意义上是一个无限视角，不管是哪里的移民，甚至是来自战略国家，或者是一些寻找经济机会的移民，她也看到这些移民对这个城市空间的塑造。在这个意义上，我认为她更多是从一个无限的视野来认识全球化。这就是我观察到的两重隐含的交锋——从动态和静态，有限和无限——来看整个街区。

在上海，我们在当下这个阶段，应该用什么姿态来看我们这个城市？前段时间看到日本东京刚做了一个叫“2040 年代”的计划，叫城市大设计观。在这个规划当中对我最重要的一个震动就是，它多处强调东京已经是个成熟城市，对于一个成熟城市，它来考虑怎么样保持它的活力可持续。可能我们也存在这样一个发展节奏的变化。对上海来讲，将自身作为全球化城市进行建设以来，上海的确发展得很快，也会进入一个所谓成熟城市的状态。在整个改革开放过程中，我们可能已经习惯于所谓动态，首先保证活力，怎么样活力最佳，活力最大，那就是最成功的。现在看来，可能也需要引入一些静态。也就是说，在城市生命系统这样一个进化的过程中，我们进入成熟阶段的话，应该去考虑有哪些东西，可能是我们在无意识中抛掉的，我们可能忘却太多了。

最后，我们退到一个更长的视野来看的话，可能我们损失了一些东西，丢失了一些东西——也就是静态视野对我们有所帮助的一个方面。另一方面，我们的城市正在逐步迈向新的成熟阶段，一个新的发展平台期。这个阶段以后，我们对于全球化的态度可能要从有限的视角到无限的视角。我们接纳或者欢迎世界的各类要素，我们是要素流浪枢纽和空间节点，各种要素涌进来的话，它对我们这个城市的贡献是多层次的。对上海来讲，分为高端要素和低端要素，分为核心功能和非核心功能的疏解，这实际上是有价值判断在内的。如果同样扩展一点来考虑的话，就是说我们从有限的视野来区分一个要素是高端还是低端，它是核心还是非核心，最后就决定它要保留还是要疏解。

这种情况下我们升级到一个无限视角，对上海来讲，无限可能是一些硬质的要素，一些硬质的文化都会对这个城市的丰富性产生很大的影响，如果从成熟化这个角度来看待，可能会让这个城市更成熟一点。

回到朱教授讲的南昌路。的确，我认为南昌路是一个比较特殊的街区，因为它从来就是上海的一面镜子，它是一条小马路，旁边一条平行街就是淮海路。淮海路一直就是所谓的上海之窗，与南京路相比较，上海本土人会更认同淮海路的风格。所以在这个意义上，就像刚才王教授也提到的，选择南昌路本身做研究，研究它的改造、更新都没问题。但是如果想通过南昌路来反映上海整个当地文化的特点，可能高了一点。因为它作为窗口，本身一直在不断地更新，整个区域里面，中国人、法国人、白俄人等都持续在这里留下他们的足迹，所以很难讲谁是原住民。所以从这个角度来说，南昌路可以作为一个特例来研究，包括可以以城市为背景做一些研究工作，但是我认为通过南昌路以小见大，去看整个上海的话，可能的确高了一点。

淮海路实际上也需要升级，用朱教授的讲法，我倒感觉淮海路一定意义上已经变成一个街区。淮海路上现在只剩下两类商店：一类是运动品牌体验店，不是商店，几乎都是体验店，对于这些店铺来说，包括奢侈品店也一样，销售已经不是这些店铺存在的主要理由了。另外一类商店是快餐店与熟食店，都是很有活力的银发老爷爷、老婆婆们去排队的地方，在这个意义上，这些人群当然非常 local。所以原来的这些商业街，不管是淮海路也好，南昌路也好，作为主要街区，作为一个支马路，实际上崛起的时间也不长，但现在也面临如何深化发展的问题。我认为这方面还有很多可以探索，刚才也提到，不仅仅是购物与出行，人的整个交往方式都面临着互联网的冲击，所有的街道都需要复兴。

肖扬副教授

首先非常感谢朱老师提供了一个宝贵的学习机会。我是一名规划师，但是我的教育背景偏人文地理。所以在过去的两三年，我一直在研究上海的社会情况和空间分析问题，主要是从城市地铁和城市地理的角度来切入。在过去的两三年中有一些成果，我们会发现无论是中国的全球化过程或类型，与国外的情况都存在差异。

首先说一说中国全球化的类型。举个例子，以前虹桥区的房子只卖给外

图 3-27　肖扬副教授

国人，市场化之后外地人也可以买。在这个例子中，这种现象的成因与其他国家是不一样的。这就是中国特色的东西，制度、政府在里面起到了很重要的作用。再看全球化的过程，我们比较了从2000年到2010年的用户数据，发现造成原来情况最主要的原因是户籍制度。自从1998年房改之后，商品房成为房地产市场上最主要的一个居住选择，也就是由户籍制度特征变成了由经济收入主导的特征。我想之前的两位教授发言主要是基于市场，我们国家在制度方面可能与他们国家存在着巨大的差异。我们是社会主义市场，那么我们的优势在于我们政府的主导能力特别强。所以说对于同样的一个现象，解决方案的实施路径也是有所差异的。

对于南昌路这个案例，我觉得如果按照西方的开发制度，其中可能会牵涉到利益主体之间的诉求怎么去平衡。但对于我们国家来说，更多的是政府驱动的模式。那问题就来了，如何去平衡政府的移民、社区居民的移民，以及商务的移民三者的关系？怎么样把它们融合在一起？这可能是最困难的一个东西。

其实我个人觉得，南昌路这个案例背后的逻辑是具有一定的普适意义的，因为它不仅仅是历史保护社区遇到的问题，包括新建的新城、新的社区也会遇到这样的问题。为什么呢？比如前段时间说的门槛问题，一定要把“门”这个盖子除掉，要开放社区，事实上这是政府的想法，但居民不是这么想的，对吧？比如说别墅区里面有很多的轰趴馆，有很多的别墅区出现了办公室，其实在某种程度上说，这个现象本身跟这个历史遗产社区里面其实是一样的，我个人觉得未来需要面对的是这样的一个问题。尤其在全球化城市里面，它其实还应该思考如何去构建意义。UCL有一个教授写过一篇论文，就是说在政府全球化城市建设过程中会遇到一个左右为难的情况，一方面是经济增长带来的经济不公平，另一方面就是经济效益的影响。所以说对于南昌路的未来，其实本质上还是回到社区的营造上，很显然朱教授运用了社区认同，这主要基于社会资本，比如说一些组织。我觉得需要更多地去思考一个政府在里面到底能做些什么,或者说我们应该如何去限制政府的干预程度、如何去放大居民的利益。我觉得这可能是未来的一个可行的研究途径。

朱伟珏教授

那请罗兰教授您先回应。

罗兰教授

是的,重建塑造。这是一个非常理论化的研究议题。当然我也用了一些例子,谈到了这些国际化的移民,也描述了不同城市中的不同空间类型。通过它们,我们不仅可以了解他们对于城市的政治影响,同时可以了解这些不同的人如何聚集其力量在城市空间里面重新塑造城市。我作为社会学家,很高兴能够再次与另外两位教授进行学术交流,因为我们有一些相同的研究兴趣,但是我们的研究议题是不同的,当然我们也都在做田野调查。如果我跟朱教授一起去南昌路,就能够看到朱教授具体的工作内容和情况,很可惜现在没有这样的机会。

朱教授说到我的演讲是一个理论性的研究。我们不仅仅要考虑那些宏观的城市要素,也要考虑城市面貌变化的微观性理解,同时还需要做一些微观的社会学层面的研究。我们需要来了解它的复杂性。因此在我的研究议题中,我们有着这种宏观社会学的角度来探究政治学的影响、城市隔离还有经济的转化,等等。我们也有微观的经济研究,包括这些城市之间的、城市市民之间的互动、不同的城市的作用力,同时还有机制化的影响要素等。同时我们也说到很多年轻人其实不见得就是移民,他们就是那些无家可归的人。而对于中产阶级而言,那些知识分子生活在不同的空间,也许他们可以通过努力来维持城市的平稳和平,并且在中间空间创造一个欢迎的环境,其实我写了很多文字来谈这些话题。

说到空间的问题,都讨论到有一些年轻的失业人群,那些在法国本地出生的、失业的年轻群体。所以我们谈论的不仅仅是国际移民,他们只是城市中各种人群中的一部分。我们不要只关注这些移民群体,这不是我的研究要点和主要话题。当然在我自己的社会学研究中,也能看到一些微观层面的话题,同时也关注那些小的空间,以及那些相互关联的微型城市空间。作为社会学家,我们关注的是一个城市塑造过程中微观层面的互动,这是一个非常复杂的社会学的理论和框架。所以我想重申一下，从我的角度来看，城市全球化以及城市圈人群的迁移不是我今天演讲的重点，当然我也可以就这个话题来展开，就这个话题我可以谈很多。

再回到中国，我会跟大家再次分析全球化的概念，我们如何来定义它？很多人对它的了解并不见得很清楚，所以绅士化与全球化的关系现在可能已经变成了空洞的概念。因为我们经常使用这些词和术语，全球化也实实在在地存在于我们的各种交流之中，所以需要对它进行清晰的定义。我在中国做了 16 年的研究工作，我觉得对一些中国社会问题我也有了一些了解。非常有趣的是，我在中国不只是谈论到欢迎空间这个话题，我还与中国的一位研究学者长期合作来做相关的研究，同时另外一位教授也做了非常有趣的研究。周教授和我也去做过一些田野调查，我们能够在中国看到这种欢迎空间的存在。比如上周与朱林一起做志愿者，这是一个典型的社会工作。我们通过它能够看到中国社会的一角。我们知道这些志愿者在哪里，我们也知道北漂所在的社会城市空间，这是一个非常有趣的概念。他们反映了在中国社会中，中国的城市在创建它们的中间空间、欢迎空间。这不仅仅针对这些移民、迁徙者，实际上我们说的是那些与本地居民相关的一些生活空间。我们确实生活在一个多种族环境之中。义乌、深圳和广州的情况有所不同，但是义乌是一个非常有趣的研究对象。在那里我们可以看到城市化进展的一些影响，在深圳和广东我们也可以看到中国城市的变化，其实它不是单民族的，它是多民族的、多种族的，甚至那里也有穆斯林企业家，他们来自不同的国家，在那里生活和工作，因此它是属于跨国者们的。

图 3-28　嘉宾合影

最后一点，我想说我们的讨论非常有趣，为什么呢？因为这非常好地反映了欧洲的理论和中国的理论之间的割裂和断裂。朱教授、刘教授等都知道我们的研究目标正是来探讨两者之间的这种断裂，通过这种断裂来更好地理解彼此。有些时候我们不了解，但是通过进一步的研究之后，我们将会增进对彼此的了解。我们看到了两者之间的一种连续。如果我们想要更好地了解彼此，我们不能说“我们做的是国际性的社区研究”“我们的研讨很成功”等这样的空话，这是没有意义的。我们做这样的研讨非常好，因为我们之间有观点的交锋，这种交锋是我们进步的前提。从社会学家的角度来看，我们通过这样的交锋来进行学术合作，来改善我们的协作研究。我研究中国已经16年了，还需要进一步研究，因为这是非常艰巨的一个工作，我还会继续下去。其实50年来已经有很多研究国际移民的社会学家做了相当多的研究，我们也出版了一些相关专著，在中国也出版了一本书谈中国的移民，这本书经常被引用。我要再次澄清一下我的演讲主题，我的研究与城市人口迁徙有关。但从我的角度来讲，这不是我的出发点。我的出发点是城市空间的创造和塑造。我要再次强调的是横式结构，以及地缘政治、超级政治、城市结构之间的相互关系，同时要从宏观和微观的层面来理解城市的组成要素。这是一个与认知相关的理论框架。

佐金教授

我非常感谢各位的提问和分享，我也非常感谢同济大学社会学系组织这次研讨会。这次研讨会有非常丰富的内容，我们有共同的话题，但是我们从完全不同的角度来看这些问题。我当然不喜欢被批评，说我是以静止的观点来看待问题的。作为一个社会学家来说，这样的角度是不好的。前面一位教授讲到了从宏观的角度来看问题，另外还有一位教授是从微观的角度来讲，我想从中观的角度来讲一下。纽约这样的城市的发展，其实和上海的发展并不是一样的。上海有外滩，还有一些其他的工业产业园。即使是在上海，当发展有需求的时候，政府就会说你们需要搬迁搬到其他的地方，这就是中国的一个情况。另外，还有从民族的角度来看这个问题，一个人口非常集中的地方是一个脆弱的地区，我们要考虑市场的需求和政府的要求，有一些变化可能并不是居民本身所需要的，但是由于经济的发展无法避免这些改变。当然在城市当中，有的居民选择离开，还有一些居民不想搬迁，他们想要留下来。

罗兰教授讲到了很多的欧洲城市以及美国的城市，也提到了广州，讲到了一种超多元化的区域，很多来自不同地方的移民聚集在一地，使用不同的语言，存在不同的文化。或许这是因收入而产生了隔离。但是这里存在文化融合（的现象），有很多不同的群体，他们居住在附近，这种情况和收入的隔离、收入等级之间是如何相互影响的，这是非常有意思的现象。在中国的城市当中，我们面临着这些问题，情况非常复杂，我对各位的研究也表示感谢。

朱伟珏教授

我来简单回应一下几位教授给我的点评。首先，就发言主题本身，可能佐金教授有所了解，我之所以对南昌路产生兴趣，主要是因为这是一个老城区，甚至可以说它是一个衰落的老城区，在那里有很多低收入人群。一开始引发我兴趣的，主要是在我们对上海全市各个区域、各种类型的社区进行调研后发现，尽管老城区普遍收入较低，但是由于其文化的积淀——主要是家庭传给他们的一些文化资本——导致了那里的许多居民非常长寿而且健康，这是我关注南昌路的直接原因。

因此在很长一段时间里，我对南昌路的田野研究集中在弄堂里面，对那里真实的社区非常感兴趣，内容包括居民的健康和养老，以及刚才讲到的混合社区内本地居民和外来移民在中心旧城区如何相处，我发现他们的关系相对和谐。而且特别有意思的是，南昌路是一个犯罪率极低的街区（国外许多大城市的内城区在贫民化后，曾经成为高犯罪区域）。在这样一个收入差距较大的地方，犯罪率居然如此之低，这使我感到意外。我试图从中寻找出对社区产生重要影响的非经济因素，如社会资本和居民拥有的文化资本。由于跟城规学院合作比较多，我也试图从南昌路的物理空间、街区尺度等方面去发现问题。现在大部分的商品房住宅区空间尺度都很大，导致了人跟人之间的物理空间，或者说物理距离非常遥远。而在老城区，人与人之间的物理距离特别近，有的时候近到有点令人窒息了。对年轻人来说，这样的空间尺度可能是窒息的，却让依靠退休金生活的老年人活得很愉快。

当然，我的研究兴趣也渐渐开始有所扩展。因为跟佐金教授的交流比较多，自然对那里的商业街产生了兴趣。去年年底，我专门针对南昌路商业街做了一个调研。刚才有嘉宾说南昌路是一个特例，我也部分认同。我的个人理解是，南昌路以前曾经是上海的法租界，所以可以将其视为一个特例，但它同时是上海的和上海人的南昌路。套用佐金教授的理论，南昌路本身代表了上海人精神气质的一个面向。

大家都觉得上海人精明会算计，有契约精神，这些特质来自哪里呢？这可能是一个更深层的问题，超越了城市社会学的范畴。我认为不管上海人的这些特征是好是坏，法租界包括公共租界的存在，对我们上海人集体人格特质的形成有很大影响，在此我不做价值判断。这导致全国其他地区的人有时把上海人看成外国人。我曾经看到过一个网络调查，许多人都把上海看成外国，这也从一个侧面说明上海深受西方文化的影响。我想，上海是一个复杂的城市，有很丰富的层次。南昌路所代表的地区不仅反映了上海的重要历史，同时也在很大程度上反映并继续塑造着上海这座城市。

现在回答刘老师讲的，在什么意义上可以将南昌路视为一个"先锋的趣味空间"？由于时间关系，刚才我没有对"先锋"进行概念界定。今天的发言是我上午忽然想到要跟两位教授进行对话而临时准备的。我所讲的"先锋的趣味空间"特指南昌路沿街的趣味空间，并不是里面居民居住的社区（"先锋"一词源于布迪厄对趣味空间的研究，专指对既成品位和时尚的颠覆）。因为南昌路是丰富且多面的，弄堂内是一个老龄化程度很高、收入水平较低的居民区。一步走出去，南昌路又是上海最时尚的街区之一。这两种完全不同的空间怎么会在南昌路并存？其中的空间隔离以何种方式呈现？这些问题本身就是很值得研究的社会学问题。

我去年在南昌路做关于趣味空间研究时，特意从分异的角度，对南昌路里面和街面做了一个比较。从趣味空间的角度来看，实际上南昌路弄堂里面已经成为沿街商区的陪衬，往好的方面讲，是南昌路商业街的怀旧元素。弄堂内的居民没有经济能力消费南昌路街面的那些高档商品，所以街面的商店无法成为本地居民的公共空间。而且由于租金非常高，连一个像样的菜市场也没有。这些都给本地居民带来了极大不便，这也是我们社会学者应该介入的。虽然城市中心地区有一大块区域保护保留了下来，人口也不多，可能不足 100 万，但我们不能因为它人口较少而忽略。

所以我认为，我们在做城市社会学研究时，既应该关注罗兰教授、刘玉照教授所从事的移民问题，同时也不能忽略上海本地居民尤其是本地平民。我觉得至今为止这些问题依然没有得到应有的重视。社会学较少关注上海本地弱势群体的生存状况。事实上，在物质层面他们同样生存得很艰难。你只要看到他们的住房条件，就知道他们的生活不宽裕。但老城区的居民往往又很长寿，也很平和。那么，他们的健康来自哪里？他们的快乐来自哪里？他们的认同来自哪里？我在跟南昌路居民交谈的时候，他们显得很有自信，也很愉快。所以我想，在对一个人群进行阶层划分时，是不是只有一个单纯的经济指标？有没有环境指标？有没有文化指标？有没有社会资源指标？以及社区周边一些人文医疗设施是不是会导致他们更健康长寿？这些都是我想通过南昌路社区研究去挖掘的。

因为现在我跟同济城规学院合作得比较多，发现建筑城规方面的专家们已经关注到了这些问题。他们已经注意到，空间尺度的大小会对人际交往产生直接地影响。他们提倡在建造新的社区时，不要再建那么宽的马路，不要再造那么大的社区，空间隔离最终会导致人与人之间的隔阂。我现在住在刚才王老师讲的上海西部，在那里我几乎不认识任何人。去咖啡馆喝咖啡，因为那里服务很好，所以价格也很高。店员对我十分客气，但是没有交流。只有客气没有交流，这样的空间即使物质条件再好也无法成为一个好的社区。我希望社区是有温度的，这个温度我在南昌路能够找到，这也是我喜欢南昌路的理由。我对南昌路的喜欢，不是因为那里有高档的趣味空间，而是因为这里的居民。尽管那里的居民并不富有，但在那里却能感受到上海人特有的风格和南昌路这一场所的格调，即佐金教授讲的“原真性”。

举个简单的例子。我采访到一位老人，因受时局的影响，他们这代人几乎没有受过什么正规的教育，退休后生活也不富裕。但良好的家庭熏陶以及周边的人文环境，使得他们精神上十分富足。那天我对他做口述调研，他谈到了去文化广场看歌剧《摇滚莫扎特》的趣事。在上海，歌剧演出票价很贵，靠退休金生活的老年人一般无法承受。但也有 80 元一张的特价票，特价票一般网上才能买到。这位老人为了能看上歌剧，到文化广场售票处去再三交涉，最后终于买到了票。这样的例子在南昌路不胜枚举。

生活在一个城市里，我们对这个城市特有的文化和精神气质应该有所理解。而且我觉得上海人的一些精神气质，在一定意义上讲，是具有普适意义的。其实南昌路沿街的商铺店主大部分都不是上海本地人，都是新移民。而这些移民对上海文化很尊重和认同。他们在南昌路着力打造的，正是一种充满老上海风情的怀旧空间。我跟那里的很多老板关系都不错，和他们交谈时发现他们视野开阔，对待所从事的工作非常专注。所以我在想，我们是不是应该超越一些限制，如阶层、地域，去看待南昌路。我希望我们能够在一定程度上超越某种僵硬的阶层划分和区域划分，以一种新的、开放的角度审视南昌路。

当然我的研究还要继续深入，我在南昌路研究的面向比较多。去年夏天带领社会学系部分师生在那里做了口述史调研，希望记录下当地居民的生活以及他们对城市文化、社会变迁的独特理解。如果时间允许的话，今年打算从记忆的角度整理出版。

我对南昌路的研究是无法穷尽的，因为它太丰富了。我觉得我能力和精力有限，暂时不打算去研究其他的地方。刚才王老师给我的建议很好，可以在田林路那样的社区做一些比较研究。其实，同济社会学系从 2014 年开始，就在全上海 13 个、所有住房类型的社区进行了大规模调研，包括商品房社区、动迁房社区、工人新村、旧式里弄和南昌路这样的新式里弄。一方面为了了解上海的全貌，另一方面也为了进行比较研究。不过从我个人的角度讲，我有很多同事，我们是一个团队，大家各司其职，我希望后面的工作大家共同去做。

我们今天的交流，包括与佐金教授、罗兰教授的交流非常有意义。佐金教授一直跟我讲，一定要把南昌路写出来。可是我很犹豫，因为有很多地方我并没有想清楚，也受到诸多的限制。在国外也一样，我们去做一个实证研究的时候，总会受到各种限制。不过在这些限制内，我们还是可以有所作为的。今天罗兰教授也给了我很大启发，将来我在思考分层的问题时，这些都是很好的参考。

最后，回应一下屠教授讲的我的动态和佐金教授的静态观。屠教授是第一次跟我接触，而佐金教授关于南昌路跟我交流较多，她也知道我对南昌路要保留独特气质是很固执的，所以我的思考同样很静态。我喜欢南昌路，不是因为它曾是一个高档社区。在上海中心城区，历史上有些地方比南昌路辉煌得多，如它边上的思南路。但就其丰富性而言，南昌路确实是一个非常特殊的场所，是一个保留了许多上海人特有精神气质的地方。

我想非本地居民也有必要去了解一下为什么上海人是这样的。譬如，为什么在外地人看来，上海人有些斤斤计较？你到了那些地方就会发现，上海人不斤斤计较是不行的，他们的居住空间那么狭窄。这种理解是一个相互的过程。在此意义上，我想我是动态的。

我与佐金教授很投缘，我们在研究当中都强调保持原真性，我们还主张吸收新的文化。新上海人带来了很多新观念，老上海人原本也都是外地人，我父母就不是上海人。我们现在所说的上海本地人，往上一追溯，上一辈或祖父母辈都不是上海本地人，这是90%上海本地人的面貌。所以新上海人跟本地人其实只有一代之差，没有什么本质差别。上海的精神靠我们来塑造，也靠新上海人共同塑造。

第四讲　传统型消费城市的文化构造

2018年6月25日，以“传统消费城市的文化重建”为主题的后空间社会学系列讲座第五期在同济大学中法中心成功举办。本次会议由同济大学社会学系与上海同济规划设计研究院有限公司-同济大学社会学系-“城市与社会研究中心”共同主办，会议得到了同济大学公平城市与城市治理高峰团队的支持。会议由同济大学社会学系主任朱伟珏教授主持，特邀日本城市社会学会会长、立教大学社会学院院长松本康教授进行主题发言，同济大学建筑与城市规划学院张松教授、张立副教授，华东师范大学社会发展学院张文明教授和复旦大学社会学系于海教授担任对话嘉宾，社会学系多位教师参会。

嘉宾简介

松本康

日本城市社会学会会长，立教大学社会学院院长、教授。主要研究方向为社会变动论和城市社会学。到目前为止，他开展了以城市下位文化论为基础的城市居民社会网络研究、日本大城市的社会空间结构变化情况研究和芝加哥学派城市社会学史研究；今后将寻求芝加哥学派和政治经济学派的结合点，以城市社会空间发展的视角、深化目前已有研究。代表作有《城市中的农村人》(2006)、《城市化·郊区化·再城市化》(2001)、《城市社会中的人际关系》(2000，与他人合著)、《城市社会结构的变迁》(1999)和《“战后芝加哥学派”的社区理论》(1998)等。

于　海

复旦大学社会学系教授，研究方向为西方社会思想史、城市社会学、社区与志愿组织研究、全球化研究等。代表成果有《西方社会思想史》《非典的社会学分析》《民族精神意涵：国家意识，文化认同，公民人格》《人文尺度的城市规划》和《西方城市理论一百年》等。

张 松

同济大学建筑与城市规划学院教授、博导，ICOMOS20 世纪遗产国际委员，中国城市规划学会规划历史与理论学术委员会副主任委员，中国建筑学会工业建筑遗产学术委员会副主任委员，中国城市科学研究会历史文化名城委员会常委、学术部主任，上海市规划委员会城市风貌专业委员会委员，日本都市计划学会正会员。《城市规划学刊》、《建筑遗产》、*Built Heritage*、《城乡规划》、《上海城市规划》、《建筑评论》等杂志编委，发表学术论文 100 余篇。

张文明

华东师范大学社会发展学院教授、副院长，研究方向为农村社会学、组织社会学。代表成果有《改革开放三十年来中国人精神生活的变迁》《村民自治：结构与功能的失衡》等。

张 立

同济大学建筑与城市规划学院副教授、城市规划系系主任助理，同济大学城建干部培训中心副主任，中国城市规划学会小城镇规划学术委员会秘书长（同济大学）。代表成果有《新时代的乡村振兴战略》《我国乡村振兴面临的现实矛盾和乡村发展的未来趋势》等。

主持人朱伟珏教授

首先有请松本康教授给我们做精彩的演讲！

松本康教授

传统型消费城市的文化构造

大家晚上好，非常感谢同济大学邀请我过来演讲。我演讲的题目是“传统型消费城市的文化构造”，今天演讲的内容将围绕日本的一个地方城

图 4-1 松本康教授

市——金泽市的重建问题展开。

金泽市是一个传统型的城市，为了研究这座城市都市制造、都市生产的进程，我主要采取了以下两种研究方法。首先，大家都知道，从都市中提炼出这座城市的“近代化的个性”，主要目的是提取出“都市文化”，从普通城市中抽离出属于这座城市的文化的研究方式是都市社会学研究的比较好的一种方法。这里的“都市文化”，指的是挖掘城市中具有现代化、近代性的东西，提取出的东西是一种普遍的城市文化。这种特别普通的、常见的文化研究，也被称为城市化研究。关于这种都市化的研究方法，著名的学者齐美尔（Simmel 1903）和瓦斯（Wirth 1938）都有提到过。另外，费希尔（Fischer 1975，1984）的城市亚文化理论、萨森（Sassen 2001）的全球城市论等理论，也都曾提到过都市文化研究的方法。这里提到的城市理论都具有全球化的色彩，在研究纽约等国际化大城市时，这些共通的理论都是适用的。我们说到的信息城市论，既指我们城市相互之间的信息流，也指从都市的信息流当中抽离出更多的都市文化相关的要素。

第二种方法更注重都市个性的研究，“都市的个性”指的是每个都市都有各自独特的特点。每个城市在各自的城市化发展之中，都会呈现出它各自不同的一些独特之处，在都市社会学的研究当中，这种首先把都市独特的特点抽取出来，然后再表现出来的过程，也是研究都市的一种重要方法。日本的都市社会学研究中，这种关于内生性的发展论，也是我想向大家介绍的一种研究方法。都市发展过程中，一座城市想要制定什么样的发展目标是我们的研究重点。我们把赛博提出的后福特主义、佐佐木提出的都市创造论等城市理论结合起来，并且结合发展城市的特色，这种方式既可以方便我们的都市社会学研究，也能指导现实都市的发展进程。同时，以上所提到的都市社会学的研究理论，也代表了日本的内生性城市发展论的一个特点。实际上这些信息城市论并不是日本的独创理论，也不是在日本发展出来的理论，而是众多国际性学者在他们对于场所空间和流动空间的对立进行批判性的类似分析中创立的理论。他们对场所空间进行的独特论述，既促进了信息城市论的创立，同时也作为信息城市论中非常重要的一部分被保存了下来。此类专门针对场所空间与流动空间的对立所进行的批判性分析方法，在内生性发展理论和创造型城市理论之中都是非常常见的研究方法。除此之外，在前述的都市理论中都特别提倡产业和文化的融合，这种融合促进整个地区关联产业的新发展，也就是说，通过分析都市的个性，可以进而归纳出一般规律，而这种一般规律，可以运用到众多城市的研究当中。然后在近代史的发展过程当中，如果要抽取出城市的个性，并且把它独特地发挥出来，其实最重要的方法就是如何把这个城市、这个空间、这个场所的附加值更加突出地营造出来。如果在都市的发展中，能构造出属于自己独特的个性，那么在国际化的都市竞争中，将会有一个非常重要的战略意义。而日本的金泽市，比起快速的产业发展，更多的是作为一个文化空间而被广泛知晓。金泽市是一个在时代当中沉淀下来的传统城市，同时在都市的个性发挥中，它在文化方面的构造相当具有借鉴意义，本次演讲我将以金泽市作为一个成功的案例，与诸位分享一下都市个性的构造问题。

图 4-2　金泽市

首先我想先介绍一下金泽市的具体地理位置，金泽市位于日本本州靠近日本海一侧，基本上处于日本中央部分，人口大概 45 万，实际上是一个很小的城市。它在日本城市里面算中型城市，不过按照中国的标准来说就是一个小型城市。金泽市在江户时代，也就是 17 世纪时，被称为“加贺百万石的城下町”，当时算是日本最大的封建城市。众所周知，当时的经济中心是大阪和京都，地图上虽然没有金泽市，但是金泽市就位于京都和大阪的中间。在一般的封建城市当中，它是最大的一个，与它齐名的还有一个名古屋。日本众多的都市之中，封建都市（城下町）起源于传统型消费城市。当时金泽市工商业的蓬勃发展是它的重要特点。2015 年开通了北陆新干线，东京到金泽的车程缩短至两个半小时，所以金泽和东京的距离就变得很近，观光客的数量随之暴增。新干线将来还计划连接大阪，也就是连接东海线，进而连接日本的东海区域，同时，金泽市面临日本海，海上交通也比较便捷。分析可得，金泽在日本的交通网中也处于一个十分重要的位置。

“消费城市”作为都市社会学中的一个概念，我需要具体地解释一下它。对都市的形态划分，有很多具体的表现方式。韦伯在城市理论当中将城市分为两大类别，一类是消费者城市，另一类是生产者城市。现在我们说的消费者城市，通常是指现代的、近代的消费者。但是在日本的历史当中所说的消费者城市，即“城下町”，则是由以前古代的君侯、王族一类的贵族所做的大家族消费投资而形成的城市，这类城市实际上以工商业经济为主。像这种类型的城市，我们日本学者也叫它消费者城市。中日两国比较相近，因此对于日本的历史大家可能比较好理解。历史上的日本，君侯在各个地方形成了一个大的领地，他们被称为这个地区的领主。领主的大家族以及他所有的侍从、官宦对所在地进行消费投资，从而形成一个大的城市。接下来再说一下生产者城市，这个时期的生产者城市也是由各种工商业所聚集而形成的城市，生产者面向市场需求进行生产，从而形成一个大的市场。按照学者韦伯的解释，这类城市样态下的居民本身都是生产者，这里提到的“生产者”概念并不是我们常识中所说的生产者，这边需要补充一下理论产生的背景。当时韦伯在分析中世纪的欧美城市形成的历史之后，提出了这样的概念：大部分的城市都是先出现消费者，再渐渐地形成消费者城市和生产者城市，成为这样一种两极分化。但是并不是一直都是这样的趋势，例如领主也就是君侯，他的臣子中如果出现工商业能力非常强的人，就慢慢又形成了生产者城市。作为一个概念，我们将城市分成消费者城市和生产者城市两大类，而基于以上所提到的各种背景，我再介绍一下日本城市的发展类型。

我们还有一些其他的分类理念，首先我想说最大的城市，比如像首都这样的城市，当时是江户，也就是现在的东京。另外补充一点，日本的城市虽然基本上都是封建城市，而且这些封建城市都是从 19 世纪开始转型的，但是有的会转变成传统型消费城市 A，有一些并不是这样的城市。金泽属于典型的传统型消费城市，它就是 A 类。还有一个是滨松市，位于静冈县内。滨松经过发展成为封建中型城市。举个例子，滨松市的主要产业是乐器生产，而金泽市的工业发展没有那么好，金泽市主要优势是处在中间的地理位置。近代化以后，我们看到发展出更多其他的工业型城市，这些工业型城市以前都是单纯的农村，但是实际涉及近代化发展之后，我们看到有很多工业化城市随之诞生。仓泽先生将城市分为四种类型，一种是工业城市 C，也就是指近代化以后发展成一个传统型的产业城市，即濑户市，我们通常所说的濑户物就是指的陶瓷。其次，近代化以后发展的工业城市 D，这种比较典型的城市是丰田和日立，这两个城市都由原来的农村变成了工业化城市。再次，工业城市 E，这种更是一种典型的复合型城市，它有复合型的产业，有很多重工业和轻工业复合型产业。C 则是以石油为核心的企业和行业集聚形成的城市。按照这样的分类方法能看出金泽市属于传统型消费城市 A。在近代化的过程中，金泽市主要发展纤维产业和机械工业。首先发展的产业是纤维产业，也就是纺织类，纺织类产业发展必须得到机械设备的支持，所以金泽市的机械设备产业也得到很大的发展，但是在石油化学等方面它并没有得到很好的发展。

接下来，介绍一下金泽的起源，金泽的起源也算是它本身所拥有的资源之一。当时有一个诸侯国叫作加贺，诸侯结合时期它发起了一个运动，这是日本的一段历史，我向大家解释一下。加贺有一个一向宗，它是佛教的一个派别，也就是现在的净土真宗。15 世纪的时候，这个宗教发动了一个革命，也就是我们所说的农民起义。宗教教义简而言之，就是通过诚心诚意地念佛经，就可以净化土地，自身也可以进化成活佛，因此这个地方在战国时期也是一个非常受尊重的地方。美国学者罗巴特费勒关于宗教起源的书中，也曾写到过一向宗。在日本的宗教研究中，一向宗占据着十分重要的位置。16 世纪是一个礼崩乐坏的时期，在加贺这个地方，大约一个世纪之内发生了许多反叛事件，之后才形成百姓的国家。在这个战乱时期，金泽市作为其中的一个要塞所在地，叫“尾山御坊”。当时的日本是战国时期，各个地方非常混乱，于是发生了农民起义。在 1575 年，战国大名出征各地，从而完成了整个国家的统一，实现统一的历史人物是大家熟悉的丰臣秀吉。1583 年的时候，战国大封建主前田利家占领鹿城以后，前田家就成为加贺藩的藩主，后来德川家康在 1603 年开创了江户时代。我不清楚各位是否知道，东京大学有一个红色的门，那里就有江户住宅，也就是江户时期的建筑风格。现在一提到金泽市，基本上是以一种历史悠久的古老城市被人广泛知晓。但是一般来说，大家都认为金泽市的历史是由前田利家所开创的历史，也就是说金泽是战国时期结束之后才开创的一个国家，开创的一个城市。

不过金泽的工业发展速度比较缓慢。我们知道日本的资本主义工业化主要是在19世纪末到20世纪初这个时段发展起来的，这个时期正好是日清战争（中日甲午战争）和日俄战争期间，产业革命在这一时期也得以迅速发展。而此时的金泽市，则发展出丝绸织物和绢织物产业，也就是我们所说的纺织业。与此相关，制造丝绸织物和绢织物的机械产业的发展也很快，但是制铁和造船等重工业、材料产业没有得到发展。

留在金泽的，都是不太容易受资本主义影响的传统工艺，也就是说到现在为止，这些传统工艺都被保留下来。例如加贺友禅，也就是和服的面料。另外还有金箔工艺，金泽人都很自豪地讲“99%的金箔产品都在我们这里生产的”，虽然这个数据是没有依据的，但是金泽确实生产了大量的金箔产品。还有一个例子是九谷烧，这是一种陶瓷产品，它的工艺就是用漆涂层之后涂在这些器皿上，上面也采用了大量的金和佛坛，是先祖们升天后祭奠用的器具。此外还有极乐天地和加贺秀，这些是缝制衣料上的刺绣，还有更小的一些日常用品，从国家层面上来说，这些都被命名为传统工艺。

图4-3 加贺友禅

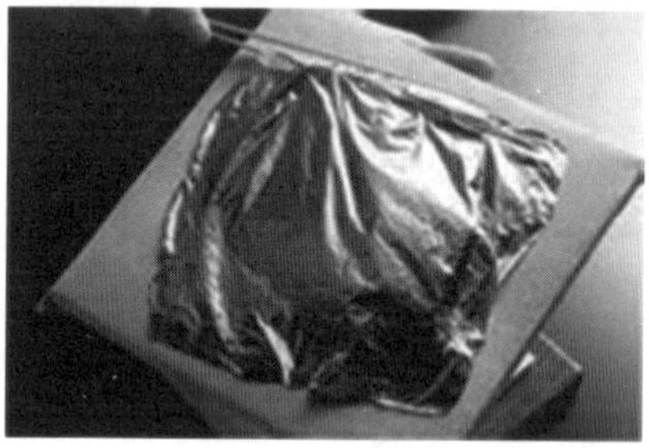

图4-4 金箔

图4-5 九谷烧

我在这里也介绍一下金泽在重化工业中的失败经验。在20世纪60年代，日本地区开发是以全国综合开发计划为基础的，政府在全国指定一些新产业城市，规划出它的工业用地，企图发展重化工业。其中金泽也是一个重点城市，但是在全国指定的区域发展计划中，比较重要的部分主要还是在东京、名古屋、大阪等重工业城市比较集中的地方，然后将这些地方的产业都分散出来。经过这样地全国指定，就会发生一种情况——全国的各个城市都在竞争。金泽属于北陆地区，相邻的县城比如富山和高冈地区就和金泽形成了很强的竞争，结果是金泽输了，所以富山和高冈地区就成了重化工业的发展地区。但是由于这些重工业也会带来环境污染，所以环境污染对金泽市没有造成很大的影响。这个时候的金泽市作为新产业地区却没有被指定生产，其实金泽市是很失望的，但是它同时在发展更多其他的纺织产业。现在回望历史，可能是一件好事，因为没有重化工业的历史，土地污染等环境问题也都没有发生过。

关于机械制造业，它的自律性发展有四个很好的例子。第一个是津田驹工业，这里生产的是自动化纺织机械。它在经纬和竖纬同时喷出纤维，是高速制造纺品的一种机械，这家公司于1909年创立，是一个非常高性能的自动化纺织机械制造企业，现在我们都可以称它为世界上最高速的喷射织机，它用非常快的速度将纺线织成布。第二是涩谷工业，它生产装瓶系统，日本酒的填充系统就是由他们公司发展出来的技术，它不仅生产器械，还生产整个液体的填充系统，目前的员工数在3 200人左右。第三是石野制造公司，这家公司一开始主要负责管理转送带。后来开发出制作回转寿司的传送带这一想法，取得了巨大的成功，并且在整个日本发展起来。制造出除了提供寿司之外，同时能够提供茶的一个回转寿司系统。这个回转系统在回转带的市场份额中占有巨大比重，目前为止该公司从业人员不多，只有一百人左右。第四家公司是IO数据公司。这家公司经营电脑的附属仪器，为戴尔、AC等公司生产电脑的主体，它的员工总共才500人左右，他们不断地发展出新的开创性技术。这四个公司虽然没有成为非常大规模的企业，但是它们有世界顶尖的技术，并且都聚集在金泽地区，对于促进当地经济发展具有重大意义。

关于金泽市传统性、偶然性的一些历史，我要向大家解释一下。第二次世界大战末期，日本的大多数城市都受到了美军的空袭，所以大部分的城市历史都没有得到留存。但是不知道为什么金泽市这么幸运，没有遭到空袭。因此它不属于政府战后复兴计划的一员，也自然而然地没有政府发放复兴补助金。最开始金泽羡慕其他城市，但是由于它保留了很多旧的城市建筑，而战后复兴的城市大部分都是新建的，都是千篇一律的城市建筑，所以金泽的城市风貌很独特。两年前我在这里也讲了东京的城市发展，介绍了东京20世纪40年代人口剧减的历史。也就是说，基本上所有城市都因为受到美军的空袭等原因造成了人口剧减，但是只有金泽的人口在持续增长。后面我

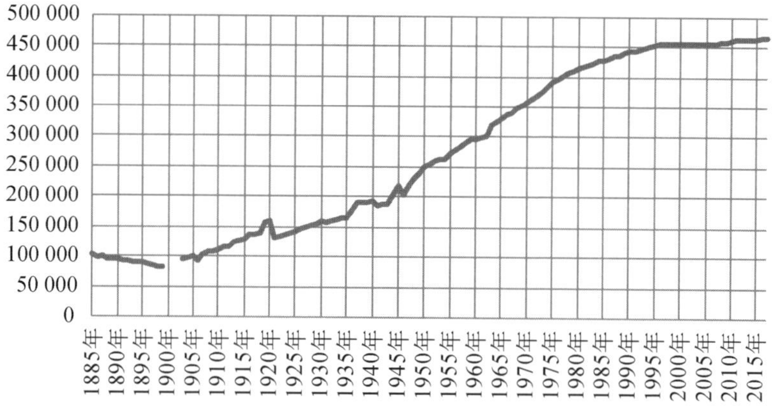

图 4-6　金泽市人口增长图

还会给大家介绍，20 世纪 90 年代人口增长停滞，在这个时候，针对如何打造金泽的特点，当地政府花费了很大的功夫，结果使得人口有所增长。后面我会讲到，现在金泽保留了很多的古建筑，政府也在大力推广这件事情。金泽因为没有发生战争，所以能保留那么多的旧城面貌。但是实际上，在 1910 年到 1920 年，城市已经在渐渐地发展，但是 1927 年的时候发生了一场大火，被烧毁的区域重新开始了城市规划，道路也开始重建，所以也并不是说所有的地区全部都是古建筑。

近代化以后，金泽市也在着力推进城市规划问题的解决，其中一个例子就是历史建筑群的保护。近年来，金泽市在都市的个性景观方面有很大的发展。有个地方叫茶屋街，很早以前是古代人游乐的一个地方。当时本来要改造这里，但是遭到当时的居民反对，因为居民们认为如果要改造茶屋街，不仅会有很多的制约条件，甚至会影响到他们的生活，所以居民们都持反对意见。但是在 2001 年的时候，国家指定东山东地区作为重要的传统建筑保存地，并且这个时期改造计划终于得到了当地居民的理解。在这之后，金泽市也对城市进行了部分改造，比如把原来的很多电线柱子全部都拆掉重建。还在市内又重新指定了 3 个地区来保留传统的建筑群，并且充分利用起来。

接下来我再谈一下金泽市民艺术村，原来它只是一个工厂。在 1919 年，它是作为纺织工厂建立起来的，后来又改成了大和纺织金泽工厂，在 1993 年工厂关闭，因为从这个时候开始，日本的纺织工厂越来越难经营，在 90 年代

图 4-7　金泽市古建筑群

的时候，全球化的发展进程基本上造成大部分的纺织生产、轻工业生产都转移到了中国或者东南亚。我们现在看到的这个部分是一个仓库，仓库是在 1996 年改造成市民艺术村的，也交由金泽艺术文化财团来经营。这里全年每天二十四个小时都向市民开放，这样的一个市政设施，可以让市民在里面练习跳舞，学习画画等，这是一个公开的公众空间。同时也开办了工艺类专门大学，也就是培养手工艺术家。

图 4-8　金泽市民艺术村

图 4-9　金泽第四高中旧址

金泽的学术也是很繁盛的，有很多的大学，当时还是百万人口级别的时候，建筑得到了很好的保护，金泽作为近代学术文化城市也备受瞩目。在 1878 年日本刚开始近代化进程的时候，这里有一个第四中学，第四中学是一个高等贵族化的高中，学术性非常强。在 1949 年，成立了新学制的金泽大学，第四高中旧址作为纪念馆供人参观，它的旧校舍作为博物馆开放给大众。金泽市从全国招收高中生精英到第四高中上学，并且高中毕业之后升学到金泽大学。尽管高中生会有一些比较荒唐的行动，但是金泽市的市民都很保护他们。

下面我再说一下文化。有很多的学者是在金泽出生的，例如西田几多

图 4-10 泉镜花纪念馆

郎、德田秋声、泉镜花、室生犀星等作家都在金泽出生。还有五木宽之，他是一个小说家，在日本历史上也是一个非常有名的作家。他在金泽长期居住，和当时的市长女儿结了婚。金泽市以他的名义创建了近代文学艺术馆，现在这里已经作为一个博物馆了，当中收录了五木文库。另外，金泽并不只有古建筑，也有现代化的建筑。2004 年创立了金泽 21 世纪美术馆，这个建筑物也被业内人士高度赞扬，最初的 6 年就已经有 1000 万人来参观，也有很多人回访。当初建立的时候有很多人反对，在当时市长的强烈坚持下才得以建成。

金泽还有一个建筑，叫作铃木大拙馆，铃木大拙是一个哲学家，2011 年的时候建立了这个纪念馆，有人主张用当地住民的共同公寓来改造，但是遭到很多人的反对，当时的设计师就用他的哲学理念来建造了这样一个建筑。

图 4-11 金泽 21 世纪美术馆

图 4-12 铃木大拙馆

我再说一下社会科学界的一些意见，社会科学家的意见对金泽的城市政策也产生了很大的影响。金泽主要以内生性发展理念为主，这个理念是由宫本宪一提出的，他在第四中学高中毕业后进入金泽大学，然后在金泽大学任教了一段时间。这位宫本宪一先生对地域开发计划持批判意见，相较于重化工业诱导的外来发展理论，他更加主张重视加强地域内的产业关联的这种内生性发展模式。比如说这种理论在当地的一些塑胶产业能够充分发挥出来。而其他的一些重化工产业，其实带来的是环境污染等工业问题，宫本宪一认为这些化工产业以及石油工业是外来性地发展，从材料进来之后，然后出口到全国，出口到其他国家，他认为这对于整个市的发展没有很好的贡献，所以算是一个比较理想主义的想法。但是宫本宪一的想法是最接近内生性发展理论的发展思路。

金泽市的发展另外还有后福特主义的印记，由宫本宪一的学生中村刚治郎提出，他的理念也是内生性发展论，包含在后福特主义里，他对金泽的发展政策也产生了很大的影响。另外还有在金泽大学任教的佐佐木雅幸，他在日本介绍推广“创造城市论”，对于金泽加入联合国教科文组织的创造城市工作组也起到了很大的作用。细节上我就不再多说了，金泽大学的教授等文人学者，他们主张内生性发展，对于金泽的发展很有典范作用。不过现在金泽市制定城市发展政策的时候，这些理论的影响会有很大变化，不过还是持续产生着一些综合作用。

战后文化城市的构想，我想用印象图来跟大家解释一下。城市的推广都是一些最新的现代城市在发展当中所做的事情，市政府谋求城市发展做出了一些计划。首先战后开始上任的武谷甚太郎市长发起了主导文化城市的一个构想，是把金泽市作为非战争灾难城市，以文化事业为主导的这样一个计划。也就是说金泽没有受到空袭，其他的城市都是因为受到空袭，而必须从一开始重新建造这个城市，但金泽不是，金泽的任务就是将文化事业作为主导来发展。因此在这里所说的文化指的是非合力的一些构想，比如说民主主义、进步主义的文化。但是，金泽原本是一个亚文化主导的城市，所以实际上其他一些思想不如政府和武谷甚太郎市长所提出来的艺术事业发展为主导的思想影响大，在他的主导之下成立了金泽美术工艺大学。

后来又迎来了德田与吉郎市长，他是一个自由民主党三木派，属于保守的自由主义者，开始他也进行了产业发展、产业振兴。在那个时代，他属于自由民主党中一个比较保守的自由主义派。我刚才也讲到 1963 年金泽没有争取到国家指定的新产业城市，但是 1964 年金泽市长发布了“长期 15 年计划”，这个计划的目标就是发展文化产业城市，以文化产业作为发展其他产业的根基。这个计划的基本理论如下，首先要准备产业根基，再发展产业，振兴产业，目的是要增加居民收入，这就是一种典型的以产业开发理论为基础的计划。也就是说 20 世纪 60 年代金泽市的开发方针就已经制定了这样的产业计划。在 70 年代，金泽市的计划略微有一些变化，虽然同样是德田市长，他又有了 60 万城市构想，60 万是指的什么？是 60 万人口，现在是 45 万人口，也就是说他有一个非常大的目标。在这个构想当中非常重视协调开发和保护，也就是说在保留传统环境为中心的同时，强调要有独特文化的一面，要打造这样的一个独特的城市，也就是既要开发城市又要保护城市，取得二者之间的平衡。

之后是他的继任——冈良一市长，属于社会党的右派，是一直在金泽的劳工会活动的政治家。这个时候他开始创立稳健左派的市政管理，也就是稳健性的左派计划。他反映着整个国家的动向，但是他也不排斥其他党派，其中包括了共产党等党派共同的一些管理理念。他在 1974 年“新长期计划”中植入了城市居民最低生活保障的理念，这个理念虽然是日本首创的理念，由政治学家松下圭一提出，但实际上最初是由英国的一个学者提出的。这个计划讲的是保障城市生活最低的标准，城市自治应该保障市民生活的最低标准，松下圭一也是东大毕业的学者，当时以产业为主的城市开发是比较典型的开发方式，并没有过多地考虑如何保障市民生活。所以在松下圭一的理论当中，每个自治体成立自己的政府，也需要充分地自行制定，并且计划整个城市的政策，这也算是一种非常好的城市发展政策的创新。最有名的是东京都的美浓部政策，这样的政策也把东京都的产业准备进行得非常完备，这也是一个创新成果。

1978 年以后成为市长的江川升，他对日本的城市建设也做出了突出贡献。可以看到 90 年代结束之后，日本政府形成了保守派和稳健派联合执政这样的一种方式，特别是在地方政府。江川升市长原来就是一个政府官僚，也就是说他没有经过投票就直接当选了顾问。在 1982 年的时候，金泽建市 400 年的纪念事业当中，他又打造了一个加贺百万城市。当然也有一些城市、一些人主张金泽市一向的发展是不是应该有它 500 年的纪念呢？也就是将这个城下町的个性更加地突显出来，不仅仅是近代的文化，更多的是几百年前的文化，将它更多地提取出来。不管怎么说，参照金泽这个城市的特点，市长在 1984 年发表了 21 世纪金泽未来项目的计划。这实际上是一个以构筑市民为主体，辅以丰富的人文环境，最终以打造国际化文化产业城市这个目标为主体，同时重视城市舒适便捷性的城市政策。金泽已经在 1989 年成立了卯辰山工艺工坊,也开始培养传统的工艺制作师。

另外我要介绍的是金泽市的国际化和全球化。山出市长担任金泽市长长达20年,他是一个稳健的左派。1995年的时候,金泽的城市构想——“在世界中绽放小小的独特的光辉”就是由他提出来的,也就是说与东京这类国际化城市相比较,金泽也能够绽放小小的独特的光辉。在管理的基础上,金泽市成立了市民艺术村、金全花纪念馆、东山东茶街、东茶屋街等重要的传统建筑物群的保护区,还有士绅屋纪念馆、金泽文艺馆等很多的文化城市地标性建筑和机构。当然在2009年金泽加入联合国教科文组织的创造城市工作组,他也起到了非常大的作用,加盟进去也是一个伟大工程。在这个时候他完成了挖掘金泽民间工艺的工作,也就是塑造一个具有传统工艺特点的城市故事。山出市长最后是因为年纪太大,所以没有连任下一届。

继任者是山野之义市长,是略微年轻的一个。他属于民间政治家,之前在软银公司就职,也就是说他是事业型的一个市长。刚才说到铃木大拙,山出在任市长的时候就已经计划了铃木大拙馆的建造。铃木大拙馆是山出市长一直想要建造的一个建筑,由谁来提出建造计划呢?当时有一个经济同友会这样的一个组织,是由它来提出的决议。经济同友会指的是什么?它是一个全国性的组织,全国性的经济同友会,这个组织以中小企业的经营者、老板为主体。金泽市对于经济同友会来说是一个非常重要的据点,也就是说在金泽,中小企业经营者的权力是非常大的,这是以工商业为主体的城市的一个特点。这些经营主体,不仅是作为企业经营者,也是作为市民在活动。城市的这些传统文化我认为都是城市的资产,所以他们对于这些文化也是有理解的,而且也非常感兴趣,这些经营者所组织的团体叫作经济同友会,所以金泽市的创造性团体实际上以这些经济同友会的成员为主。后面的山野市长,他又有什么样的成绩?他把金泽创造成面向世界的交流中心,当然在这里已经出现了世界性,也就是说全球化。虽然金泽是一个非常小的城市,但是它已经开始了全球化的竞争。在这里我们有五个关键词:产业创出、学术文化、观光交流、交通基础和社区团体。在这个计划当中,山野市长致力于将金泽文化的独特性和产业创新结合起来。我刚才说到2015年开通了北陆新干线,这个时候实际上金泽这个城市的个性已经形成了。

金泽站是一个传统型的建筑,后面已经成为非常现代化的一个建筑,两种建筑风格完全融合在一起,这是金泽站的一个特点。在2004年决定建设

图 4-13　金泽市的新干线车站

图 4-14　金泽市新干线

长野到金泽之间的新干线，并于十年后建成通车。新干线以外，金泽也一直在改善其他的一些交通设施，从结果上来说，开通之后的 2014 年，观光人口就从 840 万人增至 1 000 万人，但是 2016 年依旧是 1 000 万人。金泽市的这种新生活对于人们也有一些不好的影响，比如说冬茶屋街以前是一个非常热闹的观光点，也有一般的居民在居住，观光的人变多以后，居民自己的生活也会受到影响。再如晋江厅有一个很大的市场，新鲜的蔬菜水果和鱼类等物产都是及时在这里销售，但是有很多的观光者来到这里以后，居民买东西反而不方便了。在日本 5 月有一个黄金周，是一个长假，这个时候游客非常集中。最好是每个月分散一点游客，不要让游客大量集中，这样最好，但是没有办法，一年当中总有那么几个时期游客会集中到来。另外，整个城市也掀起了酒店建设热潮，从去年到 2020 年东京奥运会之间，一共预计 16 间酒店开业，预计将增加 2 380 间客房，也就是说金泽作为观光城市，是一个现代基础设施非常完备的城市。

再总结一下，城市的文化构造主要是打造场所的个性化和魅力。刚才我说到它需要有一个文化性的构造，也需要将城市文化故事构筑起来，并且散发它的魅力。金泽开通了新干线，也是通过这个场所的个性和魅力，增加了观光客流。金泽一直的目标就是稳定居住人口，现在居住人口一点点地有所增加。这次我没有拿到具体的数据，通过计算分析发现外国人口也有所增加，每年大约增加 1 000 人。金泽更多的目标实际上是通过汇聚优秀的人才，来发展创造性的产业，让创新型中小企业得到更多的发展，也就是说希望能更多地从传统产业转向新产业，使一些中小型企业在金泽能够得到更多的发展。这是金泽发展的一个模型，事实能不能照这个模型来，我们不知道。

虽然不知道，但是以往的城市发展模型，首先是发展产业，比如说导入工厂、企业，然后它的发展结果就是会引来很多的人口、人才。金泽没有办法通过这样发展模型来发展，但是近年以来也通过全球化的发展，成为有很多文化特点以及交通发达的城市，并且对外宣传为非常适合居住的城市，这也算是一个产业。像这样的一个发展类型，在美国也得到了关注，当然其他的城市能否照搬这个模式我们也不知道。到底是因为东京的魅力实在太大了，所以它的产业发展非常急剧，所以形成了东京，还是说由于东京的魅力大，所以才发展了产业，这个无所得知，但是像金泽基本上没有什么产业，但是它有一些有特点的地方产业，比如说地域性的文化，也就是高水平的文化在这里能得到充分的体现。像这样的地方，如果很多年轻人能到这样的城市发展新的产业，新的行业，那么美国主张的新的城市发展模型，在日本是不是也可以实现？我们也在期待着这方面，我非常期待城市发展的未来，而且我认为金泽具备这样的发展趋势。

嘉宾对话

朱伟珏教授

非常感谢松本教授的精彩演讲，因为松本教授的原因，我也很向往金泽，不过没去过，很可惜，因为在日本待那么多年，真的还没有关注到金泽，我以前一直居住在名古屋。名古屋离金泽不远，但是不知道为什么以前还是没有关注到。松本教授提出的这些问题对我们很有启发，同时也很感慨。究竟是通过产业的振兴来发展城市，还是通过文化观光发展城市，这或许始终是一个问题。张文明教授对金泽很熟悉，所以首先有请您带头，跟松本教授讨论一下金泽问题，今天机会难得。

图 4-15　朱伟珏教授

图 4-16　演讲现场

张文明教授

感谢松本教授，因为我真的对金泽很感兴趣，我不知道您是不是在金泽出生的人。我到目前为止去过四次金泽，第一次是 2003 年。当时为什么去金泽呢？主要是因为很喜欢兼六园，就是日本的庭院，所以去参观。另外一次是我在东京读书的时候，一直在听鹤见和子先生的课，主要是关于内生性发展理论的课，因为金泽当时被称为日本内生性发展的典型，所以去看了一次。之后就是 2015 年，就是您讲的新干线开通的那一年，也去了一次，其实我一直关心内生性发展这个问题，所以想去看看新干线对金泽会有什么样的影响。2017 年，基于我的一个国家重大研究项目，需要研究能登半岛，就跑到那里去考察乡村的内生性发展这个问题。今年 2 月与金泽大学有一个合作，总体的感受跟您刚才介绍的差不多，2003 年的时候，我们去金泽是在小松机场降落。那个时候，机场非常冷清，没有人，几乎没有什么旅客。之后 2015 年去的时候就已经感觉到金泽的人非常多，2017 年去的时候就不只是日本人多，中国人也非常多了，因为现在有上海直飞小松机场的航班，所以对金泽市的感受就跟您讲的这种感受差不多。我对金泽有一点点了解，但不是很深，因为我不是做这方面研究的学者，我主要是做农村研究的，所以一直关心日本的两个地方，一个是金泽，一个是北海道十胜，因为它们被称为日本内生性发展的两个典型。从日本回国之后我一直在做中国内生性发展的相关研究，原来鹤见和子先生曾经讲过费孝通的小城镇模式，也就是中国的内生性发展模式，曾经他们也进行了很长时间的研究，所以我对您今天讲的几个问题比较感兴趣。

图 4-17　张文明教授

第一个问题关于内生性发展的理论。我先简单讲讲我的理解，不知道是不是对的，也是借机向松本先生请教。第一个关于内生性发展理论，因为这方面的研究我现在大概做了七八年，从日本回来也在做，当然我也一直在思考，费孝通先生提的那个模式到底叫不叫内生性发展，其实在中国国内几乎是没有这样的表述，只有鹤见和子先生说他的这种发展模式具有内生性。在我看来，可能在中国的 80 年代中期，以乡镇企业带动城镇本区域发展的形态具有内生性，但是这种模式并不是农民自主发展起来的模式，所以我不太认为那个时候是一种内生的发展模式。但是我现在在想，中国现在到了这个时候，可以说已经经过了国际化的时期，目前的发展和日本高速发展时期比较像，一是全球化的产业进入中国，另外面临一个很大的问题，日本叫公害问题，也就是环境污染等问题，特别是乡村社会的工业污染等等。所以我在想是不是在中国，现在这个时候去探讨内生性发展理论更加合适？

在我们看来，内生性发展理论实际上有两个阶段。第一个阶段是英国的一些学者提出来的欧洲模式。在他们看来，日本的内生性发展更像是一种早期的或者叫作原始的内生性发展的模式，或者是理想型的。而英国的一个研究小组在欧洲的中部也做了一系列的研究，他们现在提出一种新内生性发展的理论。我现在也在写这方面的文章，我写的主要关于欧洲的新内生性发展理论和东亚的内生性发展模式。但是将来我也在考虑写一个关于中国的内生性发展理论是不是有可能的文章？或者中国是不是到了这个阶段？所以说第一个问题就想请教您，因为我阅读过很多宫本宪一先生等日本学者的著作。其实在我看来，日本现在可能还停留在理想型的内生性发展的阶段。可能从今年开始，我们也要在中国选十个省进行研究，因为我主要从事农村研究，所以会研究这种模式在农村样态。就是说这种理想的内生性发展是不是一种可能？它不借助外部的力量是否能存在？当然宫本先生讲过很有名的四项基本原则，比如外来的力量进入乡村，乡村是如何去界定外生力量这个问题。在您看来，这两种类型，在中国目前这种发展的模式下，中国应该处于一个什么样的阶段？因为中国的发展可能和日本还不太一样，您刚才介绍了好几个市长，我去金泽的时候，金泽大学的老师也跟我们讲，他说金泽市长对金泽的发展还是挺有影响的。而现在中国市长的影响就更大了。所以说在中国，如何去界定内生和外生，可能是一个很艰难的问题。所以在您看来，在亚洲或者说在东亚，内生性是不是存在这样的一个问题？

另一个问题跟这个有关，因为我去过金泽，也读了很多关于金泽的书，我觉得金泽之所以成为日本内生性发展的一个典型，恰恰是因为它的文化。当然我不知道这样说对不对，其实我认为金泽是一个很保守的区域，在日本的发展历程中，它没有很方便的交通，首先因为它在日本海这一侧，另外主要因为金泽这个地方每年下雪非常多，有时候整个下半年都在下雪。所以就有人说金泽人的性格特别沉默，特别团结。当然了这可能也跟能登半岛有关，它原来是一个很传统的农业区域。所以我不知道关于日本的内生性发展有没有相关的讨论，就是说这个内生之所以能够存在，能够形成，是不是跟地域的保守性格，或者说跟地域的这种传统有一定的关系？现在日本的学术界怎么看待内生性发展？因为鹤见和子先生三年前去世了，后来也没有机会向她请教。那么日本学术界是怎么看待这个问题的？

另外一个问题就是您讲的消费型城市，我觉得非常的有趣。因为以我的了解，20 世纪 70 年代，金泽在重点强调内生，维持保护自我的传统，也不允许外部污染企业进来，这给金泽带来了一个很严重的问题，就是空心化。因为我去能登半岛后，看上去真有触目惊心的感觉，我给本科和硕士的同学都会放一部很有名的日本电影叫《能登的新娘》。不知道在座的同学有没有看过，我在学校上农村社会学的课，我上的第一课就是给学生看这部电影，它讲的是农村空心化之后，那个地方很难发展起来，发展不起来之后，它又选择如何发展这样的一部电影。实际上在 70 年代后期到 80 年代晚期，其实金泽已经意识到它最大的问题就是空心化问题。有一个教授，我想在座的老师应该知道他讲的“里山里海”这个概念，这个概念近似松本先生演讲的概念，他希望吸引来的不是观光的人，而是吸引从这里出去的那些本地人再回到故乡，但是我觉得这是一个非常难的问题。讲到消费型城市，我们去金泽的时候，很多学者都在讲金泽新干线开通了，金泽的本地学者或者本地老百姓有一种喜忧参半的感觉。能登半岛的人，特别像很有名的温泉地，例如和仓温泉是非常有名的地方，就是天皇曾经去过的地方，那个地方我也去了，我去的时候是他们第一次接待中国人，他说他没有接待过中国人，很紧张，但是他们也很开心，他说我们这里终于有人进来了，那个地方新干线开通了，其实给他们带来了很多好处。日本和中国一样，日本很有名的几次国土开发计划，其中我记得第三次国土开发计划就是新干线计划，为了解决农村的空心化问题，把新干线修到各个地方，其实这和我们中国很像。我们中国现在的做法日本当年都做过，比如我们现在造高铁，以为造了高铁之后交通便利，大家就可以实现所谓的同城效应，空心的地区能够得到缓解，但是实际上其实很难缓解。可能高铁修起来之后，恰恰把它本土的资源、人才带出去而不是带进来。因为我不是做城市社会学的，所以不太理解，您讲的消费型城市，这个消费是指一个什么样的一种消费概念，是指这个区域吗？我们上海现在也提出上海购物、上海制造、上海文化，还有上海服务。当然了可能做城市社会学研究的学者会更清楚这个概念，像朱老师应该知道怎样去界定一个城市的这种东西。我觉得刚才您讲的这种区分模式很有趣，可能对我们很有借鉴意义，金泽相当于我们的省会级城市，日本学术界将其界定成消费型城市，我很想知道当时的这种界定依据到底是什么？

您觉得新干线的开通会给金泽带来一个什么样的结果？我个人感觉您的研究可能比较接近于金泽大学的研究，他们很多人还是在坚守内生的概念，新干线开通之后，到近江町市场去吃东西就很不方便，因为那里边全是外国人，我就住在那旁边的民宿。去金泽基本上就是去金六元和近江町这两个地方，去近江町就是去吃鱼，因为它的鱼特别好吃，一般要排两到三个小时。我们现在在中国国内也在做相关的研究，对一个城市或者一个区域发展来说，其实这是一个两难的问题，就是如何在做好自己的本土特色的基础上，还能保证消费带动区域的发展，这两个问题到底应该怎么去平衡？我觉得这确实是一个难题。

张松教授

感谢松本先生非常有意思的报告，我个人对金泽市也很感兴趣，虽然还没去过，也没有做过相关研究，从刚才的演讲已经获得不少信息。金泽整个城市的发展过程演变，以及这个城市的领导人、市民、专业人士所做的努力，都表明金泽是一个很有个性和魅力的城市，此前我们通过其他资料已经有所了解，有机会我一定要去看看。我一开始看到这个题目，以为松本先生的讲座会说这个城市在现代化发展过程中的一些挑战，但刚才松本先生讲到，这个城市是很幸运的，可能因为它不是工业城市，“二战”中没有被美军轰炸，另外也不像京都，做过首都，有着重要影响力。进入 20 世纪 60 年代，金泽开始进行城市更新，发生了一些变化。从产业方面看，在 60 年代大发展的时候，国家综合发展规划决定在金泽规划一个重化工业基地，但由于和周边城市竞争失败，所以金泽的产业并没有发展起来，最后还是依靠传统产业发展延续到现在。当然金泽有技术创新，有文化创新，也有旅游观光，从整个城市发展的过程看，应该说还是一个不错的结局，还是比较美好的事情。而在中国，不要说传统的消费城市，就连传统的生产型城市，在 80 年代 90 年代的时候，很多城市由于产业转型不成功而衰败。

比如我工作比较长时间的湖北沙市，它是长江边上的城市，原来也是国内重要的纺织工业基地，在 80 年代还有一些不错的轻工业产品，比如说电视机、电冰箱等，那时候，在北京、上海、广州等大城市也才刚刚开始大规模生产电冰箱，而且沙市生产的沙松牌电冰箱还与日本松下公司合作。但是到了 90 年代，这些产业在很短的时间内开始衰败，甚至彻底倒闭，到现在也还没有恢复过来。今年是改革开放 40 周年，凡是发展得比较好的地区，比如深圳或者其他的沿海城市都是向外开放，然后引进资金，通过招商引资发展，然后开始转移扩大生产。在这样的发展过程中，金泽市的政策、区位和时机似乎都比较好，使得它以一种比较均衡的状态发展到今天，从刚才的人口增长图上看，好像也是比较有序的。我们做城市规划的人都知道一个原理：城市人口在 60 万左右是一个比较好的规模，既没有大城市的那些弊端，而且城市市民之间的交往，以及城市与环境的关系都比较好。所以如果真是这样，我倒觉得中国城市化应该更多地规划一些新的城市，或者是让城市尽可能保持一个适当的规模。现在有许多经济学家，或者城市发展专家，他们认为城市的规模越大越好，甚至认为北京、

图 4-16　张松教授

上海的城市规模都不要管控，户籍也要彻底放开，产业也应当根据市场的需要去自由发展。我不知道关于这个问题，松本老师能不能再给我们做一些分析？

第二个问题，与前面说的也有一点关系，就是金泽到底是内生性发展，还是依靠外来的其他各种因素发展？松本老师讲了一个特别有意思的事情，就是金泽的发展规划，在 60 年代、70 年代、80 年代金泽都把文化放在很重要的位置，强调城市的个性。当然，也可能在日本的城市规划中金泽也是比较早进行规划的一批，或者说是比较先进的一批。在中国，现在城市开始重视文化了，我们有 134 个国家历史文化名城，国家文物局原局长、现任故宫博物院院长单霁翔先生，写过一本关于文化城市的书，认为城市不要以功能追求、产业发展为主，能够追求文化就很好。我前两天在市规划院参加一个国家名城的总体规划方案研讨会，会上我提出这个城市的文化资源非常丰富，是否可以利用离北京近的区位优势，发展一些文化创意参与或者旅游休闲功能？而其他的专家很不以为然，他们认为无论怎么说，文化也不能作为城市的主导或核心功能。不知道金泽市的整体产业构成中，文化创意和文化休闲等产业是怎样的状况？我知道金泽有很好的艺术设计产业和传统工艺基础，而且在 2009 年依靠这些资源成为联合国教科文颁布的全球创意城市。金泽的传统建筑保护，包括城市景观的整治管理，使城市一直保持着活力和魅力。我们特别想知道，金泽对文化或文化产业，与其他方面发展协同是不是有特别的规划和政策？或者金泽的做法对中国城市有什么参考借鉴之处？

您刚才讲到一点，北陆新干线开通后，游客量增加很快，由 800 多万人增加到了 1 000 万人，现在又过去了两年多，那么这个数字是不是又增加了 200 万或者更多？金泽市政府是怎样应对这一挑战的呢？我们知道，中国几乎所有的地方都想要发展旅游，比如说浙江乌镇、江苏周庄，包括云南丽江等历史城镇都有大量国内外游客的到来，但每年游客超过 1 000 万人，甚至更多的时候，这个城镇的文化、魅力是否会受到影响？旅游与居民生活的矛盾也会越来越大，与城市文化遗产保护也有很大的冲突。我不知道金泽在新干线开通，游客量大增之后，他们有没有什么比较好的对策措施解决这个问题，或者说现在是否有什么新的规划或设想？

张立副教授

感谢松本老师精彩的演讲！我是来自城市规划系的老师，和张松老师是同一个专业的。我最近经常跨界，两周前跨到人口地理学会的年会去参加会议，感受他们的逻辑和理性，也感觉到自己这两年做的工作似乎应该归到文化和人口地理学的领域，今天听了松本老师的介绍，我发现我突然间好像又找到了一个兴趣。松本老师介绍的内容看似是一个社会学的话题，但是我看到里边很多的关键词跟我们城乡规划专业是紧密相关的。松本老师提到最多的场所、空间、消费、文化等等，这些词其实都是我们城乡规划学非常关注的。听了演讲，虽然松本老师引用的理论是韦伯的消费城市向工业城市转变的理论，但我瞬间想到的是法国学者列斐伏尔提出的空间生产理论，我似乎觉得松本老师对金泽整个历史脉络的介绍和列斐伏尔的空间生产理论一脉相承。也就是说，用列斐伏尔的空间生产理论可以解释金泽的发展历程，因为列斐伏尔批判消费性和现代性。他说的最有意思的一句话就是“让日常生活成为艺术品”，我觉得传统消费城市的文化重建过程应该说就是这样的一个过程。那么这个过程实际上与中国的城市发展历程也有异曲同工之处。我的硕士生今年刚刚通过答辩，他的论文研究的就是中国小城镇的空间演变和空间生产过程，从传统的工商业为主，向80年代刚才张文明老师说的中国的乡镇企业改革演变，小城镇的主要功能变成生产性。在2000年之后，面对全球竞争，乡镇企业进一步滑坡，逐渐失去竞争力，有一些条件比较好的小城镇开始慢慢地向消费型小城镇转变。这也是我的一个问题，中国对消费型小城镇或者说消费型空间的理解可能跟您说的消费性稍微有点差异，因为中国传统的消费型城市其实是传统的工商业城市，它主要以商贸功能为主。那么近十年的时间，中国所谓的消费型城市，其实指的是一个休闲旅游，或者带有文化娱乐性质的城市。不知道日本在这方面有没有这样的一个区分，或者说有没有这样的研究进展或者研究方向，对文化旅游这种外来的消费形式，有没有一些研究进展？我们可以一起探讨一下。

图 4-17　张立副教授

于海教授

图 4-18　于海教授

谢谢松本老师，我对你刚才梳理的金泽整个都市发展中印象比较深的就是你列举了一系列的市长。我在想一个问题，金泽这个城市做成这样一个有特点的城市旅游文化，它的这种不可再生的历史特点。我觉得也像是在讲中国一个城市，为什么？因为政府的力量非常强大，所以那个强有力的手一直在规划着城市发展。我甚至觉得金泽的市长甚至比中国的市长还厉害，因为它是连续的规划，它从 50 年代开始，60 年代、70 年代就已经提出文化产业的概念。创意文化产业是佛利达在 2000 年以后才提出来的，就是我们所说的 creative 是到 2000 年以后才提出来的概念，中国最早介绍的文章是 2002 年到 2005 年的时候，那时候有文章开始介绍。但是我看到你刚才那个表上，70 年代金泽就已经提出了文化产业的概念。因为文化产业这个概念受到了法兰克福学派的批判，法兰克福学派坚持批判西方的文化工业概念，它认为把文化变成工业，然后大规模地复制，实际上是在消灭文化。金泽的市长抽取了文化产业概念，一脉相承，一直到了最新的市长，还有一个做了二十年的市长。你们或许都没有去过金泽，我专门去过金泽，去看了铃木大佐的纪念馆，沿路看了金泽很多的历史古迹。我那天走了整整一天，专门坐火车从东京到金泽，今天我听说有一位学者他专门做一个金泽文化产业的报告，所以我说我一定要去看一看。那么我现在关心的问题就是政府在起的一个组织者、规划者、创业者的作用。光靠它的力量，能不能把金泽做成这样一个城市？就是说，我没有看到比如说艺术家、市民、社会企业、团体，他们怎么能够加入政府的这样一个计划里面共同塑造金泽。

金泽在“二战”中没有被破坏，它有历史的本钱成为一个有特点的城市。在日本各种各样意见很纷杂，所以我很关心，在政府的这种规划下面，政府有没有这个力量，让全社会达成共识？我知道日本做事情真的不太容易，金泽这么做，那么日本肯定会有人有不同的意见。你也讲到北陆新干线建成以后，有的人担心破坏当地人的生活。我不是质疑，而是关心政府的这样一种计划，连续的、宏伟的计划怎么得到社会的响应，最后做成这样一个很有吸引力的城市？现在讲起来，像张文明在日本生活了十年都没到过金泽，而我在日本就两个月，我倒经常去。

朱伟珏教授

特别不好意思，我刚才忘了介绍。我们系今天来了好多教师，大家跟松本老师都蛮熟悉。我想我们分两个阶段，首先回答嘉宾的一些提问，然后松本老师再回答我们系老师提出的其他问题。要不然松本老师一下子可能记不住那么多问题，还有，我稍微回答一下刚才于海老师的疑问，我替松本老师回答一下。刚才松本老师其实已经讲到了这个问题，他说在金泽，真正起作用的是中小企业，我个人理解因为它是一个很小的城市，非常传统。所以大体来讲，那些中小企业主有很强的话语权。不知道我的理解是不是正确。下面我们有请松本老师来回答一下。

松本康教授

首先对传统型城市的提法做一个解释，这个概念是以仓沢进的理论为依据的。日本城市的特点，实际上很多是在各自不同的历史条件下发展的结果。我们刚才讲到的城市分类方法，实际上就是根据各个城市各自不同的发展特点进行分类的。刚才我们也提到了，日本很多城市是从工业区这样一种发展形式最后慢慢地发展成城市。比如说在近代化之后，以工业化发展为特点的城市，这里特别举一个例子，就是釜石这个城市。釜石最初是一个渔村，仅仅是一个渔村，也就是只有打鱼一个产业。但是突然经历了近代化的发展和工业化发展之后，它有了造铁制作所。因此，工业的发展也造就釜石这个城市的发展。但是有一段时间，城市的发展也经历了一段脱离工业发展的时期，在这一时期，造铁制作所关闭了。日本城市的发展有一些固定发展模式，传统文化型的城市在经历近代化发展之后，又经历了工业化发展。欧洲中世纪的城市发展进程，和日本的近代化城市发展模式也有一样的地方。虽然大部分的城市发展都以产业发展为主体，但是大都市的发展往往是夹杂着传统型消费城市的特点。

刚才还有一个问题，是内生性发展的这个概念。刚才张教授也提到了宫本宪一先生的理论，他的这个理论最早是研究发展中国家的理论。他的理论的一个关键点，就是东亚应该和西方发展理论有不同的方式。但是在宫本宪一的理论中，其理论主题和资本主义的发展方式是相同的。在宫本宪一先生的想法当中，全球化的发展增加了内生性发展的难度。此后又出现了后福特主义理论，也就是说，区域内的产业联合再次得到了重视。这里指的是社区对于产业的支持，当然产业是指在整个全球化进程中它得以生存。所以我认为宫本宪一先生的弟子在宫本先生的理论基础之上，把这样的概念融入了进去。但是不是因为大家把这个理念加入宫本先生理论的时候，对于内生性发展这个词有所误解，理解为只能利用内部资源，也就是这个区域仅能利用、这个区域所特有的资源来发展，最终产生了这样一种错误理解呢？有些人认为内生就是外来优秀人才也不可以吸收，外部资源也不能利用。但是如果按照这种说法，实际上经济不能得到很好的发展。也就是说这种思路在自立性、独立性意识方面非常好，却不利于经济发展。譬如朝鲜，它依靠自力更生的经济发展理念，完全依靠内生性发展。

回到金泽市，各位都对市长的政策，对于学者的影响很感兴趣。我认为金泽市政府是将各个学者的理论经过了自己的一番解释，然后运用到了自己的政策当中。我刚才提到了山出保市长，他担任市长达 20 年，毕业于金泽大学法学部，是一位精英。由于他一直在政府部门工作，所以他将这些学者们的理论充分地理解之后，把它转换成具有可操作性的政策，也就是说选择能够具体落实的理论，再融入自己的政策里。我其实也看了不少这种类型的城市。金泽、横滨和三鹰这三个城市有一个共同的特点，我们经常能看到这些城市，它们的政府都和大学里的一些学科专业相结合，也就是有一定的合作，当然这些合作往往是偶然的。比如在金泽，金泽大学的经济学科在当地是非常有影响力的，所以和政府相关部门有了合作。在横滨，它也是偶然地受到了当时的城市规划学这一学科很大的影响。三鹰市是和国际大学的行政学科相结合的。所以在我看来，很多地方政府部门的决策都是很偶然的，和大学的学科、学部结合起来之后，也受到了这些学科的影响。

第三个问题，就是新干线究竟给予城市怎样的影响？首先有新干线的城市，也就是说包括有新干线车站的城市。比如东京附近的城市，它虽然没有新干线，但是地处东京附近。东京的新干线网是很丰富的，基本上这些周边城市都非常欢迎新干线。但是，新干线效益又被称为吸管效应，也就是说好的资源都被大城市吸走了。比方说有新干线的城市，好的资源都被东京吸走了。我们知道新干线建设会导致这样的结果，所以金泽市事先就已经开始进行对策研究。这些城市的城市建设，就是以原有居民不想外出、不想离开为目标。也就是说，并不是一定要把城市打造成一个观光型城市，实际上最初并没有预想到观光业会有如此的经济效益。最初了解到新干线对于发展经济效果影响最好的是制造业，实际上现任市长更多地考虑引进制造业和投资商。而对于观光事业，如果对房地产业进行很好的规划和政策限制，应该不会出现什么问题。因为来金泽观光的人，必须住在金泽的酒店里。也就是说，如果能够很好地规划酒店数量的话，就能很好地控制住观光人员的数量。现在大家也看到了，金泽市并没有很强烈的提高酒店数量的想法。它考虑的是什么呢？就是让广大市民能够继续保有热情款待观光客的一个心情，维持这样的一个城市氛围，从而进行城市营造。刚才提到，有的中国学者和规划师提到希望城市的规模越大越好，我们回顾过往的数据，确实发现金泽的人口一直呈增长趋势。日本的城市大部分都属于这种传统型消费式的城市，但是问题在于今后的预测人口一直呈减少趋势，也就是说现在的人口增长是呈 n 字形变化，这个 n 字形到达最顶端之后就要呈现下降的趋势。所以一些好的城市、优秀的城市现在的目标就是保持它的人口持平，这就是成功的结果。刚才也提到了有新干线车站的城市和没有新干线车站的城市，没有新干线车站的城市将来必定会衰退。所以将来城市的规模发展，像金泽这样的中型城市反而可以维持下来，但是其他的小城市就会不可避免地衰退。

另外一个问题关于文化产业。实际上在金泽，我们并不把它称为文化产业，而是文化＋产业城市。但是因为金泽很多的产业都有传统工艺品等工艺方面的因素在里面，所以我们看到金泽的产业会具有更多的文化韵味。比如说日式点心就是一个文化。金泽有很多种日式点心，都非常地受欢迎，而且都是属于非常有造型特点、彰显日本和风文化的产品，所以它也是一种文化。这里有一份金泽市的调查数据，被问到“到金泽来你觉得什么是最好的”，回答最多的就是餐饮饮食和口味。所以在一般的文化产业城市当中，金泽市也是一个最独特的地方，它在餐饮饮食上具有非常浓厚的文化韵味，所以金泽的经济支持也就是我们所说的中产阶级的生产管理层。

最后一个问题，关于市长的管理和中小企业主之间的联系和关系。刚才我们提到的那位市长，他是金泽大学法学部毕业的，也是一位精英，所以他在整个城市建设当中起到了非常大的作用。这位市长提倡的社会性产业开创的主导政策，也得到了中小企业领导者的大力支持。这些中小企业的经营者，他们在文化产业方面更舍得花钱，更认可这样的发展，所以这些产业的发展才能够得到更多的、更大力的支持，也就能更好地实现市长提倡的产业创新。比较简单地把刚才的问题综合回答了一下，大家如果还有没听懂的地方，或者希望补充的地方，可以提出来。

图 4-19　嘉宾合影

章超老师

我想问一下松本教授，在金泽市存不存在绅士化这样的一种现象？

松本康教授

金泽市原来就有很多绅士居住，本来就是绅士化的一个街区，刚才讲到，它的重化工业没有成功，所以那些蓝领工人就消失了，但是也不知道他们是什么时候消失以及为什么消失。因为很多产业都嵌入在这个街区里，所以我们不太能看见它的衰退进程，就一点点消失了。他们并不像大工厂一样，一下子就没了。有很多工厂消失了，但是消失了以后，这些劳动者去了哪里？这又是怎样的一个过程呢？这个还没能够了解到。

朱伟珏教授

因为时间已经到了，非常感谢松本教授，这个问题也是我们需要思考的。在中国很多中小城市都面临转型的问题，尤其是长三角的一些小城市，除了一些具有特色的城市和旅游城市。其他有些城市没有办法维系自己的发展，人口只能越来越少。金泽的案例给了我们这样一个启示，如果一个街区想要得到发展，就需要思考怎样去发掘自己的资源。像江苏如皋这样一个小县城，是一个长寿之乡，但是它的人口其实也在减少，所以该如何发挥其特色，进而发展城市，我想这肯定是一个很大的课题。

第五讲　城市政治学

2018年10月12日晚，后空间社会学系列讲座第四期在同济大学文远楼顺利举办。德国达姆施塔特工业大学都市政治学教授休伯特·海涅特作了题为“如何解释城市之间的差异（How to explain differences between cities)”的演讲。德国海德堡大学都市政治学教授迈克尔·豪斯作了题为“崛起的城市，民族国家的衰落(Rising cities, declining nation-states)”的演讲。讲座由同济大学社会学系主任朱伟珏教授主持，上海交通大学国际与公共事务学院王郁教授、同济大学建筑与城市规划学院卓健教授、上海社会科学院社会学研究所陶希东研究员、同济大学建筑与城市规划学院侯丽副教授、同济大学社会学系张俊副教授、同济大学社会学系讲师章超等多位专家学者受邀担任对话嘉宾。

嘉宾简介

休伯特·海涅特

达姆施塔特工业大学政治学研究所公共行政、公共政策和城市研究教授，于2005—2009年担任达姆施塔特工业大学社会科学与历史学院院长，2012年起受邀担任同济大学顾问教授。2008年起任《城市理论与实践》杂志编委，2015年起任雅典黑海研究国际中心(ICBSS)董事会成员。

迈克尔·豪斯

德国海德堡大学政治学研究所现代政治理论教授。1999年在海德堡大学获得政治学博士学位。2000年至2009年，在达姆施塔特工业大学政治科学研究所担任公共行政、公共政策和城市研究的研究员和助理教授。2005年，在哥德堡大学(瑞典)担任客座研究员,研究瑞典地方政府和治理的制度变迁;2009 年,成为德国卡塞尔大学政治理论教授;2012 年成为海德堡大学教授。主要研究方向为当代政治理论,包括社群主义、正义理论、民主与政治之间的关系等。

王 郁

上海交通大学国际与公共事务学院教授、博士生导师。研究方向为区域与城市发展,研究领域包括城市治理、区域与城市发展研究等。主要成果有《区域发展与城镇体系规划的理论与政策实践》《城市管理创新—世界城市东京的发展战略》等。

卓 健

同济大学建筑与城市规划学院城市规划系教授、副系主任。主要研究领域为网络、地域与城市交通机动性与智慧城市、城市设计与社区更新可持续城市交通政策等。主要成果有《普通轨交站点周边地区的城市更新开发策略刍议》《历史街区街道保护与更新中的交通安宁化——以上海市嘉定西大街历史文化街区为例》等。

陶希东

上海社会科学院社会学研究所研究员。主要研究领域包括城市区域发展、社会建设与管理、区域跨界治理、国际大都市文化建设、青少年发展教育等。代表性专著或合著有《浦东之路社会建设经验与展望》《中国跨界区域管理:理论与实践探索》《转型期中国跨省市都市圈区域治理——以行政区经济为视角》等。

侯 丽

同济大学建筑与城市规划学院城市规划系副教授。研究方向为城市规划理论与设计,重点研究领域包括规划历史与理论、规划管理与法规、城市开发与城市经济学、土地使用规划等。代表成果有《鲍立克在上海 :近代中国大都市的战后规划与重建》《大上海都市计划 1946—1949:近代中国大都市的现代化愿景与规划实践》等。

张　俊

同济大学政治与国际关系学院社会学系副教授、中国社会学会城市社会学专业委员会理事。主要研究领域为城市社会学、城乡发展、社区规划等。主要成果有《公共空间重塑与社会再造》《生于计划，长于市场 70 后经历的社会变迁及其影响》等。

章　超

同济大学政治与国际关系学院社会学系讲师。主要研究领域为消费社会学、城市社会学、社会发展路径和国民心态等。代表成果有《当艺术场域和艺术世界相遇：基于对上海职业画家群体的案例研究》《社区文化研究报告——基于对社区文化活动、文化设施和社区归属感的分析》等。

主持人朱伟珏教授

图 5-1　朱伟珏教授

本系列讲座源于 2017 年 12 月份，我和法国学者罗兰教授两个人在聊天的时候聊到，一致想研究一下空间问题。现在后空间能不能成为一个概念，是可以去商榷的问题。因为我们试图把空间放在一个时间维度上面去思考，所以采用后空间这个概念，但是这能不能成为一个概念，希望两位教授也能够给我们提出一些建议。我想，学者探讨城市的视野应该站在世界的高度，因为现在上海已经成为一个全球城市，所以上海与东京、纽约、巴黎、伦敦等大城市会有很多的相同之处和不同之处。因此，我们的研究向多个视角敞开，有社会学的视角，规划学视角，经济学视角，也有政治学的视角，通过多种角度共同去思考城市的问题。在这样一个研究平台上，学者能不能共同地来思考我们中国的城市，因为同济大学社会学系目前主要的研究方向就是关于上海的研究，不论是从研究的层面来看，还是从实践的层面来看，我们都希望进行深入思考。

我们做了好多年的国际合作研究，却是第一次邀请到该领域的德国专家。迄今为止，我们跟法国、美国、日本、韩国方面的城市问题专家有很多联系，但一直没有联系到德国城市问题专家，实际上同济大学与德国有着十分紧密地联系。今天有幸邀请到德国两位政治学者来做城市研究方面的分享，我想一定特别精彩。

我再简单地介绍一下我们的嘉宾。第一位是（同济大学）城市规划学院的侯丽副教授。她毕业于哈佛大学，是城市规划专业的学者，所以有很广阔的国际视野，我想她与嘉宾们的精彩对话，一定能碰撞出灿烂的思维火花。第二位也是我的老朋友，上海社会科学院社会学所的陶希东研究员。他的学术背景其实也不是社会学，而是出身于地理学，但是他多年从事上海城市研究，也是一位出色的社会学家。第三位是上海交通大学的王郁教授，她也致力于城市研究，其实她与这两位教授的专业背景近似，都在做公共政策的相关研究，所以比较契合今天研讨的主题。第四位是章超博士，她是我们系的老师，主要从事城市社会学和消费社会学研究。消费社会学研究也比较有特色，上海无疑是一个消费城市，所以这一方向的研究也非常重要。第五位是同济大学社会学系的张俊副教授，他是学规划出身的，在我们同济大学接受了非常严格的规划学训练，然后来到社会学系工作。同济社会学系一向具备多元气质和跨学科的背景，所以我们的思考，或者我们的城市研究，无疑具有跨学科的视野。因为时间有限，下面先请休伯特·海涅特教授发言。他的题目是“如何解释城市之间的差异”。

休伯特·海涅特教授

如何解释城市之间的差异

尊敬的各位老师、同学们，以及博士生们，大家好！

我非常高兴能够再一次来到同济大学。自 2005 年以来，我基本上每年都有机会来到上海，来到同济大学。因为同济大学和达姆斯塔特工业大学之间有着非常深厚的联系，两校有多年的合作历史。据我所知，目前我们学校与同济大学也建立了伙伴关系，而且会将这个伙伴关系进行深化。我不知道同济大学在座的同学有没有去过达姆斯塔特，是否有同学曾经到我们学校参加过城市研究的项目。今天我和我的同事跟大家讲的主题是我们当

图 5-2　讲座现场

时在达姆斯塔特工业大学所进行的一些研究，尤其是城市内在的发展逻辑。空间在城市中扮演着非常重要的角色，特别是在人的活动当中，因为人在一个相对的、特定的空间中活动。因此，城市的空间给交际提供了一些特定的场景以及可能性，能够让不同的行动者在舞台上有相应的活动。我今天主要讲的是，如何去解释一个城市当中各种行动者的不同行为，为什么各种行动者的行为彼此各异，以及为什么政治的决策彼此不同，即城市与城市之间的政策选择大不相同——而我的理论不同于以往书中的任何研究方法。

一、城市之间为什么存在差异

我想给大家讲解一些特定的方法，这是我们在达姆斯塔特的科研中正在实践的一种研究方法。因为采用英文报告，大家可以看到英文的幻灯片。本次报告以一些解释城市之间差异的理论为主要内容，我理论背景的出发点是阐释主义，因此特别重视各个行动者之间的互动，注重用交际来解释城市与城市间的差异。

研究当然不仅仅出于一个理论视角，它也基于一系列的实证研究，目前已经发表了一部分成果。第一个项目，当时主要研究为什么各地采取不同的气候政策。我们选取了三个德国城市——法兰克福、慕尼黑和斯图加特，这三个都是德国的中心城市，而三个城市的气候政策有很大差异。接下来研究团队共同进行了另外一个项目：各个城市中，政治家或者普通的公民如何去感知问题,以及他们如何去处理问题?为什么在法兰克福、多特蒙德或者伯明翰等城市中他们对问题的讨论有不同之处,比如说对于——为什么会有问题,或者说我们的问题如何产生——我们讨论的方法和感知的方法完全不一样。目前正在进行的一个项目是五个德国城市和五个希腊城市协商合作的项目,我们研究的核心是创新。

我的一个同事调查到德国城市之间房地产的价格存在差异,他调取了一些数据进行比较,也进行了解释,比如说为什么法兰克福的房价特别高?我详细比较了一百多个德国城市,使用了一些经济学理论来解释为什么房地产的价格存在差异,因此我们的研究成果就能指导一些社会实践。我还进行了一个研究项目,刚刚才结项,该项目是德国城市和希腊城市的比较研究——比如说为什么有的城市有债务危机?为什么有些德国和希腊的社区债台高筑?为什么会出现这样的情况?我们怎么来解释?我调查出一些原因,最后会根据所获得的事实给大家一些解释,我们也可以对此进行讨论。

图 5-3 中是一个解释的机制。这是一个诺贝尔奖获得者——奥斯托姆女士的理论,(该理论)曾经获得了诺贝尔经济学奖。这是一个非常基本的模式,行动领域中存在一些外在的因素。首先就是我们所处的物质世界,以及我们的社区,也就是我们所处的社会环境,其中也包括阶层,还包括整个社会群体的构成方式,而且也包括一些使用的规则,也就是一些制度层面的因素。我们可以在这个理论基础上做很多新的尝试,当然今天我们有很多学者就在做这种尝试。图 5-3 中间是行动者的一些行为,它有一个特定的行为场景,因此获得一些相应的特定结果,当然这些结果对起因也会产生一些效应。首先要有一个行动者,这是一个先决条件,因为它起驱动的作用,包括一些特定的经济结构。在整个机制中,人是一个非常重要的因素,它可以施加一些压

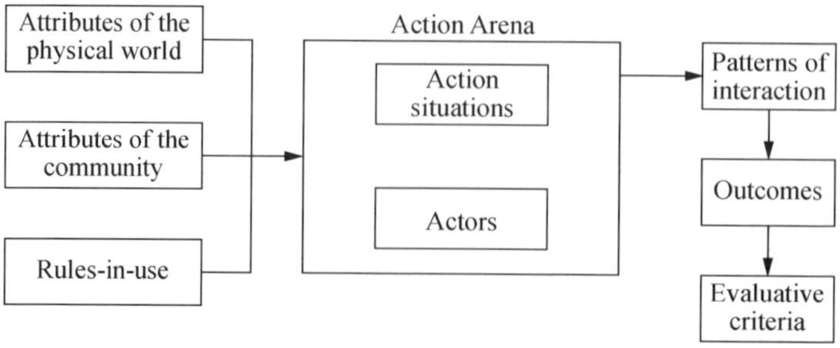

图 5-3　一个解释机制

力，进而产生一些不同的行动方式，或者一些行动的可能性。这是一个广为人知的解释视角。

除此之外，还需要强调行动者在这里非常重要，这是经济学角度的一个解释。行动者有自己的一些利益，或者说权益，这些权益的思虑会对他的行为产生一定的影响，然后他就会做出一定的行动，这是一个以行动者为核心的解释机制。在德国的达姆施塔特工业大学，我们采取不一样的理论研究方式，这些行动者不是单独的人，虽然他们仍然有特定的权益要求，但是我们可以从中进行一些共性的描述。他们有哪些行动？行动可能对物质世界产生怎样的影响？以及物质世界对他们的行动会产生怎样的影响？这些行动者在有意识的情况下去进行一些行动，在德语中叫社会意识，这是个什么概念呢？我们说城市它有自己内在的逻辑，并不只是法兰克福存在这种内在的逻辑，每个城市都有自己的叙事主线。这些行动者在特定的城市，他们施加了自己的行为，他们有自己的一个角度。

以法兰克福为例，有一个德国学生说，法兰克福是德国唯一一个有天际线的城市。但一名工程学的同事曾经跟我说，法兰克福其实最不适合建高楼，因为法兰克福位于莱茵河的河畔，它属于沙质土壤。可是法兰克福有德国的银行，全欧洲甚至全世界的银行都在法兰克福有分部，因而构成了一个高楼的天际线。所以说物质世界的事实不能够解释这种现象，而是行动者决定了这个城市最终的发展方向，所以法兰克福必须去适应这种物质世界，打更好的地基去建造这个天际线。

再说慕尼黑，其实慕尼黑本身是德国最适合建高楼的一个城市。在座的听众有没有去过慕尼黑呢？慕尼黑有两三所建筑比圣母教堂要高，但是它更多地具有一种乡村田园的风景，它有皮裤有电脑，却没有法兰克福那种天际线。所以我们看到慕尼黑的城市背后是一个行动者，它是地方政府的一个决策，这是很关键的驱动力，它希望无论是在慕尼黑还是在巴伐利亚州，它都能够展示这样的一个形象——慕尼黑是一个

图 5-4　休伯特・海涅特教授

非常美好的、宜居的城市，它要打造的就是这样一个形象。中国比德国更关注城市规划的规则，城市建设会有一个政策性的导向。在执行层面的研究中，我们知道所有的行动者，如果他脑子里有一些固定的参照物，或者当地已经组成一个团体的话，他只知道以某一个方式来认识世界，与之相对，一个机构的制度建设都会往这个方向去发展。还有一个基础工作是投资，另外就是执行层面的工作，在华盛顿有制定法律和具体落实执行两个层面，我不知道中国是不是这种模式，但是当地的某个城市或者某一个城区，一定有自己的理解去执行制度与规定。这个世界由怎么样的组织构成，它怎样运营，行动者都有自己的独特理解，这就是我们所讲的实证方法的核心。

作为一个研究者要解释行动者的行为，我们不能以某一个行动者的形式来解释，因为行动者具有一个支持结构和支持系统。我们可以说法兰克福的城市发展挺机械，尽管它的物理条件、基础条件并不适合建造高楼，但是它希望这样做，为什么？为了使我们学者能够解释某一个社会空间为什么发展这种决策吗？它也想知道这样一个城市的行动者如何诠释这个世界。这基本上是我刚刚所讲观点的概述。

行动者应该有相应的理解：我们面临什么样的问题？我们面临怎样的条件？比如说对于某些政策的决定，还有什么创新的可能性？需要使用怎样的知识来解决这个问题，或者采取相应的政治决策有怎样的必要性，它不是客观决定的结果。作为一个学者，这个世界到底怎样运转？在此有没有相应的一些法律法规？还有对于一些必要性的应对或反应，我们是不是要花费很大的代价？（这些都是我们要去探究的问题。）但是我想法兰克福这个例子，尽管它的物质条件并不是那么理想，但是它完全可以通过自己的理解和理念采取相应的应对措施。这样的制度条件，恰恰能够找到一条出路。这就涉及行为的可能性，如何来进行处置，然后来进行相应的限定，这就是我们的理解目标，行动者带有某种目的或某种意识，在社会环境或者物理环境中落实，所以它不是一个客观的支持，而是行动者和所认识的这个世界具备一定的因果关系。他们采取相应的行为，然后通过这样的行动得出一个结论。也就是说行动者经常在考虑，我们怎么样来认识这个世界，我们采取怎样的行为措施来设计并落实计划。我们作为学者，要认真严肃地诠释行为者，然后去了解它在城市发展当中起到了什么样的作用。我们也会谈到知识的规律，因为这样的诠释也需要一些相应的知识背景。对于城市是这样，我觉得对于高校也是这样。豪斯博士也知道我常年担任系主任，我发现人们对于组织的运转存在一些误解。说到气候的变化，慕尼黑和法兰克福的反应完全不一样，我经常强调地方的政策在各个城市中有很大的差异。

二、互动的机制

下面，我将进入下一部分，中间跳过了一点内容。接下来要讲的是，互动的机制不仅仅涉及个体对世界的认知，而是涉及一个空间问题。对于城市来说，它是作为正确的或者合适的方面，也是作为最合理的一些行动的方式，所以我们的语言非常重要，怎么样进行诠释？怎么样实行？怎样理解行动者通过沟通来帮大家了解这样的世界？

比如说地方的气候政策，刚才说到法兰克福、慕尼黑和斯图加特，前面提到了一个研究比较项目，它的机制就是通过沟通的互动来把它融合在一起，我们进行了大量的访问，然后评估了很多文件，从中可以看出慕尼黑怎样来制定它的气候政策。法兰克福的方式就不一样，它的第一个机制就是观察他人，借鉴他人，然后来确认对自己来说哪些是重要的部分，它是不是要修改。市民希望自己的城市和另外的城市完全不一样，这是市民的想法。但是我们首先想到的问题是——我们周边发生了什么情况？这种心理不仅体现在政策层面，实际上已经体现在我们的行为中，别人是怎么做的？我是模仿人家，还是跟着别人一起做呢？这是一个问题。在有关城市的讨论当中，我们经常提到城市和城市各不相同，如果这样，是不是要学其他城市的经验，学其他城市的做法呢？

如果大家关注欧洲联赛的话就知道慕尼黑队是德甲的豪门强队，所以它会有进行二氧化碳减排的自我意识。法兰克福也是如此，法兰克福的足球俱乐部没有慕尼黑那么强，但是还行。斯图加特相对来说比较保守一点，它要重新考虑如何获取更多效益，它没有法兰克福和慕尼黑那么雄心勃勃的目标，但也投入了很多的经费，它既在观察其他城市，也在思考自己的发展。

在日常生活中，我们会和学生进行一些适当的交流，我们会看别人怎么做，然后（决定）我们是不是要进行相应的调试，从跟随者的角度出发，我们是学习和别人一起做呢？还是要起一个领头羊的作用呢？对于这点要考虑得非常清楚，非常明晰。如果有的城市制定比较宏伟的、前瞻的气候政策目标，那我们怎么办?慕尼黑通过一些方式比较后,在二氧化碳的减排方面,对撒哈拉沙漠的设施进行了投资,也提供了帮助,因为二氧化碳排放是一个全球性问题。那为什么不在慕尼黑采取一些相应措施呢?撒哈拉沙漠有很多的太阳能,那我可以通过太阳能来为全球二氧化碳减排的任务做贡献。那么慕尼黑就有自己的能源供应商,而法兰克福也有能源供应商,但是它们的供应商不是同一个人。但法兰克福的二氧化碳减排方式,更多的是通过保温层来进行既有建筑的改造。夏天须降温,冬天要取暖,法兰克福人在这方面可谓世界第一。我们只能够通过高楼居住者的感受,去考虑不同的能源措施。我们要有相应的参照点。比如说,我们可以利用可再生能源,这也是一个解决方法,而在慕尼黑则可以采用其他的减排方式,不管在哪里,总会有一些新能源、隔热保温等减排措施,这个是加在建筑上的价格成本。而法兰克福人对慕尼黑所采取的措施并不感兴趣,也就是说,各个城市所采取的措施、对策都不一样,因为各个城市的成本分摊等都有不同的特点。有人说法兰克福那些保温隔热很好的房子租金很高,但那又怎样,对其他城市来说情况都不一样。

基本上说,我们只要以核心为导向,找到一个参照点,或者把它叫作框架,并且做出有理据的说明——为什么我要这样做呢?如果说你想有其他做法的话,那你要给出足够的理论依据去说服别人,然后来做出相应的判断。这个世界运行的机制或者说模式,都体现在这个参照点当中,我们要尝试去保护它,让它获得免疫性。在法兰克福,有很多零能源甚至是负能源的房屋,就是它自己除了消耗能源之外,还能够获得能源,我们称之为增能房。在德国,法兰克福的增能房是最多的。我们可以考虑使用一些制度上的方法,出台一些规章制度、法律等,制定一些目标,比如联邦德国所给的目标就像中国政府制定目标一样,那么这些目标一定是法律规定的,我们就必须去遵守它。为了实现这样的目标,我们要采取一些不同的举措。

也就是说,不同城市的行为方式有不同的成因。除此之外还会出现这样一些情况,政治学中的一个定义叫作重新贴标签。在前面的一些研究项目中曾经提到过,有些研究结果上海其实也可以考虑试一下,比如说交通政策方面,或者气候政策方面,不过在交通政策方面可能有一些可比性。也就是说每个城市对于政策有不同的理解,然后会选择相应的政策去发展这个城市,为公共事业做出贡献。在政策方面,气候政策是一个典型的例子。在德国,有些地方社区对一些有需求的人,不是给他们减少供暖的费用,而是帮助这些人支付供暖的费用,当然这是很大的成本支出。但是从根本上讲,它为有需求的群体提供财政支持。给社区承担供暖的费用,这当然是一个很大的挑战,那些在社会福利部门工作的人就很有压力,他们必须采取一些对房屋进行隔热保温的措施,去拯救这个世界,来达到减排的目的。这是非常典型的例子,给有需求的人提供一些帮助,然后重新对这些相应的行为贴标签。我们和朋友交际的时候可能也会这样,在某个团体里面,每个人的意愿可能会存在差异。小孩子在这方面就很好,我有三个孩子,他们就能够很好地给自己的需求贴标签,他们会很好地表达他们需要什么。这就是一个机制,是我们通过实证主义所获得的机制。在气候政策当中,这起到一个重要的作用。城市的选择,或者说城市的一些债务等,如何产生这样的情况,这个城市怎样处理这些问题,这是一个非常有说服力的模式,我们在日常生活中做出决定的时候,也可以使用这个模式。在这种模式中,其他行动者也可以表达自己的意愿,我们把它称之为一种创新,这是一个重要的体制。

诠释主义的理论原则表明,我们是在城市的各个空间中活动,在各个城市的各个部分和其他人进行互动,所以必须和其他人取得一个共识,就是要有一个规范、标准,来框定什么才是正确的行动。我们要去诠释这个世界运行的方式,或者世界运行的规律,进行了一些实证性的研究后,也证明了一些有作用的机制。说到机制,怎么样组合才能产生效应呢?通过研究一些实践案例,发现一些地方的领导,比如市长或者其他领导人,他们在不知道效应的情况下,并不会去实施政策。比如说,北京的政策和上海的政策就完全不一样,当然这时候我们需要在这之间找到一个参照点,要去了解,去找到一个很好的论据,找到一个共识。我们可以联想自己的交际,实际我们会知道自己的界限何在,然后会把它投入自己的交际实践当中,进行策略性的实践。比如市长想改变气候政策或者实施创新措施,他会考虑如何做出决策?在怎样的政治方向上前进?在这时,就需要和其他的城市进行比较,要采取一些措施,学者称之为贴标签。在这个项目里,我的同事豪斯教授也有参与,我们的研究结果认为交际的互动机制非常重要。每个城市都有自己的一条主线,也可以称之为故事线,每个城市各有不同。最重要的是去理解这些城市怎样搭建、怎样架构各自叙事的方式,去理解为什么每个城市对世界运行方式的理解和角度存在差异。

作为一种主导性的视角,我从这个项目推导出了五个要点。首先是叙事模式。在这个叙事模式中，我们需要什么？问题是什么？最终可以改变些什么？什么需要被改变？当然这听上去非常抽象，可以结合豪斯教授待会分享的关于法兰克福、多特蒙德的比较研究项目。如果有同学去过德国，就会了解到多特蒙德是鲁尔区一个非常古老的工业区，甚至在整个欧洲都是非常古老的工业区。这个地区存在一个很大的问题，就是工业的衰败性，这其实是一个社会问题，并不是多特蒙德城市特有的。左派的行动者会认为这是全世界的一个共同趋势，是无法解决的。这当然是很大的危机，但是实际上，我们还面临很多其他问题，而且对此无能为力。另一方面，法兰克福也存在问题，但它面临的问题不同：它的空气比较糟糕，交通状况也不好，另外还有住房短缺，这是城市自己造成的问题。按照法兰克福的逻辑，这些问题应该通过自身努力解决。而多特蒙德却不会设法解决。我想每个城市都面临这样那样的问题，要自己想办法去解决。

所以问题可以延伸到第三点，我们进行了一个案例分析，探索如何将过去、现在和未来联系在一起。多特蒙德的过去很辉煌，重工业非常强劲，现在却面临着失业率提高、年轻人外流以及未来如何发展的问题。而法兰克福是着眼未来的城市，法兰克福的老城已经被彻底破坏，现在法兰克福将老城进行了新建，对于东亚游客来说，如果去法兰克福的话，会看到它是着眼未来的城市，它的机场是一个国际大机场，如果有时间去游览这座城市，那么就会看到老城，看到欧洲中世纪的城市。它有很辉煌悠久的历史，但是这个新建的老城和原来的老城没有任何联系，二者之间是割裂的状态。罗马帝国时期，老城有教堂，还有一些皇家设施，但是这对它来说并不重要，法兰克福现在做的一切建设都着眼于未来，想快速地进入未来的时代。而多特蒙德有道路问题，卡车货运问题，还有污染问题——它的空气中弥漫着一种恶臭。虽然德国的一些城市会限定一些造成大污染的中型卡车，但是能完全做到这点吗？这种情况在日常生活中大家都会碰到，一些具体的问题不是那么容易解决的，甚至可以说束手无策。

那么，法兰克福做了哪些事呢？我们有一种开玩笑的说法，法兰克福勒斯特联邦公路上竖了限速牌子，高速公路限速 2%，有的地方则限速 30%。对其他城市的一些行动者来说，这可能不行。而法兰克福的市长找到州长，然后联邦交通部部长说希望能够这样做，这种行为的合理性在于希望立足现在，着眼于将来的目标。可能现在我们还找不到问题出在什么地方，但最起码我们得看看有没有采取这样措施的能力。也就是讨论一下，未来我们的行动能力在哪里，如果碰到这样的问题，谁来负责解决？如果你解决不了，找不到解决方案或者找不到人来解决的话，那么问题就不能得到有效解决。

具体来说，我们的项目得出一个结论：政策问题或者城市行政管理问题，它可能也是社会参与者和行动者的问题，如果有问题的话，应该由城市自己解决，也可以将其看作一种惩罚。法兰克福相对来说比较自由，如果产生问题，会由当地社会自己想办法解决，因为以前它有一个很强势的领导人。还需要考虑问题的迫切性怎样，有没有可能进行快速的变化？我们看到法兰克福的做法，法兰克福觉得上面的领导层动作太慢了，他们讨论一个问题可能要两年，所以什么事情基本是法兰克福自力更生。法兰克福的女市长会说我们自己做，只要向上面汇报就行，不需要上面来帮他们做。这是我们的一个研究结论，我觉得这是研究项目的一项优秀成果。

在法兰克福，如果你要去理发店理发，必须提前预约，不会坐在那边等着，预约好再去，到时间就可以给你理发。在多特蒙德或者伯明翰，他们会直接去，坐在那边喝一杯茶，喝杯咖啡聊聊天，然后等待轮到你剪头发或者烫发。怎样去理发店理发也是我们的一个(研究)维度，可以看出一个城市实践中的行为节奏的情况。虽然有点夸张，但这个例子可以支持我们的研究结果。

最后一点，我们也进行了论证，对于社会科学研究，认同是一个核心的议题。我们和在座的各位肯定存在差异和区别。如果大家的距离越变越远，行为能力就越来越小。所以我们越发感到，对社会共同体和社会空间来说，我属于哪个团体，即身份认同，是一个非常重要的要素。

比如苏格兰的格拉斯哥有一个足球俱乐部，这是它宗教团体传统的一个典型分裂，这也可以追溯到欧洲重要战争的一种形态。但对于城市的讨论来说，对格拉斯哥非常重要的一点就是他们要结成统一战线，团结起来一起干，这是他们的理念。所以关于城市的讨论或者城市理论，它不会涉及乡镇的分类、差异、分裂，更多涉及一种共同的认同。因为不同个体的行为能力存在差异，法兰克福和它周边的阿芬巴赫的做法存在差别，存在一些界限。这样的交际沟通如何运营？中德之间存在这样的区别和这样的割裂吗？

在德国现有的一个城市创新项目中，我们研究了一个黑森州的南部地区，对中国来说，它是小城市，只有四万人，但是对于欧洲来说，它是日本铃木的一个重要高科技基地。如果你看牙医的话，牙医诊所的座椅就在那里生产，它的生产有两个彼此相对立团体。我们在一个访谈中提及，在下一代人当中，希望当地的组织能够团结在一起，它需要有一个协会，而且还可以看到这些当地的传统得到了很好的保持。非常有意思的是，它是城市防护的符号，因为它离法兰克福机场比较近，为什么铃木会把它的生产基地放在那边？它有内在的原因。因为全球各地的工程师到达这个城市都很方便，也就是说它的发展并不出于当地的根基，更多依靠一些外来人员，也就使得法兰克福保持了一个乡村田园的风格，有葡萄种植基地、葡萄酒庄，还有一些田园风光。所以在这个研究过程中也举了这样一个例子，如果有当地人和外来人员的社会阶层割裂，外来人口在创新研究项目中也会产生比较有建设性的意见。

我非常期待在座的各位提出问题，如果大家有需求的话，我也希望进一步讲解我们的理念和项目情况。

朱伟珏教授

非常感谢休伯特·海涅特教授给我们带来的精彩演讲，他主要研究城市之间采取的行动为什么会存在差异，休伯特·海涅特教授的演说很具德国性，相较于跟很多美国学者的交流，我个人感觉两者存在很大的差异。另外，刚才休伯特·海涅特教授讲到他对德国气候政策的重视给我留下非常深刻的印象。在 2014 年年末，我在法国巴黎参加了一个大型国际会议，并去里昂出席了一个有关住房的论坛，主要讨论住房如何应对气候变化。我是论坛的中方负责人。论坛上，有学者专门介绍了德国的被动式住宅，讲解了被动式住宅如何防止气候变暖。法国人对被动式住宅有很多研究。我记得我们一起去参观了里昂的一个被动式住宅项目。此次会议给我留下的印象是，西欧国家对气候问题和环境问题十分关注，把环境问题看成一个最大的政治问题。与中国的情况很不一样。虽然近年来，我们也开始重视环境问题，比如上海开始着手准备垃圾分类，但还没有将其上升到政治层面。在环保和气候问题上，西欧城市和中国城市之间存在很大差异。我们研究城市之间的区别，但是应该怎样去理解其不同，休伯特·海涅特教授的演讲给了我们很大的启示。下面有请豪斯教授发言，他的题目是“崛起的城市，民族国家的衰落”。

迈克尔·豪斯教授

崛起的城市,民族国家的衰落

图 5-5　迈克尔·豪斯教授

尊敬的各位同事、同学们,大家好。非常荣幸受到参加这次论坛的邀请,能和大家进行学术交流。不知道我的报告能否对海涅特教授的报告有一个很好的补充,因为我们共同做过这个项目,也获得了比较类似的结果,或者说我们的结果得出了比较类似的对城市发展的一些启发。这个问题是城市扮演的重要角色,特别是在评判政策的时候城市所扮演的角色,我们发现城市在崛起,而民族或者国家反而在衰败,而另一方面是不是这样一种关系呢?还是说有其他的情况?这就是今天要来讨论的问题,我们会看到城市方面的一些发展变化,怎样去理解这些变化,就是我今天报告的主题。

面对崛起的城市,我们怎么样去与它打交道?我举了一些亲身经历的例子。作为学者,我曾经为巴伐利亚电台做过一些项目,他们问我能不能以专家身份主持一个广播节目?这个节目叫作“城市的百年”。从这个例子中我们可以发现在德国或者在其他国家的公众媒体中,大家对于城市给予了越来越多的关注,即在公共话语中对城市的关注越来越多,大家乐于去讨论城市发展的一些问题。我当时非常乐意参加这个节目,也做了一些报告。所以我作为一个学者,发现城市这个主题在德国的媒体中越来越重要。

当然它也受一些不同的因素影响,第一个是学者的一些态度和观点。这里我想推荐一本本杰明·巴本的著作,在广播节目当中我也特地提到了这本著作,作者两年之前去世了。可能他在西方并不非常知名,但是他曾经进行了很多研究。在 80 年代和 90 年代的时候,西方国家展开了一场大论战。21 世纪初,他自己研究了这些问题,产生了一些非常好的研究成果。《如果市长来统一全世界》是他这本书的书名。我和市政府的一些相关人员曾经讨论过这本书里的一些理念:如果这个世界是由市长统一治理的话,可能这个世界会治理得更好。当然这是比较有疑问的论点。

第二个方面，我们越来越多地注意到城市不仅仅是在自己的领域中进行政治实践，即自己的政策抉择。因为德国各地方，比如每个社区或者是每个城市，它有自己的任务，比如能源供给或垃圾处理等，这在德国是非常重要的一些议题。除此之外，在公众当中，城市还有非常重要的一项任务，就是和越来越多的城市进行联盟，进而获取更多的灵感，做出更多的城市政策，比如说去进行一些城市的实践。行动者共同进行一些活动来达成联盟，比如说市长或各个城市之间，政治家或者公民之间，它对于一些特定的主题，比如说可持续发展，或者社会公平、经济、难民危机等问题进行探讨。在这些城市联盟当中，最常见的就是去处理社会上比较热议的一些问题。这些城市联盟也有自己的一些纪要，或者一些守则。比如说南欧的城市联盟，在欧盟的这个大背景下，欧盟成员之间打交道的方式，或者成员之间的团结情况，在南欧和北欧的情况就不一样。南欧的一些城市，在地位上可能不是很强大，所以它们的原则或者所考虑的首要问题就不一样，它们对欧盟的一些政策就有不同的理解或诠释。非常有趣的一个细节就是西班牙的城市，80 年代以来，西班牙有非常多的矛盾冲突，比如地区之间的矛盾冲突，可能某些地区的政治家，他们所实行的政策，实际上与西班牙政府所推行的政策不太一样，可能是因为这些地区有非常严重的党派冲突。在城市的一个协作网中，比如说费勒斯特这个组织，马德里的女市长和波特兰的女市长，她们在费勒斯特组织里面都非常强势。在西班牙中央政府和加泰罗尼亚地区的矛盾中，有一个根本性的问题——加泰罗尼亚现在要闹独立。但对于一个城市的合作网络来说，大家更需要去避免这种分裂情况的产生。两位市长都是非常富有魅力的政治家，对于城市也有非凡的认识。马德里的女市长超过 70 岁了，在这个年龄还能够担任马德里的市长是非常不容易的。巴塞罗那的女市长是一个年轻的女性，有很多人不赞同她，所以在这样的一个城市中，在目前这样一个竞争的、矛盾的情况下，面对一些挑战，比如说难民问题，如果要去执行或推动一个新的政策的话，那应该如何来做？大家要考虑到追求民主，还有坚守社会民主等理念，这就会是一个非常有意思的现象。也就是说城市会有自己的理念，然后在民族国家的一个框架里面提出自己的方案和想法，并且去执行。这样一个新角色，是一个在地方层面对整个政策起到一定的作用的角色。

但是单靠一个民族国家无法解决全球化带来的问题与挑战，因为民族国家有界限，有国界，所以它会有很大的问题。比如说难民危机，从非洲、中东地区到欧洲的难民潮,这个问题超越了一个民族国家所能解决的范畴,很多城市都有自己的立场和观点。举个例子,比如波兰的丹泽,波兰的难民政策是非常严厉的,它不愿意接受难民。丹泽的市长说,不是他们不愿意接受,而是波兰政府不愿意,不允许,那城市怎么办?在这样的情况下,国家不同意,但城市愿意。那么就需要去看它怎样处理这样的矛盾,然后执行相应的预案政策。

我想指出另外的一个现象,刚才我的同事已经提到,城市作为一个创新的地区,更多的是在创新方面加以强化。休伯特·海涅特教授也提到对于学者或城市规划师来说,做城市研究都要把一些创新的东西和城市联系在一起。所以在今天的交流过程中,都不会是一些个别的解决方案,而是一整套的解决方案。举个例子,比如说智慧城市这个理念,它是一套有关智慧城市的解决方案,同时也得到了学术界很大的支持与帮助。它提供的是一系列有关城市的新理念,从而使城市生活更加智能。同时还有很多技术解决方案,比如说互联数字化、全新的交通组织方案等,这些也是智慧城市的一个方面。当然还有很多其他的理念可以放进去,我只挑选了一些核心理念。

在21世纪的发展过程当中,城市被推到了台前,也凸显出它的重要地位。在我刚才提到的广播节目中,我们谈到了很多的城市案例,因为这是一个谈话节目,有各界人士参与。其中,我觉得权力的转移是一个非常有意义的问题,也就是说民族国家将更多地将权力交给了具体的城市。

关于权力转移,我在这里提出四个相关的问题。如果时间允许的话,第一个问题是可以单独提出来思考的。讨论权力转移,我们可以考虑是不是必须这样?如果不是,那(权力转移)就有可能是不存在的概念。另外,某一方获得权力,是不是另外一方就会损失呢?权力的失去,是不是有相对应(权力的)赢得?如果城市获得了相关的权力,是不是意味着国家就丧失了某些权力?或者说城市获得了相关的权力,但国家的权力也没有完全丧失?这是一个理论上的问题,我们就不去进行更多理论层面上的探讨了,最关键的问题是要谈论权力的问题。第二个问题也可能会被提出,我们大家对于城市的期待,它是可测的吗?是不是达到我们所预期的目标,城市发展就能够实现?他们有没有现实的可实现性?第三个问题是,城市到底是什么样的一个概念?它是指城市的一个管理部门,或者是城市的一个居住区?我们怎么样来定义这样的一个城市？最后一个问题，如果城市得到了一个越来越重要的地位，那么这些城市有什么区别？

作为一名学者，我们要解决公众对于城市的认识问题，或者解决他们的一些疑惑。我刚才讲到的几个问题比较抽象，现在我转向一些具体问题——城市到底是什么？城市之间的差异在什么地方？

一、城市是什么

我可以补充刚才海涅特教授所讲的这些内容。城市到底意味着什么？我们可以简单地看一下图 5-6，这些是不同城市的展现，它也有差异，尽管视觉上都很美。像巴黎的埃菲尔铁塔，还有上海的浦东，我们可以通过城市的生活——比如城市人群是怎样移动——来展现城市。我们也可以用一些比较抽象的方式来展现城市，比如城市的地图或地铁路线图。我们可以用不同的形式来展现一个城市，这些方式是我们日常生活中能够体验到的经验。如果从学术的角度来考虑的话，是不是能够给予城市一个定义？在社会学当中，在社会科学的领域，或者是跨学科的领域当中，有没有有关城市的一个概念性描述，或者对城市概念的诠释？

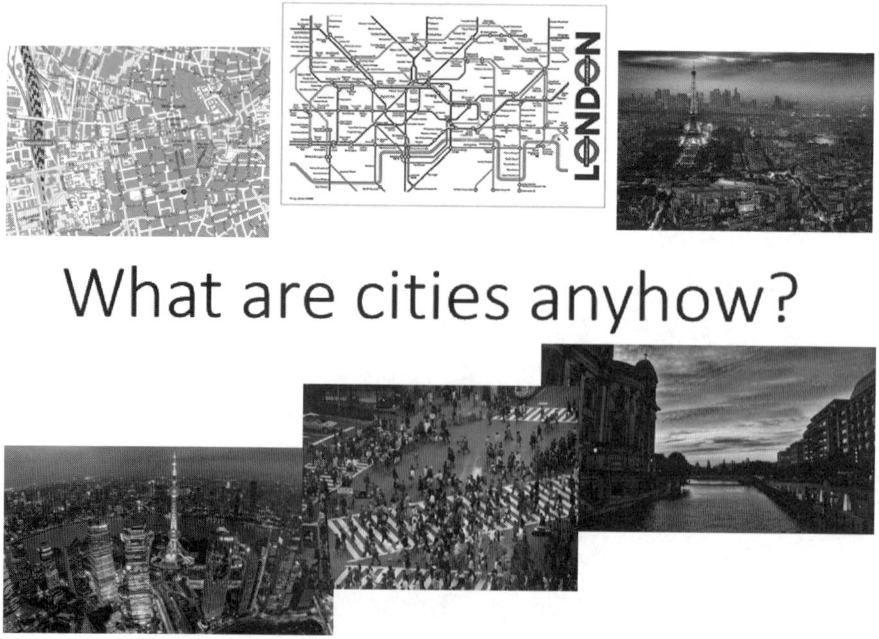

图 5-6　不同的城市

回答这个问题有三个不同的角度和方法。有的学者认为，澄清具体的概念性问题是学者的任务，我们要将客观的概念尽可能地汇总，进行理性的诠释，比如“城市主义”或者是其他大家可能还不那么明确的概念，我们要给它一个精准的定义和诠释。而第二个方式认为不需要这种定义，要放弃对城市进行学术方面的概念定义。首先要看在社会的领域当中，它的运用程度怎么样？城市的概念是语言使用中的核心词，而对于学者来说，可以考虑它在语言的使用中，到底以何种形式存在，如何在语言当中被运用。我把它称之为文化的角度，我们如何去诠释它？我们不是唯一一个去观察世界的人，当然我们希望我们的角度是像其他人一样去观察这个世界，诠释这个世界。第三个角度我称之为理论角度，就是我们有特定的理论模式，基于某些概念的一些特定的理论研究方法，比如一个城市我们叫它 X，我们怎么样去处理这样的概念，实际上首先要给它一个科学的定义。

当然一旦有了这样的定义，就要给这个定义一些物化的特征。学者们会有一些依据和标准去定义这个城市，比如说大城市的标准是什么，什么是大城市。而规划者的标准可能不一样，比如它是一个城市，还是一个发展区。如果人口超过 10 万的一个城市，那么就可以定义它为一个大城市，这是规划者的一个标准。而政治学专家们的标准又不一样，他们把城市作为一个政治管理的单位，它是一个特定的区域，在这个意义上，城市就意味着一个固定领域中的公民活动。除此之外，相信还有不同的人从不同的角度给城市一些相应的定义。

举一个例子，图 5-7 是巴黎附近的圣丹尼斯区域，它位于巴黎大区附近，圣丹尼斯距离巴黎大区非常近，所以我们经常把它们称之为距离非常近的两个城市。巴黎大家都知道，这是非常著名的大城市，肯定会使人联想到很多东西。但是圣丹尼斯并不像巴黎这么知名，那边是山城，我们对它知之甚少。圣丹尼斯其实是一个区，拥有超过 10 万的人口。如果采用刚刚我们对城市的定义，从人口这个标准来说，它就算是大城市了。圣丹尼斯在

图 5-7　圣丹尼斯

旅游业上有非常重要的意义，因为它是巴黎的一部分。圣丹尼斯有一个最大的天主教堂，它是旅游项目的一个部分。如果我们去旅游的话，从圣丹尼斯的步行街道上就能够远远地看到这个大教堂，非常雄伟壮观。再从城市规划或政治角度上看，圣丹尼斯可以看作巴黎的郊区。巴黎是一个市中心，就好像法兰克福市中心一样，在那里生活的人大部分受过良好教育。而在郊区生活的人，往往问题比较多，比如一些有移民背景的人，而且那里的失业情况比较严重，这些问题在圣丹尼斯都有所表现。圣丹尼斯市在巴黎所有的小区中可以说是一个问题比较严重的社区。这些问题从何产生？为什么会产生？

如果我们把巴黎看成市中心，那么可以把圣丹尼斯看成它周边的一个郊区。从学术角度来说，圣丹尼斯也是学术界的一部分，因为圣丹尼斯有巴黎第七大学。巴黎的大学都是按照数字去区分的，根据不同的地区，用数字编号去命名。就大学的系统而言，或是从学术界来讲的话，圣丹尼斯是巴黎的一部分。如果从管理的角度来看，它也是巴黎的一部分，也就是说它是大都市的一部分。所以在圣丹尼斯的周边区域，我们也会试图去实现一些城市的规划。从这个角度来看，不管巴黎还是圣丹尼斯，（它们）同样可以用来说明城市定义的问题，我们没有通过物化的具体途径去定义圣丹尼斯到底是什么，它是否是一个城市？我们可以说圣丹尼斯是巴黎的一部分，也可以说它不只是巴黎的一部分，它自己本身就是个大城市。如果我们采用不同的理论标准，得到的结果可能就不一样。这些城市之间互相隔离，彼此分开，但是从社会学的角度上来讲，它们会有一些共同点，但也有一些不同的界定方式。

下面是我们在达姆施塔特工业大学所做的城市研究，表明了我们对城市的理解。从文化角度或者理论角度对城市的理解，这两者之间有所关联。从理论角度来讲可以把它视为新马克思主义的一部分，它把城市主要看成一个结果，或者是一个开始，或者说是一种效应。城市发展和资本主义相关，资本主义的发展需要城市，各个城市会根据资本主义不同的要求发展成不同的模式和不同的形态。在资本积累的过程中，它会在这样的一个社会空间中进行资本的积累。另外一个对达姆施塔特学派来讲非常重要的角度，我们认为城市不仅仅是资本主义产物，而且是现代社会组织的一个补充形式。这个补充的形式起到调节的功能，也就是说它不仅仅是一个城市，它同时也是一个国家层面下的城市。谈到城市，它有一些基本任务要完成，要去适应现代社会。

有些任务只有城市才能够完成，才能够实现。国家规定内部应该是怎样的，以及外部应该是怎样的，它会严格区分内部和外部。国家讲究的是同质化，政府、法律以及政策都必须形成同质化，而城市的特色是完全相反的逻辑，这样的互动会形成一种融入，人们可以跨越界限进行一些活动，虽然中国国情不同，但是我相信在这方面中国也是一样的，城市居民有一定的流动性，可以在城市之间进行自由的移动。

一些古老的城市会有一些同质化现象，会有一些共同性。但与此同时，每个城市都有一些特性，在人们的社会行动能力、活动能力、经济、宗教或政治等层面，城市都会有自己的一些特性，因此各个层面有不同性，也就是异质化。人们在这样的一个空间里，会采取一些非常密集的活动。我们看到人们会面临各种各样不同的情况，比如贫富差距或者城乡之间的差距，以及不同的生活空间等，城市试图平衡这些差距和矛盾冲突。因此我觉得这是一个很好的出发点，让我们去了解城市以及城市的组成，探索什么构成了这个城市。这个城市的边界到底在哪里，这个问题并不重要，重要的问题是从融入的角度去诠释城市，而不是从边界区隔这样一个角度去理解城市。

我们可以把它和文化理解相结合。城市不仅仅是客观存在的地点，城市有很多文化的因素，不管是圣丹尼斯，还是巴黎或上海，我们要看到在这个地区生活的人，他对文化的感知是怎样的，比如说语言或者一些特定的场景，或者一些社会实践等。比如说我想让一个人离开这个城市，我要去说服他，什么是他在这个城市生活或者离开这个城市的动因？有一个非常有趣的现象，在伯明翰，去介绍这个城市的某一个地区是非常困难的，不管是政治上的一些行动者，还是社会上其他行动者，他们一再强调，像伯明翰这样的地方把它作为一个空间或者作为一个城市去介绍是非常困难的，而其他的城市非常简单。因为别的城市的各个街区都比较容易描述，而伯明翰却不是这样，在这里我们需要找到它们之间的一些联系，这些联系比较有趣。

在伯明翰，人们的活动和其他城市人们的活动完全不一样，伯明翰和其他城市的实践，或者说我们感知到的东西完全不一样，非常重要的一点是城市的规模。当然我们非常了解城市是什么，只要给我们一些信号，例如通过一些文化的条件等，就会提供一些对城市的想象。问题在于城市的组成是什么？怎么去理解文化的建构，包括人们如何去理解真正的城市，何谓城市？作为一个人如何去感知这些条件或者这些因素？我们不知道上海到底是什么，因为没有人有这样一个概述能够去介绍城市，但是我们能通过和其他城市的区分，去获得这样一个认同感。

还有一个经常会出现的情况，就是很多时候我们是无意识的，我们的实践是一种不言而喻的行为。就像我们在做科研的时候一样，我们会去关注这个城市社会实践如何去运行，即关注城市的内在逻辑。关于城市的不同形式，我想有两个方案可以进行应用，两种科学研究的方法：一个是它的独特性；另一个是它的同质化。从独特性角度来说，如果进行城市间的比较，可以试图去得出每个城市独有的存有方式，比如通过社会生活的方式来看待它和其他城市的区别。

作为研究者，能够展现出每个城市是独特的存在，它们有自己的社会生活方式，城市的独特性体现在社会实践的各个领域当中。城市的同质性有一个可以得到证明的类似逻辑。就像海涅特教授前面讲到城市的同质化，比如在法兰克福或多特蒙德理发，通过这样的例子就可以看到法兰克福和多特蒙德的城市管理和城市发展的情况，以及社会生活的情况。在不同的领域中，比如在一些经济活动或是政治活动中，包括文学描述、侦探小说中，都能找到一些类似的内容。多特蒙德和法兰克福有一个共同的区别，就是对问题的讨论，还有就是它的侦探小说，这很有意思，听上去可能比较滑稽，但事实确实如此。在报纸中可以发现，法兰克福被提及的次数非常多。在展示的过程中，很多问题就把它描述为法兰克福的形式。不仅仅进行问题的展示，同时要把法兰克福这个城市的名字多次提及。作为法兰克福人，我们要解决这样一个问题，但是多特蒙德不是这么回事。在侦探文学当中，法兰克福也会被经常提到，但多特蒙德反而很少被提及。这点也非常有意思，它是一个意外，还是有一些相应的内在联系？为什么在文学作品中，法兰克福会多次被提及，而多特蒙德则很少被提及？是不是这么多故事都是在法兰克福发生的，而在多特蒙德发生的比较少呢？大家会考虑到这是它的一个同质化。如果利用这些方法来进行研究，就会觉得特别有意思，这就体现出这个城市可能有城堡、要塞这样的历史因素。在各个领域中，挖掘城市之间的区别，可以对现有的条件进行分析，然后通过我们的观察和对比找出它们的共同点。

城市之间存在差异，我再次强调一下海涅特教授的观点。但是现在要提出这样一个问题：随着城市的地位越来越重要，那么民族国家的概念和地位是不是会越来越淡化？在这个项目中，我们对四个城市进行了比较，面对不同的问题，讨论和关注的方面也不一样，也得出了不同的解决方案，当然它还需要进行进一步的研究，如果大家感兴趣的话，我待会可以给大家再介绍一下。这就涉及城市的独特性，也就是揭示自己面临的问题，并且展示它的一个解决方案。

二、对于未来城市的期待

下面这些问题涉及对于城市的期待，在我们公共的报告当中或者是讨论中，是不是可能实现？至今为止我提出这样一个问题，我和海涅特教授的意见都是统一的，我们都代表这样一个观点：城市因为存在差异而重要。(这)可能不是一种意外，尽管它的政策执行也不一样。正如我之前提到的本杰明那本书中提出"未来城市将决定世界的命运，国家不会再有很大的影响"，该书的核心观点就是国家的功能的缺失以及城市的崛起，但我对这个观点存疑。问题在于市长是否真的能够管理得这么好，这个当然存在问题，如果能够管理得那么好，也许正因为是管理城市，所以他们才能管理得那么好，如果管理世界，并不一定会得到那样的效果。所以会有相应的方法来分析我们的讨论，有两个学者观察了相应的文章当中有没有一些积极的因素将两个概念联系在一起，以及在某些方面加以区别和分离。一方面是积极的内在联系，另一方面是负面的、消极的联系，我们通过这两方面的描述，来传递政治方面的信息，并描述共同的利益将在何地方。

在本杰明的书中，他把城市推到了非常核心的地位。如果大家了解这本书的话，可以发现书中事事都是积极的。对于一个城市共同体的建设，不仅在思考领域是可持续的、可类比的，而且还是可以进行最佳的实践，整个变化按部就班地进行。城市也类似，比如洛杉矶和上海这两个城市有很多共同点，有多元性、有差异性，也有很多人聚集，比如设计师、建筑师，城市中也有很多美好的愿景，或者是全球化的愿景，或者是社区发展的理念都会得以制定，这是城市非常美好、积极的一个方面。

如果说一个事物只有正面的话，那也是不存在的，还要看到这个事物的反面。那么城市的反面是什么？这样一个世界性的构想完全是乌托邦式的设想，人类永远无法实现。也就是说城市会实行一些非可持续性的发展举措，以及一个非常糟糕的全球化策略，这是城市的负面。从本杰明的这本书当中，我们可以获得城市和国家的一种比较，来更好地分析这样的信息。

针对这样一个发展的分析，我提出以下的几种结果。第一，如果市长来治理世界，我们要对此提出异议。城市其实也是一个行动者，而且也具有非常复杂的机制。正如上海城市发展采取的一些措施，并不是市长一个人起到决策的作用，而是城市的各个网络系统、各个方面都对这个城市所采取的决策起到了一定的影响。第二，对城市的理想化想象，这个问题还能和其他的一些分析结果相结合，比如说好的城市或者说糟糕的国家。第三，我们还不清楚所谓城市的这些好的方面是不是就形成一种联系？我举个例子，本杰明曾经说到创造性的阶层，这样一个创造性的阶层会在民主或者社会公平方面有一些建树或者一些贡献。可是在很多的城市，这样一个所谓创造性的阶层，其实是一个部分，比如说绅士化的进程，就是受到了创造性阶层的决定性影响，他们这些人希望能够进入老城区，对老城区进行一些现代化的改造。这就是创造性阶层想要的结果，但实际上这非常昂贵，而且对于当地的居民来说，并不是一个非常好的决策。这些所谓有创意的人，他们其实非常任意，他们的想法很多时候都随心所欲。因此城市从概念上来讲并不都是好的，城市本身就是一个矛盾冲突集中的爆发点，它是一个非常动态的场景。第四，城市其实需要国家，因此我们既要看到城市和国家之间的一种矛盾或者说差异，也要看到两者之间的一个互补作用。当然，可持续性发展在城市中是一个非常重要的举措，也是需要我们去推进的目标。因为很多人在城市生活，而在城市生活，就需要有很多创新性的解决方式使市民能够可持续地生存下去。而单单通过城市的创新原则，我们并不能达到这个目的，或者说这样做的效果非常有限，所以城市其实很需要国家的集中调控。这是我给大家讲的一些非常重要的点。当然也有一些不同的城市，也有一些比较全球化的模式，城市与城市之间的互动也天差地别。

三、城市和国家的博弈

在报告的最后，我再提出一个问题，随着城市越来越重要，城市和国家之间的权力关系是不是真的是一个零和博弈？国家真的失去权力了吗？或者“城市越来越重要”后面特别加了一个问号，意思是，城市是不是真的是我们人类的未来，其实这也还是存疑的地方。

我想给大家介绍所谓崛起城市的一些不同类型，以及这些城市有哪些相关点。首先，城市被认为可以更好地找到关于可持续性发展的解决方案，那么如果说城市越来越重要，国家就会越来越多地失去它的权力，国家就需要去想到，在未来如何激发和促进城市去获得更多的创新理念和解决方案。特别是我前面提到的那些城市联盟在这里就非常重要，当然城市联盟之间也会有一些矛盾，但也会给出很多的可能性，比如在国家的层面或者在全球的层面能够寻求一些共同点，能够制定一些共同的政治目标，为制定共同的政治目标做出努力。或者城市也有可能会是一个反叛者，与国家之间会有一定的矛盾冲突关系。比如，美国有一些城市，它们并不一定会遵从中央政府的一些政策，它们遵循自己的城市政策，那么这些就是城市反叛的一些特性。一些有觉醒意识的城市，在城市与国家之间的关系中就会产生一些矛盾冲突，城市就扮演了反叛者的角色。最后关于城市和国家哪个更加强大的问题。如果说我们能够观察到所有的现象的话，城市是否崛起当然不是一种非黑即白的关系，必须对此进行一个区分，进行区别性的对待，在哪个层面上城市获得了更多的重要意义或者更多的权力，在什么情况下城市又扮演了反叛者的角色。并不是说一方失去权力，而另一方获得权力，而是国家和城市两者都会获得更多的权力。这样去看能够更好地获得处理现代社会问题的想法，获得更多的权力。

嘉宾对话

朱伟珏教授

十分感谢豪斯教授给我们带来的具有较强理论性的讲演，我想我们需要花费一些时间去消化这些内容。后面我们会请学生把两位教授的演讲稿整理出来，然后通过文字深入地去思考这些理论问题，可能更有助于我们学习。也恳请两位教授赐稿于我们，可以通过翻译来进一步学习。其实两位教授跟我们同济大学的联系很多，但是跟我们社会学系、城市规划这方面的联系反而不是很多，所以我想如果可能的话，我们可以借此机会进一步加深对德国城市理论的理解。因为我们现在受美国学术的影响比较大，比如像芝加哥学派，还有法国的米歇尔·福柯等理论。在德国城市理论这方面，我们更加熟悉的是卡尔·马克思、哈贝马斯等人，两位教授今天讲的这些理论，其实比较陌生。

图 5-8 演讲现场

现在开始下半段的讨论环节。主要分为两方面，首先请嘉宾来与两位教授进行对话，后面也会留时间给我们的听众，因为听众里很多都是我们的学生，城市的未来其实属于你们，所以你们的想法非常重要。城市这个话题，既非常具有理论性，也与我们的生活息息相关，这是一个难得的机会，希望大家在探讨中提供自己的想法。由于王郁教授去参加一个活动，由我来代王郁教授进行提问。第一个问题是向海涅特教授提的：在德国的城市当中，影响政策主体间互动方式的主要规则和逻辑是什么？然后我把第二个问题给豪斯教授：全球化时代，国家政府对城市网络的形成和发展变化具有怎样的影响方式？

休伯特·海涅特教授

我先来回应。关于德国城市做出的特定决策背后的逻辑，我之前呈现的那些，实际上与城市之间本身的差异无关，那些只是我就法兰克福和斯图加特这两个城市的情况而进行特定说明。就政治来说，关键在于描述的哪些维度、哪些机制或者哪些角度导致了差异的形成。

回归主题，法兰克福人面临的一些困难被他们视为挑战，这些是需要自己解决的挑战，所以他们只能靠自己，这一点豪斯教授也从城市所遇到的困难的角度提及过，这个问题被我归纳为“我们有困难但是我们可以解决”这一观点，这也可以被认为是典型的法兰克福式观点。

与此相反，多特蒙德人有一种父亲式的处事逻辑：我们没有办法，我们曾经很强大，然后工业化出现了，随之出现了社会性问题，比如失业、向外移民，甚至一些人口问题，因为这些都是社会性问题，所以自己没有办法解决。从革新的角度看，我之前提及过一个德国的小城市。他们有一个认知，就是无论困难也好，或者是可行性也好，这个城市的最终目标都是实现经济上的增长。他们在这方面也很成功，他们投资了很多学校，因为在德国这是一个地区性的任务，所以并不是所有的举措源于国家要求。国家会给一个指示性的目标，但是建造和赡养都要由地方政府来支付和执行。所以想要建造好的学校，需要地区层面做决定。这是为了留住那些根据国际化的网络而行动的人。为了留住他们，好的学校等文化方面的供给都是重要的因素。同时，我们也必须保证现代化不会太夸张，因为我们希望可以保留完好的大自然。有一些决定也可以给一些特定的行业带来工业方面的移民人口。在这座小城市里，人们本可以建造一个物流货运中心，但是人们并不希望这样发展，因为市民觉得这种发展与这座城市本身的形象不符。他们希望能有更多的高科技企业，而不是会带来污染和重载荷运输的货运企业。这算是一种行为方式，一个标准范围。这座小城市的标准就是要实现经济上的成功、国际化，但是从本质上来说还是一个保留了比较完好的大自然的城市。市政府内部也有这方面的争执，这座小城市的政府大部分是由保守的绿色政治的拥护者组成的，这座城市是最早一批绿色政治城市之一。现如今，绿色政治拥护者们在德国组成一个保守地区已经成为比较常见的情况，所以这个小地方政府的情况没有办法用笼统的逻辑来解释，而是要从他们认知中对典范、基准点、商业及部分矛盾的定义，这些因素促使他们做出决定。我差点忘了，对于这座城市中夫妻双方都在高科技公司工作的年轻高端人才来说，他们迫切需要儿童保育，这座城市 1/4 的资金都用在儿童保育上。这在当时是一个很大的诱惑，所以必须经济上很成功并且保留比较完好大自然的城市才可以负担得起。他们一定程度上将这个称之为一种知识秩序，即不是客观上会去接收的知识。他们相信如果我们从“我们需要好的基础设施、学校、针对儿童的设施、文化，这样才可以留住那些国际人口，而同时也需要让城市在经济上顺利运作”的角度影响政府和人的话，就可以从不同的方面引导商业。

我不确定这些内容是否足以回答您的疑问，不过简而言之，当我们提到城市制度背后的逻辑的时候，并不是一个像数学公式一样笼统的逻辑，而是通过讨论城市中的某个商业方面典范的定义，最后自然而然地得出某些单一决策的方向。

也许还可以用另一个例子来解释。在逻辑中包含了一些特定的模式，一个规律。在我们之前研究的城市中，就有这么一种模式/规律。比如我之前提到的法兰克福和莱比锡。在莱比锡发生纠纷的时候，这个问题不仅会被指明，或者用德文来说就是“被抱怨”，那些点出一个问题的人，会被要求同时也要给出一个解决方案。所以比如说我们现在有一个问题，市长、政府去解决就好了，这在这些城市中不会出现。在这些城市发生纠纷的时候，这个人点出了一个问题，然后大家就会问：“所以我们要怎么解决？”这个会增大行动的可能性。比如说之前在法兰克福的案例中提到过，城市本来不能在联邦大道上限速，但是他们这样做了。如果那些联邦的督察们来询问或者找麻烦，那就到时候再议。

在莱比锡，莱比锡现如今已经成为保时捷的主要生产基地，保时捷的卡宴好像就是在那边生产的。保时捷在 90 年代寻找一个生产基地，这些企业当时在全欧洲乃至全世界都在寻找成本最低的地方。莱比锡当时愿意提供给保时捷一条马路建立工厂，这条马路正好也是联邦大道，保时捷对这个政策非常满意。一年后他们在别处也没有找到更加合适的地方，所以还是回到了莱比锡，不过在新的规划中我们发现这条马路已经不在里面了，它消失了。莱比锡直接投资了一条马路，然后便以此作为商业谈判的筹码。

还有一个问题在德国、欧洲，估计在中国也很普遍，就是航空管制。莱比锡的机场有一个禁止夜间飞行的制度，然后亚马逊来到了莱比锡，想要在那边建造一个全欧洲的物流中心，虽然没有立刻实现，不过在短期内莱比锡的夜间禁止飞行制度就被取消了。这些例子想要说的是，我们这边出现了某些问题，但是也有相应的解决方法。所以我们没有反反复复讨论，而是有一个目标，就是发展莱比锡。而且在之前的德意志民主共和国，莱比锡是柏林以外获过奖的城市。莱比锡不仅会发现城市中的问题或者挑战，而且还会去尽力解决。出问题就直接让这条马路消失，在遇到亚马逊的机会时，也可以直接取消夜间禁止飞行的制度。从这方面来说，我们也可以认为这是他们自己的一套逻辑。不过在一个城市发现的逻辑也可以在别的城市中找到类似的情况，但是每个城市都有自己的一套逻辑，有时候这套逻辑甚至会被误解，但是一般我们不是看整个逻辑，而是寻求在其中找到某个特定的套路和模式，而这些也是值得学习的地方。我们可以研究这个逻辑的动力如何形成，有哪些值得我们学习的地方：当我们看到问题的时候不能光顾着抱怨，而是同时也想一想相应的解决方案。

图 5-9 演讲现场

迈克尔·豪斯教授

接下来由我来回答关于全球化时代，国家在城市网络建设中起到的作用的问题。对于这个问题我主要想说明四点：

第一，国家在一个城市的法治和政治自主权方面扮演着重要的角色。因为城市并没有太大的自主权，他们的行为并不能建立在一个不合法的、并未得到国家支持的基础上，这些行为都是在现有的自主权可以提供的政治逻辑框架内的。所以从这方面来说，如果城市在国际上建立网络，并且利用这个机会触碰到了一些底线，而国家并不支持把这一行为合法化的话，那么从根本上来说什么都没有改变。毕竟我们并不想要回归"形式化国家"这条路。

第二，国家政府和他们的政治方向可能会被城市当作敌对的势力，城市会做出反抗。这一点在一些涉及地方政策的例子中非常常见。比如难民政策、移民政策、环境政策。比如在移民政策方面，或者环境政策方面，有一些城市明确地站在了国家的对立面，因为他们认为，正是由于国家对于环境政策的形势以及现状没有认清，所以他们要自己行动，并且执行他们自己的政纲。这正好也是个很好的测试，可以让我们看到城市政治可以有多大的自由空间。

第三，国家会建立国际间的跨国机构，比如欧盟，这些跨国的机构是城市网络很好的参考点。比如有个网络由欧洲城市组成，他们就会坚持希望自己对政策造成影响的想法，他们想要在政纲上加入自己的想法，并且要求执行一些特定的解决方案。当然反过来，这些国际间的跨国机构也由国家创立，所以国家是这些机构重要的支柱。某种程度上来说，国家通过这些国际化城市的活动对全球化造成影响。

第四，如果我们观察一些特定的国际城市网络会很有意思，有一些城市网络也很可能由政治制度不一样的国家的城市组成，他们也会尝试合作。有一个例子是 UCLG，这是最大的一个国际化城市网络。成员中有一些城市来自自由民主制的国家，不过也有中国或者俄罗斯的城市，或者其他的一些政治体系尚未明确或者政治体系不一样的国家。他们通过这个组织一起协力就某些问题制定解决方案，然后在他们的现有的自主权范围内实行。

朱伟珏教授

谢谢两位教授，接下来我们就按顺序来进行提问。

侯丽副教授

非常感谢今天两位教授的演讲，因为我来自城市规划系，对城市之间的异同以及国家和城市的关系非常感兴趣。我想两位今天的演讲都是比较偏向概要和理论性，我有一些关于理论方法上的问题，也有一些关于对现实的解释方面的问题。同济大学城市规划系的创始人是从达姆施塔特工业大学毕业的，他是 40 年代第二次世界大战之前在达姆施塔特工业大学接受的教育，所以我们有着非常源远流长的联系。

图 5-10 侯丽副教授

讲到城市之间的差异，这个也非常适用于中国城市的情况，比如上海和北京之间巨大的文化、政治、经济上的差异就是一个永恒的话题。而且我们中国还有一句话，可能跟今天讲的主题非常接近，叫作“天高皇帝远”，就是离北京越远，这个地方政府相对来说文化更趋于自由和多元，有更高的政策自主性。一直到今天，即使帝国的时代已经结束了，皇帝不存在了，但是我觉得在分析城市的差异上这句话仍然还有很大的适用性，我觉得这一点很值得分享，不知道在欧洲是否存在这样的情况？当然很有可能存在不一样的情况，我们是一个中央集权的国家。包括我在日常工作中的分析，我也注意到了像上海和广东地区城市之间的差异，比如深圳、广州等，这些我就不具体展开了。我的问题有两个，主要是针对海涅特教授的问题，我觉得对于行动者的行为分析，就是政策分析强调分析行动者的行为，那么如何去分析不仅仅是个体的而是集体的行为？这个集体他们所面临的环境，他们的知识以及他们的背景有着非常大的差异，如何会做出一个共同的决策？在您讲的这样的一个理论框架里面，应该如何去解释它呢？不同城市的政策，在背景不变、文化制度不变、领导人不变的情况下，有时候他们的政策会趋同，甚至会越来越接近，但是有的时候在一个特定的时期又会产生分异，差别越来越大，为什么？如何用这样的一个研究框架去解释它？

休伯特·海涅特教授

我们首先来看政治行为，如果把它作为集体的决策，怎么样来分析它。首先我想强调它还是存在矛盾，也必须去接受这样的矛盾。因为在一个中央集权的体制里面，比如说中国，它的等级制度非常严格。在德国的话是另外一种情况，德国是联邦制，默克尔总理在联邦的层面上进行管理。在政策的制定还有具体的执行上，联邦州就相当于中国的一个省份，它有自主权。从萨克森到黑森州如果要进行一个迁移的话，它没有任何限制，地方政府有一个自我管理的权限。联邦政府只涉及一个走廊的制定，或有一个组织方面的框架，但具体制定落实的方案，则由各个联邦州、各个城市的地方政府来进行。举一个北海有关风能发电的例子。如果要增加风电的话，它不可能在南部的城市进行广泛应用，那么德国的政治家，他们必须学习面对这样的矛盾情况，共同找到一个解决方案，也就是说，他们也要考虑到行为的可能性。当然还有一些方案、措施，可以基于我们沟通交际的一些机制，来寻找到它们。

我对我的学生说，如果你们今后进入职场的话，第二三周基本上不要说话，你就观察你所在的这个机构，它拥有怎样的组织架构，它怎么运转。我们知道在高校里面也有特定的一个工作场景，如果你和校长打交道的话，那你还要注意一些相关的因素。如果说这是一个组织架构的问题，那么这就是一个很大的问题，是一个根本性的、原则性的问题。你要考虑提出一个问题或想法的话，这样的概念是不是合适？所以这就需要你在刚入职场的时候，在起初的阶段了解它的组织架构，无论我们在一个机构或一个协会，还是在一个家庭或在高校里，你都要仔细地去观察和思考，这不仅涉及个人，而是形成了一个集体的共识。因为我们这样的行为，可以考虑通过个别的沟通，来寻求具有针对性的解决方案，比如说征得别人同意，然后来进行实质性的沟通，或者是有关于解决方案的探讨。在一所学校或在一个城区，都是这样类似的情况。这些概念可能会非常漂亮，但是也可能会带来灾难性的后果。

谢谢您提出这个非常有趣的问题，我也赞成您的一些想法。这是一个非常理想的去中央集权的理念。但是一个中央集权的政府，考虑到权力的丧失问题，它不会考虑去中央集权的理念，而是通过自己的努力来进行有效的管理。从传统的观念来说，在中央层面可能更多的是在道德层面进行融合，或者说是一种文化的融入。在德国的话，可能不会面临这样的情况，因为德国是一个联邦制的政体，所以各个城市、各个地区不会考虑这种融合的问题。美国的联邦州可能是另外一种考虑，这也是一个文化传统问题。您提的问题，有关于社会公正与社会结构的建设，这是一个非常有意思的问题，但也很难回答。我想对待这样的问题，可能有一些关键点，理解的过程非常复杂，层次很多。德国各个地区之间的关系，可能是国家的一个目标。德国的宪法是一个基本大法，它希望国内的生活水准能够尽量保持一致的水平，这是国家的一个任务。这样的一个目标是不是能够得以完成，也有很多争议。比如关于东德地区和西德地区能否达到平衡或者达到一致的问题，特别是我们看到两德统一以后，德国的西部地区有大量的财政补贴给予东部地区，而这是否对东德地区的振兴或对他们的经济发展起到了很大的帮助，目前还无法做出一个具体的评述。就国家提供的公共服务来说，比如说健康服务或者教育领域的服务，能够确保所有的国民都能够享受这些公共服务，得到一个基本的保障，这也是德国作为一个社会国家政体的一个基本任务。两德统一以后，到目前为止我们的运转还不错，大家也都希望变得越来越好。

图 5-11　演讲现场

我们看到城市和国家之间的差异，我也进行了国家之间的比较，比如说和瑞典相比。因为瑞典是一个高社会福利的国家，我和瑞典的议员进行了一个访谈，讨论关于城市和农村地区的差异越来越大的问题。如果确实有这样的一个情况，那么就不是简单地要使城市变得更强。我们知道城乡之间存在差异，如果城乡之间的差异很大，这就成为我们面临的一个现实问题。这需要国家做出努力，尽可能消除城乡的差别，或者缩小城乡的差距。城市能够做出这方面的贡献，能够克服地区之间的矛盾。比如说刚才提到的西班牙的例子，崛起的一个城市，它可以与分裂主义的倾向进行斗争，这是城市能够做到的地方，因为它能够认识到这一点，无论你在什么地区，都会有这样的一个统一的目标。如果它真的分裂出去的话，那么就无法达到统一的目标。这是我对您的问题的回答。

陶希东研究员

图 5-12　陶希东研究员

感谢朱教授给我提供一个学习的机会，也非常感谢两位德国教授给我们带来了两个非常精彩的报告。这两个话题我也很感兴趣，我谈谈我自己的看法。海涅特教授主要是把政策差异性作为一个结果，然后去推导到底什么因素影响了政策的差异，以气候政策为例。我觉得这个选题特别好，实际上讨论这个话题之前，我们应该明确什么样的政策应该保持统一，什么样的政策应该保持差异性？有些政策应该要保持统一，但是有些政策本来就应该具有差异化。

我的理解中，差异是一个必然的情况。那么为什么会形成这种差异性呢？我想如果城市的政策不同，可能有这么几个因素。第一个因素是全球化，比如说现在全球都要保护生态环境，因为生态环境已经被严重破坏，必须加以保护，所以有了气候政策。没有到目前这个严重的阶段，可能就不会有气候政策，这就是全球化的一个结果。可能原来发展中国家不太注重这方面的问题，因为现在全球都在重视生态环境问题，所以发展中国家也必须去保护生态环境，要有气候方面的考虑。

第二个我觉得是本地化的因素，本地化涉及以下几个方面。一是体制，刚才教授已经谈到，有些政策在不同的体制下的运行逻辑也是不同的，联邦制、中央集权的单一制等，这绝对是影响政策执行或决策的重要因素。二是文化，各个地方的文化不同，老百姓对政策的参与、认同和看法也会产生差异。还有一个方面是城市的功能定位，功能定位非常重要。举例来说，上海为什么被指定了那么多的政策，因为它的功能定位是要代表国家去参与全球的竞争，所以上海必须走在全国的前列。比如说上海必须去保护环境，要进行垃圾分类等，但内地的城市则不一样。所以城市的功能定位不同，它的政策肯定也不同。还有一个本地化的因素涉及需求结构的问题，当地老百姓的人群结构，他们的需求是怎么样的？比如深圳和上海，深圳是一个非常年轻化的城市，原先的户籍政策在深圳肯定不太适用，由于上海老龄化非常严重，那么上海和内地城市的老龄化政策肯定也不同。最后一个方面是领导的观念，城市领导者的观念很重要。以上是我认为的第二个因素，也就是本地化带来的影响。

第三，城市发展的阶段不同，城市的政策肯定也不同。比如欧洲、美国等发达地区的高收入行列、高人类发展指数的城市，人们的关注点与发展中国家就有所不同，政策的关注点不同，人们的素质也不同，所以在政策的执行与决策方面，包括最终的结果都可能产生差异。这是我对这个问题的一些不成熟的看法。我想请教海涅特教授一个问题，有很多因素，很多行动都在影响政策，您在研究过程中是否发现了最主要的一个因素？比如以气候政策为例的话，通过对这几个城市气候政策的比较，您觉得最主要的影响因素是什么？

关于豪斯教授提到的城市中心和国家衰亡的话题，实际上涉及很多方面，比如国家与国家的关系、中央和地方的关系、国家和城市的关系、城市与城市的关系等等。这是一个很大的话题，事实上现在也有很多的表现。全球化背景下，国家层面的权力开始上移和下移，也就是我们所说的“去中心化”或者“去国家化”。权力的上移，就上移到联合国、欧盟、自由贸易协定等组织；权力的下移，就下移到了大都市或者城市。权力下移到城市这个阶段以后，就表现出城市的振兴或是城市的复兴，但最明显的还是全球城市的兴起。比如最早的雅典、巴比伦等城市，中心从欧洲移向到北美，然后慢慢移向亚太，例如上海等城市开始崛起，在这个过程中国家会不会像马克思所说的那样走向消亡，当然这是非常遥远的事情。但城市的中心到底指的是什么？是权力吗？还是资本的中心？现在国家的权力确实已经很滞后，全球现在有40亿的网民，互联网背景的产品，包括区块链等产品诞生以后，可以跨国破坏国家的很多东西，但国家没有办法去惩罚它。国家有中央政府，有边界，有主权，而互联网正好打破了这种格局。而随着美国“退群”，英国退欧，那么现在究竟是在去国家化，还是在强国家化？其实很难判断下一步会怎么样。有人说未来是海洋城市或者海洋城市家园，可能很多城市都到海洋里发展，又或者有没有可能最后又从民族国家回归到城邦制？这是一个漫长的过程，也是我们可以讨论的对象。我想请教教授，您觉得互联网这个因素会给城市振兴带来怎样的影响？

休伯特·海涅特教授

关于您提到的各个城市制定气候政策的差异问题，我想强调这个判断的一些依据或者一些记录。比如说在汽车交通方面，我们进行了一些非常重要的文档分析，这些纸面上的或文书上的工作，也是我们做研究的基础。分析之后我们会对此进行一些尝试，来做出一个解释。首先进行案例分析，然后找到一个规律。比如在社区这个层面上，社区无法承担很多经济上的成本。那么我们就会问，为什么他们在成本如此高昂的情况下，仍然会去推行一些保护环境例如隔热等措施？我们要如何去解释行动者在这样一个过程中的一些举措？我们尝试去诠释它，或者找到它的共性，这是一种特定的诠释方式。比如说在法兰克福，通过隔热保温的措施会使人们在夏天的时候节省使用空调。而在慕尼黑，他们投资的方向却完全不一样，慕尼黑更多地投资在可再生能源这一方面。因此我们就会想到，同样针对气候问题，为什么他们会采取不同的政策，也就是要去寻求一种解释的机制，找到产生政策差异的原因，找到一种共性。那么这些共性是否也适用于我们日常生活的交际？这也是我刚才在报告中提到的问题，找到一个参照点非常重要。学者进行这样的项目，去研究不同的方式，比较可以有哪些不同的表现形式或者产生怎样的结果。那么在德国的话可能就是完全不一样的结果，我们就会想到同样的先决条件，或者同样的模式换到另一个国家，可能会产生相同的或者不同的结果，我们要去寻求解释的机制。对此类问题进行探讨，比如说关于异质化的探讨，这个豪斯教授也提到过探讨异质化的重要性。在 2005 年，当时俄罗斯和日本之间有一些意识形态上的论战，包括经济上的一些竞争，这些我们都要进行一些探讨，面对这样一种异质化的原因，我们应该怎么去解释它。

迈克尔·豪斯教授

非常感谢您的评论。国家是不是逐步在衰落，刚才我们提到首先要先有共产主义，之后国家才会消亡。有一个我感到非常有意思的地方，有研究表明，在欧洲，地方的政策与超国家的政策之间存在着相互关联，我的博士论文也做了这方面的研究。德国的一些城市，它们也会考虑欧洲采取怎样的政策，欧洲政策对德国的城市发展有什么样的影响。有很多政策上的倡议，包括布鲁塞尔或者欧盟的倡议，它也能够落实到地方的层面上。就是说超国家的一些政策或者一些理念，它也会流入地方的层面。这是相互之间的一个影响，或者是一个反应。还有一个发展的趋势，就是关于民族国家的强调，大家将希望寄托在民族国家上。在欧洲民族国家行为能力的重新获得，强调一个民族大众的理念。这不是一个共同的发展趋势，现在有不同的发展趋势。我们可以看到不是所有的发展趋势都被预设好，也不知道最后会向哪个方向发展，哪个发展趋势会赢得强势或主导的地位。我们现在有这样一个新的意识，关于城市的一个新的理念，崛起的城市是不是能够取代国家的作用？城市的地位到底能显示到怎样的程度？这可能相当于斗争的一个阶段，到底哪个方面的权力更大。在互联网上大家有很多这方面的争论，这样的一个发展进程有不同的方面，互联网对于全球化起到了很大的推动作用，但是全球化的进程也导致了地方的重要地位开始逐渐丧失。与此同时，互联网也提供了一些新的机会，城市作为一个新的空间，通过手机里的 App 应用软件的广泛运用，使城市能够更多吸引市民的参与，给城市中的活动、出行等提供了很多的便利,通过这些应用软件给城市注入一些新的活力,使城市能够更加地为大家所感知所体验,这是一个可以进行对比的发展趋势。

休伯特·海涅特教授

我还想补充一下关于互联网的问题。虽然这和我们今天的报告没有什么关系,但是我想这对于城市规划来说非常重要。像豪斯教授刚才所提到城乡之间的差异,可以通过互联网进行很多方面的融合。一部分公共管理,可以有意识地在乡村地区进行。比如说财政局为什么要设在市中心,你可以设置在其他地区,通过电子政务的管理就能解决问题,通过互联网就能够得到保障。在上海的周边地区,或者其他的一些地区都能够来完成政府的公共管理,而且可以解决所在地的一个就业问题。所以,都市圈的 ·些政府职能部门,可以迁移到农村地区。这也是大家提出的一些新的理念。从空间的这个角度来说,传统的情况是一个城市的管理部门只能在这个城市里面。而现在可能每星期进行一次会面,或者每两个星期进行一次工作会谈,就可以解决问题。这是在德国提出来的一些理念,东西部之间或者是城市和乡村之间在管理上设置一个转移。

张俊副教授

感谢两位教授。我们研究城市,政治是城市的一个基本维度。城市的差异,政治是一个最基本的权力基础。差异是中国城市的一个基本问题,东西差距、城乡差距,等等。因为中国和德国的差异很大,无论是在政治制度上还是经济发展阶段上,所以应该可以给我们提供借鉴。中国的国情和德国的国情有很大差别,我们研究差异,无论是经济学家、社会学家还是政治学家,都有很多的成果,比如说苏南模式、温州模式,以及经济学家讲的锦标赛模式等,在研究城市的文化差异、社会资本等方面,也有很多相关的成果。研究城市发展的差异,中国的学者也有很多相关的经验。讲到全球化,这其实也是在讲差异问题。在这个方面其实中国完全不一样,中国是一个有长久集权历史的国家,全球化实际上造就了更加强大的城市权力中心,因此我主观上感觉不会有刚才提到的那些发展趋势。由于今天时间比较紧张,德国和中国在政治制度、发展阶段和文化差异等方面差异很大,有机会的话可以就中国的发展经验和德国的发展经验多交流。

章超老师

非常感谢两位教授的分享，非常受启发。我就谈一点想法，海涅特教授提到以行动者为核心的对城市的诠释，对于城市政策的影响，的确给我非常大的触动。我主要想起来上海在 2007 年、2008 年的时候，出台了很多发展创意产业的政策。因为当时我比较密集地追踪了这些政策出台的背景，其中能够很明显地感觉到，上海的一些媒体，来自规划界、文化界的一些人士还有上海市经济委员会的一些部门领导，他们把英国的创意产业政策当作发达国家的一种好的象征，当然它的确是一个正面的象征，以及把它当作工业转型中的一个必然趋势，以此来解读上海当时的苏州河地区和黄浦江在面临去工业化的过程当所经历的一种转型。在那么密集的政策之后，当时创意产业园区高达一百多个，上海也成立了一个协会和一个联盟，都和创意产业相关。后来我们看到非常多的创意产业园区，其实是一种空心化，虽然称作创意产业园区，但它其实还是一个简单的楼宇出租，再到后来开始慢慢地去进行一种理性的调控。就像刚才海涅特教授提到的话题，这是对于城市形象定位的一个主观建构，它确实在影响这个城市的决策。我自己并不是一个决策者，但是有时候比较明显地感受到这个过程，包括近几年上海对较为“低端”的人口和一些商业上的限制，当然这个低端要打上双引号，其实都能看到这种影响。一个问题就是，刚才您提到的知识秩序，因为您的 PPT 上跳过了，提供这个知识秩序的来源是哪里？是谁在提供这种知识秩序？

豪斯教授的讲座也使我非常受启发，我的家乡是浙江东南部的一个城市，非常有趣的一点是，这几年的城市口号叫作“大拆大整，大建大美”。这个政策使我联想到上海，其实大概十多年前，上海也是类似的政策，当然现在已经抛弃这种发展理念了，但浙江的一个小城区还是这样的情况。所以我在想，国家可能会使我们想到它的道德、责任与义务，那么在讲城市的时候，如果说城市获得了越来越多的权力，谁来约束城市的这些政策？其前提假设，是不是要有一个相对比较好的市民社会以及批判的大众？

休伯特・海涅特教授

说到了知识秩序的来源问题，我当时跳过了这个地方。从大家的问题当中，我们可以看到大家对哪些方面比较感兴趣，虽然时间比较紧张，但还是应该要去讨论这个方面的内容。我们提及制度分析及发展模式、行动者的角色，讨论到了一些交际的过程，行动者要感知到到底有哪些可能性，有哪些界限，其极限在哪里。因此我在这个项目当中，特地研究了知识秩序这样一个研究对象。这是我们一些具体的解释，比如对慕尼黑或者对法兰克福的解释，对当地的问题，比如说对于气候问题，为什么各地会有自己的解决方案？我们在认知层面上可以找到一些有趣的东西，在规定的层面上有一些可以解释的空间。我们有这些内容的话，必须进行一些表达，要知道怎么样去表达它。通过这样一种机制，它不是从天而降的东西，它必须通过互动，通过一种交际去获得。如果有一些标准起主导作用的话，那么就会形成一个特定的结构，就是行动者的一个集体情况，行动者就会采取一些政策措施。

比如在慕尼黑，能源的消费和供给在数十年来一直是非常重要的一个问题，当时专门由一个专家的研究团队去研究这个问题，这是一个制度上的分析。这些能源专家们发现使用可再生能源能够解决慕尼黑的能源问题，能够进行减排，这当然和结构有关，可是这个结构并不是一个规章制度上的结构，而是和行动者结构有关。而在法兰克福，减排采取了隔热保温的措施，那么它背后的结构又不一样。市政府当时有一些专家，比如说一些投资商和高楼建筑商，他们给出了一些建议，这些高楼如果采取保温措施的话，在 20 年前或者 30 年前就能够节能。如果我们能够看到内涵的话，就会发现行动者的结构对最终采取的政策会产生很大的影响。在这里我们提及这些行动者的情况，或者说它们的结构，它也可能是非官方的，并不一定是正式的。通过打高尔夫球的时候进行会面，通过专家组的专业意见，然后来制定出一些行动者的方案，它可以成立一个有组织架构的机制。非常感谢您提出的问题，我这边进行一个适当的补充。

迈克尔·豪斯教授

感谢您前面做的评论，您提出的第一点问题非常有意思，国际在城市研究方面存在着差异问题，中国的城市研究也非常有意思。第二位老师提出的观点，也就是说城市之间还有很多政策可以进行推广。我们可能通过一些试点进行示范，比如我刚才讲的一个城市作为一个示范城市，对其他城市来说起到一个引领的作用。每个城市的定位不一样，所以它的发展进程也可能不一样。当然它也是致力于这个城市的崛起和发展的，这是它们共同的一个目标。

朱伟珏教授

虽然现在时间已经超出很多了，但是我们还是要给听众一些时间来提问题。

图 5-13 观众提问

现场同学

非常感谢两位教授的讲话，让我感触很多，今天讲座的内容也非常新颖，对我来说印象深刻的就是强调城市之间差异的这一部分。因为我之前更多接触的是全球城市这方面的一些理论，然后在学习城市的时候就有一个固化的想法，就是说城市的独特性已经被消灭了，它们更像往一个统一的方向走。所以今天在听讲座的时候，我自己也思考了很多，两位教授说到崛起的城市和民族国家之间的角力这样的一种关系，可以体现出城市在走向自己的独特性。其实我们还是不能忽视，确实是有走向统一性这样一个特征的。两位教授说到的话语建构方面的问题，其实也比较相关，我觉得也同样可以用这个理论来解释城市其实在走向趋同。因为城市的走向不一样是因为行动者意识到了他们城市有各自的定位，他们要去建构不一样的城市，所以他们建构了不一样的城市。但是在发展中国家，他们其实没有城市的概念，在一开始他们没有自己的城市到底要发展成什么样的一个概念，所以他们能做的，就是去拿以前已经发展出来的城市的概念，其实他们的定义已经被外部的定义给框定好，他们没有自己的定义，所以他们接受了这样的定义之后非常自然地就走上了统一的城市的道路。所以我觉得在城市发展上可能有两个方向：一方面就是民族性、独特性的产生，另一方面是它在走向统一性。这些发展中国家的城市，因为没有自己对城市的定义，他们只能去搬其他城市的定义，所以他们的城市就走向了统一。因此在我看来，整个讲座结束以后受益颇深，但是也同样会有疑问，可能独特性道路并不一定必然，城市还是存在走向统一性的可能。这就是我的一个想法和疑问，想问一下两位教授，不同国家去给自己的城市做定义的时候，是受自己的定位影响更多，还是受外界的影响更多，在研究的过程中是否就比重问题进行过思考，然后再给出判断，它们会更加的独立，还是会更加的相似？

迈克尔·豪斯教授

您提了一个非常重要的问题，我不是一个研究全球城市的学者，但您也提到全球城市这样的一个理念。我想提一点，关于全球城市的这个观点，它针对一些特定的城市。这些城市有一个很大的特点，它们对于金融资本的影响是非常大的。我们研究的城市，可能是对国际资本影响不是很大的这样一些城市，因为绝大部分的城市，并不是这种超大型的金融城市。像伦敦、巴黎、东京、纽约等，它们有一些特殊的城市理念，也就是在全球化的背景下，这些城市的影响比较特殊，我想这样的一些城市没有可比性。如果对 19 世纪的纽约和伦敦进行比较的话，那么和 21 世纪相比，相似的地方肯定会少很多。关键是我们是从哪个角度来看待这样的一个城市，如果我们是城市的一个市民，那么城市市民的生活是怎么样的？城市的居民是怎么样来进行沟通

图 5-14　嘉宾合影

的？他们是怎样进行社会活动的？如果我们想看得是一个关于全球城市的研究，它已经有一些相关的效果，这些城市也有很大的一些特殊性和个体性。对于一些比较贫困的国家，它们的城市则有一些生存的战略，也就说要确保自己的生存的一些理念。虽然很多城市在文化或经济上有一些共同点，这个我们称之为“麦当劳化”，有一些品牌、音乐或者时尚元素在全世界相对来说比较统一，引领了一种相似的趋势，但是每个城市还是会有一些自己的特征。

休伯特·海涅特教授

关于这个问题我有两点想要补充的地方。首先全球化给我们带来了更多机会，让大家了解全球的趋势，也产生了全球地方化。一方面资本在全球不断地加速流动，另一方面资本也有其空间属性，不可能完全脱离空间而存在，所以它对地方来说仍有一定程度的黏着性。比如说一个特定的生产行业，或是一个研究机构，一旦在某个地方选址以后，它的发展实质上会受制于空间的选址。从另外一个角度来说，因为资本的空间属性，也导致了地方之间不断的竞争，因为它们要吸引资本流入，这是现在全球化背景下资本流动的基本逻辑，以及这个逻辑导致了城市政策之间相互的竞争。一方面企业可以在全球进行选址，另一方面它的特定功能和属性还是会受到空间的约束。由于这个过程会影响到很多的利益相关人，所以还是要制定相关的城市政策，以避免无止境的竞争。

朱伟珏教授

非常感谢两位教授花了这么长的时间与我们分享他们的研究成果，我们用掌声来感谢一下两位教授的发言。

第二部分

第六讲　情感·团结·都市新移民

2019 年 11 月 6 日下午，由环复-南昌路跨界自治会、中国社会学会社会地理学专业委员会主办，同济大学社会学系、城市与社会研究中心、一见图书馆承办的 2019 年秋季同济大学“城市与社会”系列讲座在上海南昌路一见图书馆拉开帷幕。法国国家科研中心社会学研究员、里昂高等师范学院教授劳伦斯·罗兰-伯格发表了题为“情感、团结、都市新移民”的演讲，本次对谈由同济大学社会学系教授朱伟珏主持，同济大学社会学系副教授陈晋、上海财经大学人文学院经济社会学系助理教授范文受邀担任对话嘉宾。

嘉 宾 简 介

劳伦斯·罗兰-伯格

法国国家科研中心社会学研究员、里昂高等师范学院教授、“中法后西方社会学”国际联合研究所法方所长(法国国家科研中心-里昂高等师范学院-中国社会科学院)。她在法国和中国的研究涉及城市社会学，经济社会学和移民社会学。主要研究领域为城市中的隔离和中层空间、劳动与雇佣，以及欧洲和中国的移民与多元化经济等，同时也致力于社会学的非西方化。从 2006 年开始，她与中国的社会学家们一道、共同展开认识论上的反思——她称之为“后西方”的社会学。

陈　晋

同济大学社会学系副教授。主要研究领域为社会文化人类学、仪式与认知研究等。代表成果有《多种实践与多重关系：纳人达巴的“古布”仪式》《走出人类学的自恋》《唱诵、仪式行动与仪式过程：以纳人达巴的“木卡布”仪式为例》等。

范 文

上海财经大学人文学院经济社会学系助理教授。主要研究领域为文化与艺术社会学、城市社会学、社会学理论等。代表成果有《“保守的世俗主义”——当代中国人的职业（工作）价值观》《物质与精神兼顾的世俗主义——当代中国人的生活价值观》等。

主持人朱伟珏教授

从 2002 年开始，罗兰教授就在中法两国之间对城市移民问题做了很多研究。来参加本次讲座之前罗兰教授还在义乌进行调研，她对法国和中国都市的一些现象非常了解。大概 5 年之前，我和罗兰教授就开始了长期的合作，所以我们在学术上的交流也比较充分。

今天，一方面，我们请罗兰教授来为我们讲述她最新的学术思考；另一方面，我们还会一起从南昌路如何进行城市更新以及会遇到的问题等角度来展开一系列的对谈。我先介绍一下罗兰教授，她是法国国家科学研究所社会学研究员，同时也是里昂高等师范学院的教授和中法后西方社会学国际联合研究所的所长。陈晋博士是本次讲座邀请的对谈嘉宾，他是同济大学社会学系副教授，是法国社会科学高等研究院人类学和民族学的博士，对法国也有很深的了解，跟罗兰教授的关系非常密切。范文老师是上海财经大学的助理教授，曾经也是我的学生，跟罗兰教授也很熟悉。

今天的讲座主要是来探讨，我们如何对待上海城市的旧城更新和南昌路的空间。首先由罗兰教授从团结和情感两个方面切入，谈谈如何理解城市里不同的成员构成，如何在这个时代把不同成员的情感连接起来达成一种新的团结。之后，希望能够听到听众们的真知灼见，下面我们有请罗兰教授。

罗兰教授

非常荣幸受到朱伟珏教授和陈晋副教授的邀请，让我介绍城市和情感的项目。我在中国做过很长时间的研究，和同济大学的朱伟珏教授以及其他同事的合作已经有 5 年之久，我们一起提出了一个新的理论。无论什么国家，大部分人并不了解社会学家的观点，所以我觉得能够在公共空间介绍社会学的理论知识是一件非常有意思和重要的事情，可以让大家一起理解我们的现代社会和这个世界。

今天我从“不平等”和“团结”这两个切入点来讨论生活和情感的问题，我的研究建立在欧洲的城市社会，特别是法国城市社会的基础上。

首先从不平等的角度切入。我们发现在当代的欧洲城市社会，比如说在法国、意大利、英国或者西班牙，越来越多群体的存在状态是比较脆弱的。这些群体不知道在目前的社会结构当中如何继续生活，他们感受到被边缘化、被歧视和被抛弃感，比如失业的青年群体和都市新移民群体等。当谈到社会歧视时，我们就已经进入到社会学意义上“情感”的范畴。因为我们生活在社会中，所以会产生对于社会认同的需求。我们社会学家将其定义为这些群体生活在一种“不平等的或者说具有歧视性的民主制度”当中。

从社会学家的角度来看，今年在法国最有代表性的一个现象是黄马甲运动。它不是可以被简单归结为暴动的一个社会现象，而是一些被边缘化的群体由于在法国的城市公共空间中找不到自己的位置而借此表达对于不平等的一种愤怒。我们在这里所谈到的“公共空间”主要是指西欧的公共空间。在一个不平等的、具有歧视性的民主社会当中，一方面，很多被边缘的群体的诉求是希望通过运动在城市中重新成为主人；另一方面，人民和国家政治决策中心及民主社会合法性中心的距离越来越远。

接着从“团结”这个角度来谈一谈。我要讨论“团结”如何以不同的形式表达出来，进而建构一种参与型的民主。在法国，“团结”是以前围绕国家建构起来的一个概念，但是在现在的欧洲社会当中出现了新的危机。那么如何在生态危机、人道主义危机中建构新的团结？欧洲的社会团结有多元性和碎片性，欧洲所谓的碎片性，指的是个体感觉到来自集体的资源越来越少，这与新的资本主义形式等一系列问题有关。但是问题变得更加复杂：当代法国社会中的“团结”呈现出一种多元性，存在很多围绕不同现象构建起来的“团结”概念，他们之间呈现出竞争或矛盾的关系。比如围绕难民问题所建构的一套有关“团结”的概念和黄马甲运动所建构的另一套“团结”的概念之间可能是相冲突的。

团结的多元性引起了人们对法国到现在为止 40 年之久的城市政策的反思。这个 40 年之久的城市政策是主要针对 20 世纪八九十年代法国巴黎的一些被边缘化群体的郊区可能会出现的社会问题而制定的一套城市政策，其目的是建构参与性民主社会。但是由于社会中的个体越来越个体化，要建构参与性的民主非常困难。

图 6-1 展示的是法国巴黎一个比较贫困的工人郊区，图中有社工、社会工作者、志愿者、当地的居民以及一些知识分子，他们建构了一种没有获得国家支持的新的组织形式。图 6-2 是巴黎的共和国广场，反映了法国工作制度的改革，当时通过的相关法案受到了部分人士的抗议，这些抗议人士就在共和国广场上组织了一些论坛，其中有普通的老百姓、艺术家和知识分子。他们在这样一个公共空间里发起一种讨论——如何构建一个平等型的城市动员？一种新的动员力量就这样产生了。

图 6-1　巴黎的工人社区

图 6-2　巴黎共和国广场

针对难民问题，这里还要提及“社会包容”的问题。在法国、意大利等国家经济处于停滞不前的情况之下，如何处理难民问题并使难民融入社会生活是一个重要问题。为了使边缘群体及难民群体融入社会，人们开始尝试建立一个国际化的共同体去接纳这些难民。

在完成一个关于阿富汗、叙利亚的流动人口的研究计划之后，我到了义乌，这里的景象和法国形成了鲜明的对比。义乌的流动人口经营商品，建立公司，在经济层面上以非常健康的方式融入了中国的社会当中来，这可能可以为法国所面临的难民问题提供一些启发。

图 6-3 欧洲城市中新的“团结”形式(一)

图 6-4 欧洲城市中新的“团结”形式(二)

接下来我们就可以看到一些不同的团结形式。在欧洲城市中的中介型空间中，慢慢展开了一些艺术、环保或反对消费社会的活动和游行。那些失业青年和移民群体参与这些活动中，在这个过程中获得了社会认可，得到了社会认同感，恢复了城市和谐。

总而言之，现在欧洲社会的城市空间中充满了许多的“不平等”，为了解决这样的问题，城市中展开了新的“团结”形式，在展开过程中可能又产生新的“不平等”，但同时又会展开新的“团结”形式，这就是欧洲城市目前的情况。

嘉宾对话

朱伟珏教授

今天想要探讨的是在一个国际大都市中我们都会面临的“社会融合”的问题。我们认为上海、巴黎等城市已经被高度原子化了，比如商品房居民与邻居之间的关系是非常陌生的。但对于南昌路的居民，尤其是老龄群体来说，社区可能是他们与社会之间唯一的纽带。

图 6-5 朱伟珏教授

新上海人作为移民在多大程度上真正地融入了上海这座城市？在一个全球性的国际大城市里面，无论是老龄群体还是移民群体，如何找到社会认同感？在我们的国际城市里如何加强社会团结和社会融合？这是我们每一个人都要去思考的问题。

罗兰教授之前提出了“情感”的概念。在社会学意义上，这种“情感”是社会中的每个人在遇到某种境遇时都会产生的，是社会性的。一些艺术活动或学术讲座产生了公共空间，使人们可以在公共空间里来共同探讨一个问题时，就能产生这种共同的“情感”。在这种时候，我们的意见不一定完全统一，但是我们的思考是一致的，进而产生了“团结”。

所以现在国际都市中的艺术活动和各种学术讲座就是我们想要促进的

一种团结形式，这是城市一笔宝贵的财富。从物理空间的角度来看，南昌路是一个很有历史特色的空间，但这个空间如果没有人存在，那么就毫无意义和价值，所以我们希望把南昌路视为一个场所，在这里人与人之间可以产生各种意义上的交流和沟通，这样的南昌路有可能会促进“社会融合”和社会“团结”。

下面我来解释一下罗兰教授提及的“碎片化的团结”。

首先，涂尔干认为，随着家庭分工越来越细，家庭“团结”会解体。因此涂尔干提出一种可以取代家庭的新的团结模式，也就是以职业为导向的“有机团结”——社会按照职业分工使相同职业群体的人团结在一起。但是此后的实践证明，这样的“团结”并没有形成。因为当人们遇到困难时，并未去求助行会或职业协会(行会和职业协会很难提供强有力的支撑)，他们需要的是一种家庭式的、强有力的团结形式。而罗兰教授认为，以家庭为导向的“团结”将会解体，涂尔干按照职业群体来区分的“团结”也是难以实现的。所以提出了碎片化的“团结”。这种“团结”的形式有各种不同的来源，包括家庭、职业或是一些小团体。

以日本 MHK 国家电视台一名女主持人的故事为例。她独自生活，年纪渐长以后，她选择和 6 名与她年龄相仿的独居女性共同租了一幢房子并制定了条约。条约内容是对彼此的制约，如果一个人生病，另外几个人不一定照顾你，但是会陪伴你，所以她们建立的是情感上的“团结”，这就是一种新的“团结”模式。但这样的新“团结”模式可能也会产生冲突和矛盾，如果有一名女性因其夫妻关系不和而选择加入这个“团体”的同居生活，那么她的非单身身份就会与该团体其他成员的单身身份产生冲突。所以说这种新的“团结”形式是碎片化的。

陈晋副教授

在一个城市语境中来讨论城市问题是一个很难得的机会。我认为在现代社会科学发展过程中(包括“现代化”)最大的问题就是“团结”和“情感”如何被保存和维持，“社会”的概念该如何被保留。

人工智能和大数据等技术的发展是一个很关键的趋势，与之相对应的，人们在社会中还保有“情感”的因素，这在整个社会研究里处于一个非常重要的维度。现在都在提倡塑造一个有“温度”的城市，可能会有人将其误解为是

图 6-6 陈晋副教授

塑造一个不再“冰冷”的城市。但我认为“温度”既然有“高温”,也会有“低温”。所以城市中可能会存在节日等情绪高涨的城市温度,也会存在压抑、不满等负面情绪萦绕的城市温度。因此,冰冷的城市温度是我们一定要面对的现实,至于如何应对,我认为需要把社会科学研究以及我们对社会问题的思考带回到城市的公共空间中。

前段时间,法国马赛举办了一个叫“城市中的社会科学”的活动,有很多知识分子到街头的公共咖啡馆等地方去介绍和讨论他们的工作及研究。在这种讨论里面有两个面向非常关键:一个是“共情”,即人不仅自身拥有感情,还可以体会到别人的感情,这是每个人都具有的关键能力。另外一个问题与我刚讲的“温度”有关,人不光有感情,情绪也会有所起伏,时而高涨时而低沉。人们在讨论的过程中也许会对某一社会问题表达不满,但这可能也会促进社会团结。

所以在这个意义上,通过今天这样的活动,我们希望能够把学术的围墙拆掉,让学者回到像南昌路这样的街道,让社会科学家回归到城市语境中,我想这是我们的工作之一,是成为知识分子的一个必要条件。

范文博士

我来谈一谈我对现代社会原子化以及如何通过空间和场所促进团结的一点想法。在我学习社会学以后,初次认识和接触到原子化这个概念是德国社会学家贝克,贝克提出了“个体化”概念,即每个人从一出生经历的就是社会化的过程,在这漫长的过程中人们融入社会,但是他认为现代社会从制度层面把人慢

图 6-7 范文博士

慢变成了一个孤独的个体。

我认为技术的发展在促进每个人的个体化，比如每个人拿到手机以后的第一件事就是设密码，手机就变为个人的隐私库，是神圣不可侵犯的。从制度、技术等层面来看，当人们越来越高度地注重个人隐私和个人空间，人们也就趋于更加的孤独。

日本有一位社会学家提到，日本社会所经历的个体化要比中国社会早，他从数据层面预测日本 1990 年后出生的 50%以上的女性将会独居。原因是多方面的——离婚、丧偶或从来不结婚等。日本为了解决共同面临的孤独问题所采取的手段就是消费的转型。日本过去的消费文化极其注重个人隐私和个人空间，比如独自吃饭、逛街或独居。后来日本开始流行群居，鼓励人们在住房消费的选择中由独居房转变为群居房。但只有群居模式不可能促进社会团结。以我朋友为例，他在上海群居房的居住过程中从未跟同居的人一起交流过，他们把生活时间段和别人完全错开，这种群居方式是不可能促进社会团结的。然而现在存在另外一类空间，叫青年公寓或创客空间，这些空间的最大特点在于它将公共空间打造成很多可以进行公共活动的场所，比如台球室、沙发、厨房等。这类场所逼迫居住者必须到公共空间和别人交流，同时居住者本身也有强烈意愿，所以其空间的设计也在帮助人们去摆脱这种孤立的状态。

朱伟珏教授

艺术家的作品是面向公众的，但是我们四个作为学者来说，大部分工作时间是在学院，公众很难看到我们的工作内容和成果。

我在南昌路做了 6 年的田野研究，其间也做过很多南昌路老居民的口述史，现在跟南昌路街面商铺的商家的关系也非常好，南昌路是我非常热爱的一个空间。上海市将来要成为全球性大都市，那么在上海这样的全球化城市里面，我们在思考和研究城市问题的同时，也在思考如何改变南昌路。因为机缘巧合，我现在是环复-南昌路跨界自治会的会长，所以我也有责任去思考，怎样来让南昌路这个空间变得更好?

但是作为学者，我要尽量压抑自己的美学冲动，所以我没有想过让南昌路变成一个像新天地和田子坊这样完全商业化的城市空间。南昌路和田子坊、新天地是完全不同的地方，南昌路有深厚的文化底蕴，可以称得上是半部民国史。它是引领中国现代化潮流的地方，孕育了很多的政治家、思想家、学者、文人、艺术家。这样的南昌路在几十年中一直在变化，现在变成了商住两用的街区，甚至是一条半商业街。但当我知道这里有个图书馆的时候，我特别开心，因为我认为南昌路又开始与自己的历史文化脉络产生联结了。在我的想象当中，南昌路是很有人文底蕴又不排斥商业消费的一个空间。

我们现在讲旧城更新，我作为一个城市社会学家会去思考城市空间与人的关系，城市空间该如何改造，在改造过程中如何拉近其与人的距离，或其是否能承担一部分罗兰教授刚才讲到的城市“团结”和“情感”。我觉得这是南昌路应该去做也能够做得到的事情，所以今天在南昌路讨论这个话题，一方面是想去传递一种学者需要将学术思考面向公共空间的思想，另一方面是希望公共空间可以促进社会团结。

举个例子，我认为复兴公园是一个促进社会团结的公共空间。在这个公园里面，只要你独自坐在椅子上就会有人来跟你讲话。我在南昌路做了一年多的田野研究，几乎天天去复兴公园，只要我一坐在椅子上就会有人来跟我聊天。所以从这个意义上来讲，以独居老人群体为例，虽然他们收入普遍较低，但南昌路上的独居老人很长寿，原因之一就是他们不孤独。只要他们走到复兴公园，就会有人跟他们聊天。我认为这是一种不可替代的城市资源，也是现在城市里所稀缺的资源，而这种资源在现在的商品房社区是很难得的。南昌路的道路不是浦东那种宽阔的马路，而是羊肠小道，是适合人走路的一个尺度，走在南昌路不会担心有车飞速驶过，这些都能让人慢下来，所以我觉得南昌路的空间结构和布局本身有利于社会团结。南昌路也有许多的艺术活动，在今年就有一个南昌路文化艺术季，这些活动的目的就是让大家来共同参与，使这个街区产生活力并团结起来。

南昌路既是我的研究对象，也是我本人融入生活的地方，所以就被邀请成为自治会的主任。我现在也与很多商家和居民连接了起来，经常开会与他们沟通和交流。

今天在场的各位听众也许不是南昌路的居民，但我想大家可以来共同参与“南昌路如何进行城市更新”的话题，我觉得这是我们今天这个活动至关重要的一个部分。而罗兰教授今天所讲的虽然是以法国为例，但对我们对于空间和社会团结关系的思考有很多的启发。

陈晋副教授

罗兰教授提到一个很重要的概念——hospitality，该词在法国已经变成一个学术名词，对于难民问题，他们思考如何在接纳难民的同时也要尊重他们。在中国对于这个词的翻译是“好客之道”或是“殷勤招待”。不管是难民问题也好，还是 hospitality 的问题，我们是基于人道主义的立场去帮助和欢迎他们。不光是在西方，中国现在也有很多在非洲或者其他国家展开的这种人道主义的行动。

所以我在想，我们该如何面对这样一个全球化的社会理念，我们该如何去帮助其他国家和社会的人民？或者说如何将团结的范围扩大。我想知道罗兰教授对于人道主义的问题有没有相关的思考。

罗兰教授

关于“容纳”“接待”或者说“好客”这个问题是比较复杂的，因为它有不同的层面和维度。首先是那些需要接纳的人。这些人并不是接待进家里的客人，而是那些因为战争而无家可归的人。这些人各不相同，人生经历不同，诉求也不同，所以在讨论接纳这些人的问题时，还是要具体情况具体分析。再加上每个国家情况不同，“接纳”的政策也不一样。而法国人民也没有对一个已有的制度达成共识，比如说像国民阵线这种极右翼的政党，大部分显然是不愿意或不同意采取对难民的接纳政策。

有位以色列社会学家在十年前写了一本书，名叫《有尊严的社会》。作者在书中讨论的主要问题就是：是否有可能建构一个大家都能够体面生活的社会？因为到了 21 世纪，社会上还是有很多人面临着被驱逐出整个世界的危机，这些人无处可去，这个问题很严峻。

朱伟珏教授

上海曾经是一个非常好客的城市。在第二次世界大战时期，犹太人遭受德国纳粹迫害时，上海接纳了两万多犹太难民。在此意义上，上海曾经是一个很开放的社会。虽然现在存在很多问题，但是依然保持了比较好的开放性。即使很多上海人在积极呼吁保持上海人的个性，提倡讲上海话，但很多上海人还是在用普通话进行交流。从这个角度看，上海是一个具有包容性的城市，我希望能够将这种包容性保持下去。下面还有一些时间，我们留给听众来提问题。

图 6-8 讲座现场

听众一

我想知道对于一个国际化的城市，人们为什么需要团结？我认为国际化城市意味着城市里的人们不论在教育背景还是收入方面都存在很大差异，在这种差异性中，想要就某些问题使这群人达成共识是非常困难的，我认为很难产生“团结”。那么“团结”是不是应该作为一个社会学的课题？还是说不干涉别人是一种更理想的生活环境？

朱伟珏教授

我简短回应一下。其实罗兰教授提到的“碎片化的团结”并不要求让全体人都团结在一起。从学术角度来讲，美国一个后现代主义社会学家提出过一个概念，他对“团结”的态度跟你一样，是反对的。他认为如果要提纯粹的团结，那么就要确定每个人都是有基本人性的，但还是有很多刽子手毫无人性。所以罗兰教授讲的“团结”是碎片化的，它讲的其实是一种群体的团结，而不是全社会的团结。它的意义是“融合”“包容”，我不能因为你可能是一个坏人，就可以屠杀你。所以它强调的是我们需要相互理解和包容，在社会学范畴已经很少提到您所提到的宽泛概念的“团结”，我们提的是“共识”。也就是说，我可以不赞同你的观点，但我选择包容。如果从狭隘意义上的“团结”

去思考一个社会的话是不太可能的，但是如果我们宽泛地以一种开放的心态去面对所有人，即使遇到和你观点不相符的人，只要这个人没有危害社会，那我们要尊重这个人的存在，我是这么理解的，没有刚才您讲的那种“世界大同”的概念。

罗兰教授

我觉得你的问题很重要，我们作为社会学家，需要了解普通社会的各种层面。但是现在的社会由于出现“不平等”和多种形式的“团结”导致其本身复杂化，所以我们了解得还是不够的。但是最重要的是我们是国际社会学家，我们在探讨我们共同的未来，我们需要理解这个社会的复杂性。

听众二

我有一个问题，大家在讨论“社会融合”的时候，提到了受到不公平对待的群体或者边缘群体，包括您说的法国新移民。在上海也有很多流动人口，这些流动人口不一定是农民工，可能是大学毕业生等，但他们没有上海户口。所以大家在讨论如何去提高这些人的社会认同感，提高他们的融合度。那我想就此提出疑问，有没有考虑过是哪些因素在阻止他们的融合度和认同感？

罗兰教授

我理解你的问题，我想我们需要做一个区分。现在上海的情况很复杂，有农民工等流动人口，流动人口中有社会分层化的过程。高学历的流动人口与这种情况不一样，这与社会身份的要求水平有关。我们社会学家需要把普通融合化的过程纳入考虑，可是每一种融合化过程的模式没有相同的社会身份要求水平。而我的工作是研究社会分层，我是研究员，不是政治家。

范文博士

我们今天讨论的主题还有一个概念叫作“情感”，我想就此分享一个很有意思的事。有学者去探讨“情感”对人重要的原因，他认为早期人类的祖先是一种猿猴，而猿猴是被普通的猴子赶出来的一个群体，它们很小众，生活在丛林的边缘，换句话来形容就是越来越个体化，所以它们的情感连接不强。但是它们要在严酷的环境中生存下来，必须慢慢培养出一种纽带，这个纽带就是"情感"。因此它们比丛林内部的猴子更善于利用"情感"的作用使他们凝聚在一起去共同维持种群的存在。

而"情感"在当代社会学里又被发掘出来并发现其重要性。如果在一个城市空间中,能够以小的互动激发正面情感,我们就更容易找到一种纽带。如果负面情感多于正面情感,距离慢慢就会疏远。以我妈妈为例,她不是上海本地人,所以完全没有融入上海,但是前段时间她来上海,我带她去复兴公园玩,她听公园里的退休老人在一个艺术活动中唱歌,我妈就被老人演唱过程中充沛的感情吸引住了,甚至提出想要住在这里。所以这种小的互动让我妈妈一下子融入南昌路,融入复兴公园,我认为这就是"情感"的带动作用。

罗兰教授

我去年才提出"情感"的概念并构建出理论框架。为什么我认为"情感"很重要,因为如果我们想要了解我们的社会,不能忽视主体性。主体性的意思是,你要知道你为什么要做这样的事,因此主体性很重要,意味着你可以主动地理解你自己的生活,而不是被动的。可是在现在的法国,我们因为受布迪厄的影响而不能使用"情感"这个概念。

图 6-9 讲座现场

听众三

我的问题是,刚才讨论有关"社会融合"的问题都是从一个积极的角度来讨论的,但现在很多影视作品还有社会都在关注反社会人格及其影响。社会中存在很多反社会人格的人，他们不想融入这个社会，想要和社会对立。那么我想问一下老师们，对于反社会人格这一群体的看法，以及他们这种群体是如何形成的。

朱伟珏教授

我认为每个人多多少少都会有反社会的冲动，只是绝大多数情况下并没有付诸行动。从一种狭隘的角度去理解社会的话，社会意味着规范，压抑了人们的欲望和要求。你的各种欲望和愿望会受到社会的制约。在此意义上，反社会人格并不是个案。不过，社会当然有存在的必要，因为人无法独自生存。事实上，人从出生的那一刻起就已经具有社会性。所以“反社会”有的时候是自相矛盾的。

我们来到这个世界以后，经历了社会化。父母教会我们如何与人相处，如何接纳他人。在社会化的过程中，我们懂得了除了我们自身以外，父母和社会中的其他人也给予我们很大帮助和支持，我们对他们负有责任。当然，社会也对个体施加压力和强制力，在这种情况中很多人会感到压抑和不适。法国著名社会学家涂尔干说，人每时每刻都受到来自社会的强制力，但我们平时并不察觉，因为我们没有触犯社会的规范。而一旦人们试图以身试法，或想要冲破社会规范时，社会的强制力就会立刻显现。所以人跟社会之间的关系充满张力，时而融洽，时而紧张。社会对人的约束力非常强大。影视作品往往喜欢描写人们如何实现现实中达不到的梦想。人们在现实社会中实现不了的愿望，有时可以通过影视作品得以实现。

听众四

我想请教两个问题。第一个问题，我很好奇，如果难民是一群可以通过社会资源或社会网络从海上抵达再进入法国城市的人，那么我们是否可以去推测这群人是相对比较有社会资本的难民？他们在与法国城市的融合过程中与那些相对弱势、毫无社会和经济资本的难民相比，会不会有所不同？第二个问题是，法国接待移民已经有很多年的历史，但是对于中国义乌来说是完全新的开始，我很好奇罗兰教授把法国难民和义乌做类比的思路。

罗兰教授

移民问题不是某一个国家所特有的问题，而是各个国家的政府所共同面对的难题，是一个国际性问题。与 20 年前不同，随着科技的发展，现在世界上有很多流动人口，这样的社会变化对每个国家和社会都会产生影响，所以我认为国际合作的研究非常重要。

图 6-10　嘉宾合影

朱伟珏教授

非常感谢大家来听此次讲座，更感谢我们的罗兰教授和两位学者，以及我们的翻译——一位来自复旦大学的老师，让我们再次对罗兰教授的演讲表示感谢。

第七讲　历史风貌街区与商业化

——一种全球城市的更新策略

2019 年 11 月 8 日上午，由环复-南昌路跨界自治会、中国社会学会社会地理学专业委员会主办，同济大学社会学系、城市与社会研究中心、陋室设计书吧承办的 2019 年秋季同济大学“城市与社会”系列讲座在上海南昌路陋室设计书吧举行。纽约城市大学教授沙伦·佐金和同济大学社会学系主任、中国社会学社会地理学专业委员会理事长朱伟珏教授分别发表了题为“地方性的商店和商业街”(Local Shops，Local Shopping Streets)和“绅士化与南昌路街区商业化”的讲演。在演讲之后，主讲嘉宾、对话嘉宾以及在场观众进行了交流互动。本场讲座由朱伟珏教授主持，同济大学建筑与城规学院教授王桢栋、社会学系副教授钟晓华担任对话嘉宾。

嘉宾简介

莎朗·佐金

美国纽约城市大学布鲁克林学院和研究生院社会学系教授；美国社会学协会消费者与消费分会主席(任组织领导职务，2014)；《城市与社区》(*City and Comunity*)副主编(任委员会成员，2012)；美国社会学协会社区与城市社会分会林德奖委员会主席(任组织领导职务，2011)。研究领域为现代城市生活。她在自己的一系列著作《阁楼生活》(*Loft Living*，1982，1989)、《权利景观》(*Landscapes of Power*，1993)、《城市文化》(1995)、《购买点》(*Point of Purchase*，2004)和《裸城》(*Naked City*，2010)中，对去工业化、全球化、绅士化和移民在近期对城市的重塑，以及基于文化产品和消费的象征经济的崛起进行了追踪考察。1996 年至 2008 年，任 Broeklundian 教授。她曾获得美国社会学协会社区与城市社会学分会林德奖,以表彰她在城市社会学领域的杰出贡献。她还凭借《权利景观》一书获得米尔斯奖。2010 年至 2011 年,担任阿姆斯特丹大学客座教授,同时在 2014 年秋被表彰为纽约市立大学研究生院高等研究合作中心杰出研究员。

朱伟珏

同济大学社会学系教授,现任中国社会学会社会地理学专业委员会理事长、同济大学城镇化与社会发展研究中心主任、中国社会学会理事、上海社会学会理事。主要研究方向:城市社会学、理论社会学、文化社会学。近 5 年共出版学术著作 7 部。长期致力于城市治理与更新方面的田野研究并积极参与相关实践项目,迄今为止已在上海南昌路地区进行长达 7 年的田野调查,现任环复-南昌路跨界自治会会长。积极推动城市研究领域的国际交流与合作,并与美、日、法、德等国著名社会学家建立起长期的合作关系。

王桢栋

同济大学建筑与城市规划学院建筑系副教授,博士生导师,国家一级注册建筑师。长期专注城市建筑综合体领域研究,现主持国家和省部级课题各1 项,参与国家级课题 2 项;完成各级课题 3 项;出版专著 1 本,发表论文 20 余篇。

钟晓华

同济大学政治与国际关系学院政治社会学系副教授。主要研究领域为城市更新、遗产保护、社区治理、青年研究等。代表成果有《遗产社区的社会抗逆力——风险管理视角下的城市遗产保护》《社会实践的空间分析路径:兼论城镇化过程中空间生产》等。

主持人朱伟珏教授

首先请允许我介绍一下佐金教授,她是美国纽约城市大学的社会学教授,是研究城市问题的著名专家,也是我们的老朋友。她从 2015 年起开始和中国学者展开合作,在上海进行了大量研究工作,研究的焦点主要是老城区的更新。今天就有请她介绍一下老城区在城市更新、重构的过程中和商业之间的关系。上海、纽约都是国际大都市,这些全球城市和商业之间又有怎样的联系？之后就这个话题我会介绍南昌路的案例研究。最后会邀请同济大学建筑系的王桢栋教授、社会学系的钟晓华副教授，以及我们的听众进行一些讨论。

佐金教授

地方性的商店和商业街

首先十分感谢朱老师和同济大学的邀请，让我有机会可以到南昌路演讲。很高兴今天有很多年轻的听众对地方商街上的文化遗产和社会互动感兴趣，因为我自己也是城市居民，所以我觉得这个议题对每个人都十分重要，同时地方商街本身也是一种文化符号的象征。《全球城市 地方商街》这本书是我们团队这两年合作研究的重要学术成果，其展示了 6 个全球城市的地方商街的比较研究。我本人的研究主要集中于纽约和阿姆斯特丹两个案例中，而在东京、柏林等城市也有地方学者参与研究，复旦大学的于海教授和同济大学的钟晓华副教授则参与了上海的案例研究。

这本书的核心观点是：地方商街不只是经济资本流通的场所，更多的是文化资本和社会资本互动的场所。你如果去过很多全球大城市，就会发现地方商街看上去都差不多。但是如果用社会学的视角去考察，其中还是存在一些显著的地方性差别。比如阿姆斯特丹有一个非常特别的地方，那里的商街是一个世界遗产地，你可以看到当地特有的婴儿推车、有轨电车的轨道以及自行车，街上的楼宇都是 17 世纪建造的。因为这条街体现了多民族的融合性，所以它被指定为联合国的世界遗产地。这些建筑和上海

图 7-1　佐金教授著作封面

的里弄虽然在外观上不太一样，但里面的社会核心是比较相似的。我们可以看到很多小店，比如有一家20世纪50年代开的音像店，一到周末，那里经常会举办一些文化活动和沙龙，这一点和南昌路很像。

图7-2 阿姆斯特丹街景

另一个例子是纽约曼哈顿下东城的伊丽莎白街。虽然它没有世界遗产那么高的规格，但也非常有代表性——19世纪建造的小楼，人们坐在街道边上，街边有很多小店……全球化的印记也是文化资本的象征，有很多来自不同国家、不同族裔、不同宗教背景的人在这里开店，他们的服饰和招牌上的语言都是不一样的。

图7-3 纽约伊丽莎白街

我认为一条好的商街具有以下一些积极特征：首先，街道应该有供人行走和休憩的空间，这几乎对这条街上的所有人都具备经济适用性；其次，这条街道应该具有地方特色和文化遗产，这些遗产可以是有形的，比如历史建筑和人文景观，也可以是无形的，诸如人们在社会互动中形成的风俗习惯；最后，在这条街上，人们总是能够发现新鲜有趣的事物，我们应该能够注意街道上新与旧、日常百货和咖啡店、艺术画廊之间的平衡。商业街是一个复杂的生态系统，商店店主、消费者、房屋所有者三者之间通常有所交叠，而商品供应链、居民区、社交媒体和地方政府等因素通常也会作用于此。地方商街上的商品是通过地方和全球生产者的互动最终流到商店业主这里的，社区里的居民通常也是商店的顾客，地方政府则扮演了政策和规章制度的制定者，而社交媒体则传播了地方商街的声誉。

纽约的商街最近遇到了一些危机，图 7-4 是格林威治村，也是我居住的社区，现在这里有很多空置的商铺。我认为，有几种原因会导致这种现象：一是电子商务的冲击，还有来自连锁店和大超市的竞争压力；二是高额的租金，让店主无法承受；三是如果店主去世了，没有人愿意继承的话，商店也可能会关门；最后一点原因就是市场上消费者的口味会变化，所以他们也许不喜欢原来那些老店的商品。

图 7-4　格林威治村空置的商铺

我举另外一个例子，Whole Food（音）是美国的一个连锁店，它现在被亚马逊收购了，这反映出社区里实体超市和线上购物的结合，反映了消费者喜好的变化。我们书中写到的 Porter Street（音）也是一条地方商街，2009 年的时候这里是一个廉价超市，到了 2011 年，这里就变成了咖啡店，这反映了市场偏好的变化。日常生活中经常会发生这样的情况，刚开始的咖啡店、特色的餐饮饭店和文化店会被更能吸引资本和顾客的业态所取代。从文化意义上来说，这里原来是一个非常有趣的地方，但是后来就会变得特别拥挤，虽然还保持着历史风格的建筑，但实际上已经没有了本土特色。商街的日常多样性正在遭到绅士化趋势的冲击，这是全球都面临的问题。艺术画廊（Art galleries）、精品店（Boutique）和咖啡厅（Café）的过度扩张，这一趋势可以被概括为ABC。这种变化迎合了城市中产阶级的偏好,却有可能忽略街区原住民等其他人群的需求,也对街区原真性、多样性造成了破坏。因此,应该在新与旧、杂货店与绅士化商铺之间寻求共生与平衡。一条街道应该同时容纳水果店、食品店与咖啡馆、艺术精品店,以满足不同群体的需要。

遏制过度绅士化的趋势,帮助商店保持地方特色,尽可能地控制商铺租金,为处于法律灰色地带的商铺提供许可,采纳自下而上的治理逻辑,对移民开设的店铺予以更多宽容。以上是我对城市建设实践者的一些建议。

图7-5 理想中的商街

如果你问我什么是好的地方商街,我觉得它应该是混合型的,既有比较廉价的食品店,卖各种各样的面包,也有非常高大上的咖啡店。这是纽约布鲁克林的一个社区,它也在经历绅士化,但它的绅士化进程是一个比较缓慢的过程。如果回到我们现在所在的南昌路,你也可以看到很好的例子,又有水果店,又有很好的咖啡店,它们可以共存。所以我把最后的页面停在我所认为的好的商街。

朱伟珏教授

绅士化与南昌路街区商业化

非常感谢佐金教授的分享,下面我就南昌路的情况做一个简单的介绍。我在这里做了6年的田野研究,曾经也住在这里。一开始我的研究兴趣来自南昌路的老人,但是现在转向了对南昌路街区的更新和绅士化过程的研究。与此同时,我和街道的合作也比较多,最近也担任了环复-南昌路自治会的会长。

我的演讲主要关于南昌路的商业化和绅士化。从 1902 年开发到现在，南昌路的物理空间变化非常小，但是社会空间的变化却非常剧烈。1902 年开始，这里被开发成为法租界，一直到民国时期，它都是高档的住宅区，主要是中上阶层居住的空间。1949 年以后，有一些外国人离开了这里，有一些政府官员住了进来。20 世纪 60—70 年代，南昌路的人口结构和人口密度发生了很大的变化，人口结构从以前的知识分子、国家干部变成了普通居民，很多居民从当时的卢湾区、打浦桥迁到了南昌路，这条街区就从高端的住宅区变成了平民化的社区，或者称为混合社区。南昌路的范围从襄阳南路一直到重庆南路为止，大概有 1.6 公里，大家可以看到南昌路是弯弯曲曲的，因为它以前是一条小河，被填掉了以后，两边造了房子，因此它的空间尺度非常窄，只有 14～15 米宽，是很适合漫步的街区。空间的格局从 20 世纪 20—30 年代就成型了，到现在没有太大改变。

图 7-6　朱伟珏教授在演讲

南昌路是淮海路的背街，从历史上来讲，这里是非常时尚的居住区，当时这里的居民就是霞飞路的顾客。这里的人文底蕴非常深厚，民国时期有很多著名人物都曾经在这条马路上留下了他们的印记，三联商社宿舍和书局也开在南昌路。南昌路现在是一个商住混合街区，它的绅士化过程和巴黎、东京完全不同。在 20 世纪 90 年代的时候，国有企业改革产生了很多下岗职工，当时国家为了解决他们的就业问题，同意在包括南昌路在内一些街区沿街开店，南昌路的街区就是在这样的政策和时代背景下发展的。当然当时的商铺不是现在这种很高端、很优雅的咖啡馆，而是更平民化的水果店、生活用品店、服装店。在此之后南昌路就变成了一个商住两用街区。其绅士化的进程大概是在 2000 年前后开始的，一些艺术家、国外的精英渐渐地对这个空间产生了很大的兴趣。

南昌路的绅士化进程大致可以划分为三个历史时期：第一个阶段是从 1980 年到 2000 年，在这段时期里，少量的国外精英和艺术家开始进来；第二个阶段是2000年到2010年,这里的精品店越来越多,但也是一个渐进的过程;第三个阶段是2010年到现在,我认为是一个发展期。沿街开始了大幅改造,政府开始整治周边的环境,街道被装饰得非常整洁。我个人觉得最幸运的一点是,迄今为止都没有大资本介入南昌路。可能是南昌路的尺度太小,店面规模也很小,所以大资本都不太喜欢这里。因此到现在南昌路依然保持了中小资本自主发展的特点。

在空间上我给南昌路做了两个区分。我认为到现在为止,南昌路并没有完全绅士化。它的沿街作为高尚商业街区的绅士化是成功的,但里面的里弄绅士化却非常不顺利。南昌路上大约有500家小店铺,其中街面店铺有200家左右,弄堂里有300家左右。这里有一百余家时装店,其中绝大部分是女装店。很多商店的经营者们并非上海本地人,他们比较年轻,年龄大多在30岁左右。他们还是一些文化精英,比如电视台的造型师、时装设计师、大公司的销售总监等,他们大多将经营店面当作一门副业。比如其中一家咖啡馆的老板,本身是一个老建筑修复师,咖啡店可能不是他的主要收入来源。而南昌路的消费主体则是30—50岁的中年中产阶级,他们具备较强的经济实力,商店中定制的消费模式也满足了他们的文化品位。南昌路的时装精品店中有80%的营业额来自女性,并且来书吧、咖啡吧消费的也是女性居多,他们一般挣不到男性的钱。但这里仍然有很好的本土商店,集中在南昌路与瑞金二路的交叉口,比如裕丰生煎馒头、老大昌、哈尔滨食品厂等,保留了本地的特色。

另外一个问题是,实际上这里很多咖啡馆根本不挣钱,某种程度上是一个情怀店。我去日本做了大量调研,日本所有的咖啡馆都是卖食品的,中午提供午饭。但是我们这里是纯咖啡馆,因为不允许做餐饮,再加上租金高,所以很难挣钱。因此这里的商铺更换率比较高,有一些店铺开几年就换人了。

最后讲一讲绅士化和商业、全球化的关系。绅士化有很多的组合,其中之一就是通过商业化的方式来对街区进行改造,精品店、画廊、咖啡馆这些标配在南昌路都能找到,这是全球城市绅士化的一个共同的特点。但是这条街上还有其他的商业形态,比如最近开了一家一见图书馆和一间摄影工作室,还有老麦理发店、修自行车的摊位等,包括刚才讲的生煎馒头,我希望它们能够并存。

我最近去了东京的神乐坂,它被认为是东京的巴黎,和南昌路比较相似。有一点令我非常感动,那里有老百姓消费的照相馆、小旅店,还有一些药店。

在这条街上生活，日常用品都可以在街上买到。与此同时，它还有非常高端的咖啡馆、书店、精品店，在一条街上和谐共存，有很多作家、艺术家都来这里工作，形成了一种独特的文化氛围，我觉得这才是一个好的场所。我希望南昌路不要只销售高档商品，不然时间的痕迹都被抹去了，这是非常可惜的。我不排斥商业带来的城市更新，建筑的功能会随着时代的变化而发生转变，但是这个转变依然要根植于这个场所和这里的居民。我希望来这里的年轻人能够再次把历史文化氛围带动起来，让街区重新焕发活力。

嘉宾对话

朱伟珏教授

下面我们就来聊一聊关于城市的话题。先请王桢栋教授。

王桢栋教授

我是一名教建筑学的老师，研究方向之一是城市综合体。小时候我在襄阳公园留下很多印迹。从本地居民的角度而言，我特别排斥 iapm 环贸这样的建筑，但是仅从专业的角度看，它确实又做得很好。我知道这一方案的整个过程，相对而言，这一方案无论是对周围的环境，对整个街区，还是南昌路，在大型开发中都是做得比较出色的。

图 7-7　讲座现场

那么，我为什么对佐金教授的研究特别感兴趣？为什么会关注大型综合体？实际上，我认为城市在发展，高密度的环境确实需要去改善。一些传统的交通问题，城市土地的升值问题，都需要有这样的一些项目去带动。在此领域中，我发现了一些重大的问题。虽然混合使用的开发方式是从美国开始的实践，这种方式确实能够快速创造一些社会关系。它通过将一些不同功能放在一起，达到了 1＋1＞2 的效果，来形成比较好的氛围，但是其中又缺失了什么。从佐金教授的书中，我得到了特别大的启发。在《裸城》中，她一开始就提出一个城市的原真性到底是什么的问题。纽约这个城市变化很快，上海现在变化也很大。那么其原真性究竟是什么？原真性即城市的连贯性。因为我原先住在附近，到南昌路来能够找到小时候的感觉。这种空间的连贯性，对于一个城市而言尤为重要。现在上海有越来越多的商业项目。比方说长宁来福士广场，开发商在政府的压力下，把圣玛利亚女校旧址保留下来了，至少保证了一定的空间延续性以及对城市的真正开放。特别有意思的是，那个区域甚至可以让宠物进去，附近的中山公园都不能带宠物。不过实际上也留下很大的问题。我跟长宁来福士广场的地产开发商特别熟悉，也一直在帮助他们进行一些思考。政府希望把这些地方保留下来，但这些地方如何更好地运作，如何跟当地居民发生联系，如何跟现代商业产生联系？这些其实都没有答案。这些大的商业项目也需要融入原真性。如何为城市做一些贡献？iapm 环贸购物中心是不是能为南昌路做一些贡献？因为这样的商业开发确实能赚很多钱，这些钱能够拿来做什么？或者对它来说南昌路的价值和它究竟是什么关系，其实是值得探讨的。所以对我们来说，南昌路案例也给了我重要的启发。我觉得未来大型开发是不可避免的，但是这些大型开发到底能够为城市带来什么，是值得我们去研究的。刚刚朱老师也谈到日本东京，东京有很多有趣的案例。他们通过大型开发一些高密度的地方，大型开发反过来支撑了多样化的小街区。

钟晓华副教授

很高兴有机会来南昌路交流地方商街的问题，我对南昌路很熟悉。我想从社会学视角简单谈一谈关于我们的商街，关于地方性商业行动者们的社会角色。目前有个热词叫社会治理、社区治理、城市治理。商家是很重要的行动者，同时也是社区的一部分，应该承担更多的社会责任，与地方社区建立更广泛地联系。刚刚佐金教授讲到了曼哈顿下沉联合广场。联合广场给我印象最深的是广场周边既有很多小商户，也有花旗银行、纽约大学这样的大机构，他们共同成立了一个我们国内所说的民非组织的社会企业，它叫联合广场商业促进会。这个促进会的成员都是商户和机构。同时，他们也把自己当作社区的一分子。所以他们除了做好自己的生意外，还积极参与广场物质环境的营造。由于每年商户向这个机构缴不少税，帮助其运营。这个机构也非常热心地去帮助社区组织很多活动。广场每个月都有主题活动，目的是让附近的社区居民参与。商家们秉持一种理念：我参与了社区建设，社区也会反馈给我。而且这个地方的品质提升了，人气就会带动起来，盈利也会更好，这是一个共赢的过程。我觉得在我们的商街，每一个商户也是社区的一分子，不论是在正式层面还是非正式的层面，是有机地和社区结合在一起的。他们真的非常重要，是社区治理的一分子，也承担着同样的社会责任。刚才王教授讨论了 iapm 环贸购物中心这样的大商场如何反哺我们的社区。如果有一个比较好的机制，大商户、小商户一起成立一个纽约联合广场那样的联盟。大商户多投一点钱，作为社区建设基金。因为它投到了基金里面，既能帮助到那些小商户，也能帮助到本地的社区，这样对大商场环境的改善也是有利的。

朱伟珏教授

存在一个问题，南昌路跨越黄浦区和徐汇区两个区，在行政上是被分隔的。

钟晓华副教授

对，其实刚刚讲到的纽约联合广场商区也一样，它共有五个社区联合在一起。

朱伟珏教授

行政边界问题的确是一个棘手的问题。至今为止，我的研究对象一直是南昌路的黄浦区段。我很想去徐汇区段做研究。因为机缘巧合，我多多少少和地方政府有一点点联系。最近，徐汇区管理南昌路的地方政府来联系我，他们很愿意让我去他们那儿做实践项目。徐汇段南昌路上有 iapm 环贸这样的购物中心。是否可以利用他们的优势，包括资金方面的支持，或者是提供给我们空间，比方说我们有艺术家可以去那里搞艺术活动、这边的小商户可以在那里摆个摊。应该把南昌路看成一个整体，正好现在两个街道可能也都有这种愿望，我觉得如果可以实现一体化，对南昌路街区的治理将有很大提升。

实际上，环贸确实也带来一些问题。淮海路因为由两个不同的行政区管辖，导致了管理的割裂。黄浦区政府在淮海路东段建造了另一个购物中心K11。两个购物中心把淮海路的消费人群都吸掉了。所以淮海路沿街商店现在衰退得很厉害，南昌路也受到了不小的冲击。我跟佐金教授以前也聊过这个话题，这都是一些值得关注的现象。

王桢栋教授

我是研究城市发展的，实际上现在我们的活动圈已经被地铁交通改变了，所以现在我们在城市当中的活动，不是原来线性的，而是点状或网状的，我们在日本和中国香港也可以看到同样的趋势。这种方式确实更适合城市扩大之后的密集需求。以往我们的传统是逛马路，现在已经变成到了一个点，在这个点上活动，如果他能提供更多的服务，让我一次性做更多的事情，我就愿意去。比如说地铁的交通还是会比机动车的交通好很多，而且地铁在发展的同时也可以带动城市网格的发展，在这个网格里我们可以有更多的空间。

佐金教授

回应一下您刚刚的建议。我在阿姆斯特丹做的研究跟您在南昌路的研究很相似。我曾在阿姆斯特丹问了很多当地居民，他们是怎样看待这条街的？他们的回答认为这条街和其他地方是不同的。他们强调的“不同”非常重要，和那些跨国的全球品牌商品也是不同的，有它自己的独特性。

刚刚朱老师讲到了很多小店经营难、生存难的问题。这让我想起了在东京做的研究。那条商业街在一个比较偏僻的地方，不在市中心。它跟田子坊有点像，不只是主街，里面还有很多像里弄一样的小巷，有很多的 hip star bar，还有很多音乐商店。你会发现东京很多住在市中心的人，都会不约而同地来这里，因为他们都是一些音乐爱好者，需要这样的圈子，愿意在那里消费。但另一方面，那里商家也很难盈利。所以我想是不是可以对一些有声誉、有知名度，但又经营困难的店给予某种支持。

听众一

我的问题与金融化有关。因为金融化特别喜欢大商场，所以就会摧毁街区。纽约走在了前面，怎么样才能用金融化的逻辑去帮助这种有特色的街道，而不是摧毁街道？

佐金教授

这个问题很重要，但实际上不管是政府，还是市场，都很难说能很好地去保护这样的地方商街。我们刚刚讲到的互相扶持，更多的还是在开发商层面。它是开发主体，所以会把租金进行分级。对于那些有特色，但是规模比较小的商户，租金就会比较低。它会把更高的租金给到那些大一些的，有经济实力的公司。所以在整个的开发主体层面，最后是做了一个资金的平衡的。他们把商户分了层，有收租金比较低的商家，也有收租金比较高的商家。

朱伟珏教授

现在上海市政府非常重视中心城区的再开发，把上海一些著名历史街区让大资本去统一规划管理。结果，有些公司几乎完全按照绅士化的标准，把它认为所谓的不合品位的店统统消灭掉了。整个街区变成了一个非常标准的绅士化街区。它引入了很多音乐元素，每周举办音乐会，也搞了很多其他活动。但是，一个好的街区，不是靠人为设计而成的，而应该是自下而上自然形成的，不应按照大资本逻辑搞旧城更新。比方说，如果大资本进入南昌路，因为有资本就有话语权，就可能把自己的喜好强加给这个街区。我个人认为，它至少不是一种理想的更新和治理方式，不妨尝试一下，但不能在全上海推广。这种模式比较令人担忧。

王桢栋教授

更可怕的是，它在用 Shopping mall 的方式改造街道。

朱伟珏教授

对，完全就是 Shopping mall 的模式，把它变成了一个街道的 Shopping mall。这么好的一条街道，现在却反而缺乏生机了。是不是地方政府可以重新思考一下这种治理模式，引进资本并不意味着能把文化也引进来。

图 7-8 讲座现场

佐金教授

区一级的政府有没有可能成立一个专用基金，从一些大资本或者有实力的投资者那里去多筹一些资助，最后由基金统筹再反哺到地方商街和地方社区。其实对于政府来说这也是一件好事：政府帮助了这些有特色的地方商街，地方商街实际上也帮助政府维持了这个地方的品质和特色。所以这个地方的价值也因此得到了提升，就是这样一个过程。

朱伟珏教授

地方政府现在不缺钱，他们蛮愿意把钱投在旧城治理更新上的。问题是有时候不清楚该怎么花？它得有一个标准。譬如地方政府来跟我商量，南昌路店牌店招制作政府是不是可以资助店家 2 000 元？我认为商家从事的是商业活动，应该自己掏钱去做这件事情。所以怎样花钱是政府的智慧。

佐金教授

是否可以用一种间接的方式激发地方活力。南昌路目前最缺的是能够创造一些话题来吸引人气。譬如是否可以让年轻艺术家来举行一些活动。政府是不是应该把钱花在这些地方。您刚刚提到内部的很多空间，政府可以出台政策，提供一些相对廉租的空间让这些人来，他们自然就来了。

朱伟珏教授

我也向黄浦区商委提议过，南昌路有一个租不出去挺大的空间，政府是不是可以把它租下来，把空间利用起来，办一些激活人气的活动，目前还没有回复。佐金教授可能还不知道，我今年春天策划了“南昌路文化艺术季”，共由 5 场大型活动构成，目的就是想通过这些活动带动人气。包括今天把佐金教授这样的世界著名学者请到这里，初衷也是想让南昌路能够活跃起来，把人流引过来，尤其是把那些年轻人吸引过来。

南昌路折叠咖啡馆经营者李佳

我跟朱老师已经认识很久了，我们经常在一起交流。现在大家都喜欢去创造一些新的东西，即便如此，这个空间的很多东西是无法取代的。最近我也在尝试通过一些话题做运营。我们上个月做了一个英国百年工装品牌 Pop-up 的快闪店，效果很好。因为工作的原因，我想能不能在我们咖啡馆做芬兰月，这个月我可以做冬季运动，下一个月做芬兰教育，再下个月做芬兰的 life style 或者是自然生活，把这些东西都融入我们的咖啡空间里。没想到计划一提出就有十几个品牌都聚集过来了，包括芬兰旅游局、教育署，还有商务署。他们认为，能够在市中心这样一个很有历史感的街道上找到这样一个空间非常不容易。后来芬兰工业部门也来了，他们很想跟国内在木造建筑方面有建树的一些建筑师做一个讨论。其实外部的商业有很多需求，如果我们可以把这些东西整合起来，会产生更大的效应。另外，我觉得空间（咖啡馆）本身也有很多限制，比如不允许咖啡馆自己制作甜品，本来我们是可以做一些特色蛋糕的，现在由于执照的问题不能去做这些产品。另外是外摆，南昌路的秋天是很舒服的季节，但咖啡馆前面不能放任何外摆的东西，有很多限制是没有办法去克服的。

朱伟珏教授

折叠咖啡是由三位设计师合办的，都是很有创意的年轻人。我刚才讲南昌路很多商家很难维持生存，其中有制度的原因。这些咖啡馆有营业执照，但是没有饮食经营执照可能什么食品也不能卖，你只要一卖，一遭到投诉就得关门。当时李佳跟我商量过是否可以在外面摆个摊位。我就去了解了一下。我熟悉的一位老居民对我说，你千万不要让这家店把东西放到外面。你很喜欢的那家清吧就是因为在门前马路上放了两把椅子，遭到投诉被关掉的。因为南昌路现在仍然居住着很多居民，商家和居民的关系非常复杂。所以如何打破制度的局限，同时又能兼顾本地居民的利益，这确实是个难题。

佐金教授

这是全球咖啡馆经营者面临的普遍问题。居民经常会投诉噪声或者占道经营这些问题，这是不可避免的，哪里的地方政府都会面对这样的问题。刚才朱老师提到的文化资本是非常重要的。我们书里有一个纽约的案例，有一条街道，它有一个移民博物馆，有一个公租房的租户博物馆，最早是一批质量非常差的公租房，所以从中你可以看到原真性，有很多当时生活的展示。但是你会发现去那边博物馆浏览的参观者最后也会去旁边高大上的咖啡店消费，而不是去本地的小店里面消费。

朱伟珏教授

总而言之，城市中心老街区已经成为一个无价之宝。政府已经充分地理解到了这一点，但是怎么样去利用它？怎么样让它变好？这是一个非常复杂，也必须去实践的重大的问题。在我们都市的建设中，从文化的角度看，老街区代表了我们城市的脉络，我们的历史。从未来看，这个地方也代表了我们城市的未来。其实老城区既是过去，又代表着未来。城市空间还是要回归到人性的尺度，而不是以汽车为主。汽车大量挤占人的居住空间的情形应该得到改变了。所以在此情况下，我们是不是应该再一次回归到南昌路这样的小尺度，能漫步，能让人与人产生交流的慢空间。我们要去构建这样的都市生活，而不是再去造很多大尺度、非人性化的空间。现在日本也在反思，我最近在日本买了一本书，写日本团地的，也就是我们所说的商品房

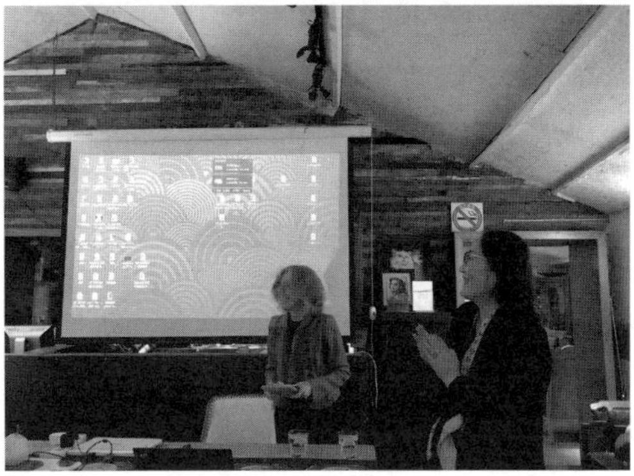

图 7-9　讲座现场

社区。日本团地现在面临着十分严峻的问题。那里出现了老年人孤独死等一系列社会问题。这些问题是不是在几十年后同样会在我们的商品房社区出现？所以，我们需要重新思考我们的城市。究竟什么样的空间适合我们人类居住的？可能南昌路给了我们一个不错的样板。不要那么急，建造的社区不要那么封闭、马路也不要那么开阔，而是可以提供我们交流的可能性，在空间的尺度上提供交流的可能性。一个城市的未来在哪里？我觉得南昌路街区给了我们一些有益的启示。

观众二

如何看待居民投诉问题？这可能是历史的遗留问题，比如分配的不公。不管政府做什么、商家做什么，都会被投诉。比如刚才说到的那家咖啡馆。在国外，商家或许可以通过付费的方式把外摆摊位固定下来。然后再用这些钱补助居民。如果居民不管好坏都要投诉，那怎么办呢？虽然我们说以人为本，我们做这些好事感觉是在为居民着想，但是他们不理解甚至会产生误解，那该如何去跟居民沟通呢？

朱伟珏教授

这是很大的难题，刚刚佐金教授也讲了。有些问题可能永远都无法解决，这就属于其中之一。居民有自己的利益诉求，有一些利益是真实的利益，还有一些象征性的利益。有些利益可能跟居民没有直接关系，譬如他们就是不想让街区变得那么商业化。从政府的角度来讲，政府政策基本就是属于安抚性的，哪里翘起来就压哪里。尤其对于这里的老居民，政府也是很尊重他们的，绝不可能出台一个不允许居民投诉的规定。还有一些居民不要钱，南昌路有一个例子，他们家有一栋楼可以出租，每月可以租 5 万元，但这家主人每天坐在家门口不允许他妹妹出租。他自己过着简朴的生活。从居民的角度看，未必没有道理。你一旦到了一个比较小的空间，狭小的空间就会发生类似问题。刚才讲到的商品房社区，此类问题就比较少。但是它会出现另外一些问题，所以问题永远存在，问题就在于我们如何去平衡。

王桢栋教授

这个问题我补充一下。朱老师刚才提到了很重要的一点，即一个公众讨论的空间。这样的空间能够部分缓解此类问题，因为现在的商业街是一个刚性的出现，一个商业街的出现跟居民没有直接关系。居民没有发现它跟自己的生活有什么联系，也没有信息和对话的渠道。我们现在有很多的商业机制，有很多的法律机制，但是缺乏社会机制。其实我们只要有一个社会机制，通过某种方式跟居民发生联系，它就能够成为一个缓冲带。

观众三

我想回应一下，我有一个同事是研究垃圾分类和社区营造的。他告诉我，上海有一个特点就是垃圾分类做得特别好的社区，都是人与人相互熟悉，跟居委会关系比较熟悉的街区。他们会自发做很多事情。如果商户跟居民之间有了这样的联系，那么问题就可以得到部分解决。

观众四

大概问一下，你们的自治会有什么作用，有没有法律地位？

朱伟珏教授

自治会的情况是这样的。它不是一个完全自下而上的组织，也就是说，一开始是由街道政府推动的。因为我长期在南昌路做研究，时间长了就跟街道政府认识了。当时，他们邀请我来担任南昌路街区自治会会长。自治会下设四个小组：沿街商铺治理、垃圾分类、停车，还有风貌保护。我目前主要参与的是商户自治。刚开始的时候，我们考虑到这是一条老街区，必须有所治理。尽管南昌路商街是一个自发生长的街区，但仍然会有一些公共话题需要一个组织去协调。而且我作为一名学者没有任何利益在其中。如果我也在南昌路开了店，在这里挣钱了，也就不太合适担任会长一职。当然我也不是公务员。我们在南昌路做的工作有这么几个：首先，试图让这一街区产生活力;其次,能够做一些协调工作,让这个街区变得更有序。比方说通过一些活动,让这里的商家能够先互相认识,让他们互相有一些沟通。有了沟通很多事情就可以一起解决。我们没有设定很高的目标。

最近,我们在南昌路做了一个店招店牌的导则,通过导则保留了当地的多样性和丰富性。去年,由于一些街区统一店招店牌,引起了上海市民的极大关注。熟悉我的人都知道,我对保持南昌路的多样性向来非常执着,多次和街道政府沟通,讨论如何保持街区的多样性。其实现在街道政府官员的素质都比较好,他们很理解城市需要保持多样性。也因此南昌路这条马路的店招店牌没有被拆除,保留了现在我们看到的丰富性。在店招店牌统一的风潮中,南昌路被保护了下来。

实际上从商家的角度讲,他们也有自己的利益诉求,希望尽量把店招店牌做得大一些、醒目一些。所以自治会就开会讨论,是不是可以制定一个导则,既能保持街区的多样性,又能协调一致。在南昌路,只要商家设计的店招店牌在导则的规定范围内,怎么做都没有问题。但如果不遵守导则,就要承担一定的责任。当然这是自治会出的导则,没有法律约束,但这是通过包括许多商家在内共同讨论出来的规则,所以南昌路的商户有义务去遵守。现在,南昌路每户商家都已收到导则。我们除了对店招店牌的尺寸、材质、安装位置等都有具体规定外,也对店招店牌的色彩提出了具体要求。我们运用科学的方法,在南昌路街区拍了100多张照片,提炼出南昌路基调、辅助色、点缀色。商家的店招在不破坏整个街区色彩环境的前提下,可以尽量保持多样性。

政府花了很多钱,统一了一些老街区的店招店牌,虽然整洁了,但失去了特色。现在,南昌路的店招店牌丰富多彩,商家们有充分的自主权,只要它符合规定,我们没有权力去干涉。

佐金教授

这是一个非常棒的自治案例,通过我们的自治会可以让商家和政府,以及商家之间多一些联系,尤其是店招店牌导则的制定。很多时候导则审美太高大上了以后,会让很多地方小店无法承受,但南昌路的导则兼顾了几方利益。真正做到了审美意义和社会意义上的平衡与和谐。

朱伟珏教授

我们正在尝试,解决不了的问题也很多,总是在遭遇瓶颈,总是在想怎么样去克服。南昌路还存在很多问题。不过,我希望首先能让商户之间互相沟通,现在一些咖啡馆的老板们经常在一起交流、一起玩,慢慢地就变成朋友了。这让我非常高兴。此外,我还想保留南昌路一些不那么高大上的东西,要让居住在这里的居民可以在南昌路上消费,否则里面的居民社区跟外面的时尚街区将完全被隔离,这是我们不愿意看到的。

佐金教授

非常重要,居民成为顾客是非常重要的。

朱伟珏教授

好,今天就到这里结束,感谢各位。

第八讲　逆转的人类学

2019 年 11 月 13 日下午，由同济大学主办，环复-南昌路跨界自治会、中国社会学会社会地理学专业委员会主办、同济大学社会学系、上海同济城市规划设计研究院有限公司-同济大学社会学系“城市与社会研究中心”共同承办的 2019 年秋季同济大学“城市与社会”系列学术活动之“逆转的人类学”在上海南昌路半舍咖啡成功举办。法国社会人类学研究所研究员皮埃尔·德里亚奇发表了题为“逆转的人类学”的演讲，本次对谈由同济大学社会学系副教授陈晋主持，浙江大学社会学系梁永佳教授、复旦大学人类学民族学研究所潘天舒教授受邀担任对话嘉宾。

嘉 宾 简 介

皮埃尔·德里亚奇

法国社会人类学研究所研究员，现负责“语言人类学”团队。研究课题包括西亚马孙地区沙哈那瓦人的祭祀演唱学习（Le Chant de l'anaconda，2009），北美原住民仪式书写系统的发明（Inventer l'écriture，2013）以及安第斯山地原住民群体的逆转人类学（Lettres mortes，2017）。

陈　晋

同济大学社会学系副教授。主要研究领域为社会文化人类学、仪式与认知研究等。代表成果有《多种实践与多重关系：纳人达巴的“古布”仪式》《走出人类学的自恋》《唱诵、仪式行动与仪式过程：以纳人达巴的“木卡布”仪式为例》等。

梁永佳

浙江大学社会学系教授。研究领域为民族志理论、本土宇宙观、亚太民族志。出版专著 3 部,并在《社会学研究》《社会》《开放时代》等期刊上发表多篇论文。

潘天舒

复旦大学人类学民族学研究所教授、副所长。人类学博士(哈佛大学),复旦—哈佛医学人类学合作研究中心主任。主要教学及研究兴趣:文化、健康与社会医学研究、商业和技术人类学、全球化与地方转型语境中的城市空间重构与社区发展。

主持人陈晋副教授

欢迎各位来参加今天的活动。首先由我来为大家介绍一下背景,同济大学今年秋天开展了系列学术活动——“南昌路法国思想沙龙”,上周已经在南昌路别的地点举办了两场,今天这场活动是这个系列的第三场学术讲座。除此之外,上周末在同济大学校园内举办了一场学术会议,皮埃尔当时也发表了一个演讲。这个系列的学术活动得到了瑞金二路街道的支持,我们接下来还会在南昌路举办更多的沙龙。今天的主讲人是来自法国社会人类学研究所的皮埃尔,另外还邀请到两位重量级的嘉宾——复旦大学的潘天舒教授和浙江大学的梁永佳教授。同时在场还有很多同学、朋友,我就不一一介绍了。

在皮埃尔开始演讲之前,我先简单地介绍一下皮埃尔及他讲座的主题。大家可能会觉得这个题目非常奇怪——逆转的人类学。皮埃尔是我在法国求学时的师兄,我们的导师是同一位,实际上我们有过很多的交流。今天这场讲座主要涉及的是他对人类学知识和调查方法的一种最新的思考,我觉得皮埃尔的研究很大程度上把逆转人类学这种可能性提到了桌面上。这位是我们的翻译——上海交通大学的任铁老师,非常感谢任铁今天鼎力相助。任铁很紧张,因为皮埃尔的研究对象主要集中在美洲,离我们稍微有点远,所以接下来他可能会提到一些非常奇怪的印第安人的名字,但是没有关系,我们只要知道他们离我们有点远就可以了。实际上皮埃尔对中国的关注已经有很长一段时间了,在法国的时候他经常找我讨论一些关于中文,关于中国少数民族的问题,所以今天我也很期待听到他学术研究中的一些最新的思考。

接下来我要跟大家郑重介绍一下，皮埃尔是一个写书狂人，他已经写了十本书，其中有一本我们会想办法把它翻译成中文，所以大家有兴趣的话可以找来看看。然后我们今天的时间安排是这样：一小时的时间请皮埃尔老师来介绍他的研究，另外两位对谈人每人大概有十五分钟的时间发表自己的看法，最后半小时留给现场的观众来提问、回应。接下来让我们欢迎皮埃尔老师。

皮埃尔·德里亚奇

首先非常欢迎大家来参加这个学术活动，首先要感谢的是同济大学社会学系的朱伟珏教授，尽管她不在现场。另外还要非常感谢陈晋副教授，我们俩已经认识 15 年了。最后还要感谢两位对谈人，当然还要感谢所有来参加（活动）的朋友。

图 8-1 皮埃尔·德里亚奇

陈晋老师希望我谈一谈作为人类学家的学术经历，但是我想了一下，从我开始人类学的训练已经有 20 年了，要把我整个 20 年的人类学研究经历简化成一小时的报告其实是一件不容易的事情。所以今天我可能有一点自恋，因为我只讲自己的研究以及我自己的想法。因此我给出了一个比较具有幽默性质的题目作为今天演讲的主题。

首先要讲一讲，法国的人类学其实有一个传统，从涂尔干、莫斯这些人开始，人类学家基本上都会受到哲学的影响。我也继承了这样的传统，在我成为人类学家之前，我也受过专业的哲学训练。我一开始关注的是雅典的古典哲学，也就是柏拉图、亚里士多德这些哲学家，后来又转向现当代哲学，我的硕士论文的主题也是现当代哲学。得益于我在哲学方面的训练，使我在人类学研究中更加关注人的想法，特别是人对科学的想法，比如哥白尼这些人对科学的想法，我第二个哲学方面的硕士学位就是关于爱因斯坦的。在我的哲学生涯中，我对科学和科幻这方面也比较感兴趣。还有一个想跟大家分享的小秘密，因为我从来没有在法国这样讲过：我曾经在法国读了很多关于中国的法文版的书，但是我觉得翻译得很不好，我很失望，所以我曾经想努力学习中文，然后自己来翻译。但是这个工作只持续了一年，我就成为一名人类学家，然后我就很无奈地停止了中文学习，所以今天就没有办法用中文为大家做这个演讲了。

在整个哲学学习的过程中，我使用的都是一些有文字的文本，然后我就开始考虑一个问题：那些没有文字、仅靠口述的思想是怎么流传下来的呢？所以我就开始尝试寻找，是不是还存在着一些人或者一个族群，他们没有文字，也能仅靠口口相传来传递一些非常复杂的思想呢？也正是因为这样的原因，我成为一名人类学家，然后去了亚马孙河流域。我出发去亚马孙流域的时候是 24 岁，在那边待了六个月左右，主要在秘鲁和巴西的亚马孙流域。在那边我开始寻找，有没有这样的人群，他们主要靠口口相传来传递一些仪式，包括他们萨满教的教育的呢？而且我想寻找的是没有受到西方基督信仰影响的人群。

我在这一大片区域中访问、寻找不同的族群，最后确定的是一个叫作沙哈那瓦（Sharanahua）的族群，在这个族群里我持续研究了两年左右，而整个研究的时间跨度大概是五年。我在那个地方连续待了两年，之后每三个月我会再回到那个村庄里。那个村庄很小，就在亚马孙原始森林的深处，村里只有 200 人，每次我都要花 10 多天的时间才能进到这个村子里。在这个村子里我遇到了一位非常有智慧的萨满，他一直保留着传统的歌唱仪式。

在这两年时间里，我的主要工作就是把他们口头吟唱的内容先录下来，然后转写，最后再翻译，那些内容主要是和神话有关的一些仪式。我觉得对于一个人类学家来说，最主要的工作就是要把这些族群口头的东西变成文字，这也是我在博士论文撰写、学习当中做的主要工作。

我觉得也许我自己提出来的某些理论根本就不重要，也许很快就被别人忘记了，但对我来说，至少有一件事是可以流传于后世的——就是把这些族群口口相传的内容记录下来，转写下来，之后还可以被后世其他人类学家不断地分析，我觉得这就是我工作最重要的一部分。我记录的这些歌唱仪式，其实是用一种非常神秘的语言来表达的，所以普通的族人也是无法听懂，只有萨满和巨大的蟒蛇才懂，而我的主要工作就是想搞懂这些神秘的语言。但是这是非常困难的一件事情，然后我就去问那个萨满，怎么样才能够听懂他说的话，萨满跟我说："很简单，你只要去喝一口迷药，然后你就懂了。"（陈晋副教授补充：在南美很多印第安人的社会里面，他们的萨满是通过服用致幻剂来通神的，就类似云南人吃蘑菇。他们也有一种蘑菇，这种蘑菇叫亚瓦斯卡，吃完之后人会进入非常强烈的幻觉之中。他们就是用这种方法来通神的，原来皮埃尔家里也有这个，他曾经给我看过。）

图 8-2　陈晋副教授

最后大家会发现这些致幻剂是没有用的，所以说还是要回到人类学传统的方法，先拿一个录音机或录音笔把他的歌唱录下来，然后再开始转写、翻译。总之致幻剂是没有用的，还是要靠人类学家才能去破解这些神秘的语言。刚才我也提到了，蟒蛇在理解这个歌唱的过程中是非常重要的物体。现在我就来具体讲一下，首先我们要做一个比较，将普通的历史叙述和我研究的仪式情境中的歌唱进行对比，特别是要与救治病人这种情境下的歌唱进行一个对比。通过这个比较我们发现，这个族群里的人会认为这些神话的作者是他们的先人、先知，而这些歌唱的作者就是一种特殊的精灵。（陈晋副教授补充：这个精灵只有在服用致幻的时候才能看见它，一般是看不见它的。）

具体来说，一个萨满是怎样来操作的呢？他的歌唱其实就是破解神秘的语言的过程，也就是说他会把自己认作一个精灵。他们的学习过程通常是这样的：一个老的萨满在唱歌，一个新的萨满就重复他唱的内容，当然他同时也是要吃致幻剂的。吃了致幻剂之后，他就觉得他懂了这种神秘的语言，然后他就成了一个精灵。这种神秘的语言我就没办法在这里详细地展开叙述了，如果在座的听众有人能读法语的话，可以去读我这本法文著作。在萨满学习的过程中，从嘴里发音出来的是一个词，它代表的是另外一个意思，这是因为他们吃了致幻剂以后，能够在大脑当中产生一种图像，然后通过类比的方式来把意思和发音对接在一起。（陈晋副教授补充：刚才皮埃尔也提到了，在这个过程中非常重要的一点就是类比性。比方说皮埃尔刚才提到了“塔皮尔”，这是亚马孙部落里的一种哺乳动物，在我们中文里叫作“貘”，但是在致幻的作用下它的图像和你想起来的另外一个动物进行了类比。所以在他们所谓的秘密语言中，每个词的意义就在他不断的联想和替换的过程中形成了。）

图 8-3　皮埃尔·德里亚奇著作封面

对于萨满来说，他们最重要的事就是成为精灵，也就是所谓的蟒蛇，这也就是为什么我用蟒蛇作为我这本书的名字，意思是“最后的大蟒蛇”，或者“蟒蛇之歌”。

这段时间对我来说是一个艰难的过程，但同时也是一个非常愉快的过程，特别是我真正懂了其中的一些仪式歌唱的时候，我就觉得非常愉快。在完成实际的田野调查之后，我们要进行理论提炼，就是说将田野调查中获得的知识上升到一些理论层面的问题。尤其是这样一种非常原始的口口相传，它是怎么能够一代一代地稳定流传下去、流传至今的？我认为有三种解释可以回答这个问题。第一种就是人类都有同样的一种心理，就是说当人们遇到自然之后，从自然当中提取一些有意思的元素。（陈晋副教授补充：第一种解释其实是最简单的，是一种心理主义的解释，就是说我们人类其实都有这样的一种心智的能力，比如说我们看到蟒蛇或者美洲豹，就觉得这是一个很重要的元素，我们就会把它记下来，然后这个东西就自然而然地传下来了，这是最简单地解释，但也是皮埃尔最不感兴趣的一种解释。）

第二种解释是，为什么这样的传统可以一代代流传下来，这是因为他们的歌唱中有一种固定的、和诗歌比较相近的结构。这种结构其实是符合人记忆规律的，所以人们能够通过不断重复而记忆下来，这种结构帮助这样的歌曲一代一代地传承下来。（陈晋副教授补充：说到这里有一个术语，我们会发现大量的史诗或者是仪式的歌曲里面都是通过排比和修辞来进行重复的，皮埃尔称之为一种“知识的技术”，他认为这种知识的技术是非常重要的东西。）

第三种解释是，在歌唱仪式过程中，讲述者具有一种权威性，或者是对先驱，或者是对自然，或者是对祖先的权威性，正是因为这种权威性使得这样的歌曲能够一代一代地流传下来。在三种解释中，第二种关于“知识的技术”的解释，第三种关于权威的解释，是我在工作当中主要想展开的。

首先我就化身为历史学家来研究“知识的技术”，其中最重要的就是书写。我想给大家展示的是我另外一本书，书名叫作《书写的发明》。之前的主要观点认为文字或者书写的起源是和国家的起源联系在一起的，另外就是和人的知识水平联系在一起。但是我对这两个观点都持反对意见，我想讨论的是，在怎样的一种具体的情境下，一个社会或者某个人需要创造或者发明书写？我的观点主要分为两点，第一点是文字或者书写并不是突然之间冒出来的，在文字或书写出现之前，前面是有口头的传统在的。就像我之前的田野调查所发现的一样，这种口头的歌唱其实是以一种有组织的，而且是以一种很复杂的情况存在的。我之前所有的田野调查，对于我研究文字或者是书写的诞生来说，其实给我提供了一些非常理想的材料。

大家可能也知道，在美洲印第安人的文化当中，他们只有一种文字，就是可以和埃及、中国这些古老的文字相媲美的玛雅文化里面的文字，这个文字其实到20世纪80年代才被人们破解，但是在我的研究当中，我不想研究玛雅文字。我主要利用的是北美印第安地区18—19世纪那种带有自发性质的文字书写，那才是我在写这本书时主要利用的材料。要知道这样一种文字并不像我们今天的文字一样，可以把口述完全转化成文字。实际上，口头讲述和它是一种伴随的关系。也就是说它只是把口述当中的一部分有选择性地记录下来。

陈晋副教授

有一个细节我来解释,因为这个有点抽象。在印加人那里也有一种古老的文字,大家可以想象一下,有一点像我们中国的结绳记事。就像一条绳子,上面有一长串一长串的结。但那个密码不是完全这样的,它真的有绳子,也有很多结,一个一个的结代表着一连串事物的名字。然后萨满会选择某条绳子,然后就在仪式中来唱诵这些物体的名字,他也可以任意地排列这些事物的名称。它不是一种书写,但是它是一种选择性的书写,就像把我们所说的话、所唱歌的某些重要的、关键的结构呈现出来,就用这种方法来记忆。

皮埃尔·德里亚奇

那么大家会发现,这种情况它有一种特殊性,我把它称之为附属性,或者说附着性的书写。也就是说这样的一种文字并不能用在各种各样的场合中,比如说它不能用来写信,它只能用在仪式这样一个特定的场合中。如果说仪式消失了,或者这种仪式话语消失了,那么这样的文字也就消失了。我们会发现,这样一种附着性的书写跟我们熟知的、使用的这种书写和文字的特点其实正好是相反的。在那种附着性的书写当中,它的符号性是很复杂的,但同时它的用途却是非常单一的,或者说有限的,其实跟我们现在使用的文字正好是相反的。我研究附着性书写,就是想知道为什么在一个口口相传的传统的社群当中,他们想要发明这样一种附着性书写。他们是为了让他们口口相传的东西能够一代一代地流传下去,特别是在这种权威性的主导下。

世界上应该是有四大文字,一个在美索不达米亚,一个在埃及,一个在中国,一个在玛雅。最后我就提出来一个假设:是不是这四大文字在它们发明的时候,其实从某种意义上来说也是一种附着性的文字谱写,然后我把这个假设抛给了那些研究文字的历史学家,由他们来继续研究。

第一部分就是怎样从口口相传的口头讲述的研究到了文字书写的研究。那现在来讲一下我主要工作的第二部分,也是我现在还在持续研究的。我想提出一个问题——谁是拥有,或者是使用,或者是传播某一种知识的人?我也为此写了一本书,名叫《死亡的文字》,或者叫《死掉的文字》,副标题就是关于逆转哲学的一个研究。

其实现在很多的人类学家都在讨论或者研究这样的问题,即关于知识的所有制的问题。比如说我到亚马孙的一个部落里面，我学会了他们的知识，然后我把这个知识写成了书，成为印刷品。那么对于这个种族的知识，我有哪些权利呢？这是我考虑的问题。

这种现象其实是20世纪70年代，美国的人类学家或者民族学家首先提出来的。在一个后现代的语境当中，他们在思考一个学者和他们所研究的对象、所拥有的知识之间是一种什么样的关系？其实北美有很多印第安部落是拒绝人类学家到他们那里进行学术考察的，因为他们觉得这些人类学家跑到他们那里去把他们的知识偷走了，他们认为他们是唯一能够拥有这些知识的人，而不是这些学者们。

图8-4　讲座现场

为了解决这个问题，我提出来两个解决方案。第一个，我认为我要改变一下我的身份，我不再只是一个观察者，也不再只是一个转写者，我要成为一个陪伴者，陪伴当地的印第安人，帮助他们将口口相传的东西写成文字。事实上我帮助了两个当地的作者，一个是归安那（音译），这个作者他本身就想把他们族群的神话写成书。另外一个是墨西哥非常有智慧的萨满，他自己原本就手写了四本书，然后我就帮助他一起把一些很传统的仪式的话语整理出版。关于知识所有者的问题，我的第二个解决问题的方案就是提出了逆转的人类学。逆转的人类学并不像前面提到的，印第安人自己把自己的传统写出来了，这是一个正常的人类学。而是反过来，这些印第安人是怎么思考白人、西方人他们的文化的？这对于我来说，就成了逆转的人类学。

解答这个问题其实是很难的，因为我们知道亚马孙部落基本上没有出现人类学家，所以说我能做的就是在20世纪亚马孙流域部落里面的仪式话语当中，寻找有没有关于西方人、白人的一些想象图景。当这些白人来到亚马孙流域，他们带来商品、技术，也包括文字和书籍。那么当地的这些亚马孙部落里面，他们是怎么样通过这些东西来构建出对白人的概念的呢？

在这本书里面，我就讲到了很多印第安人是怎么看待西方人、白人的书写、文字的。我举了一个例子，我发现印第安人会模仿白人书写，其实就是在纸上就画波浪形的条纹，看上去似乎是一种很傻的模仿，但是通过我的研究，我发现这样的一种模仿的背后其实蕴含着权力的因素，因为这些白人19、20世纪在亚马孙地区有大量的殖民地，所以说它背后其实有权力的因素。

嘉宾对话

陈晋副教授

非常感谢皮埃尔。我觉得刚刚好像只是热了个身，然后突然一个thank you就结束了，大家是不是跟我有同样的感受？我运用一下主持人的特权再跟大家解释一下这个事情。这是人类学历史上一个很重要的公案，虽然看上去很蠢，但其实是一个非常关键的问题，而且我很高兴皮埃尔讨论了这个问题。大家知道法国结构理论大师列维-施特劳斯有一本著作叫《忧郁的热带》，可能大家都听说过。书里有一个非常著名的篇章叫作“一堂书写课”，讲的是一个非常有趣的故事，当时列维-施特劳斯发现这个部落当地没有文字，但是他们的部落首领发现那些西方人都来了，他也假装自己在写字，写的其实大概就是皮埃尔刚才讲到的东西，也就是说部落的首领在他族人面前装作自己会写字。列维-施特劳斯的解释已经成为一个非常经典的解释，他认为这是权力的结果，他认为部落首领通过书写来展现他有某种知识权力，这个也跟皮埃尔刚才多次说到的我们对书写的理解非常相关。历史学家或者考古学家长期的一个说法是，书写是跟国家的起源相关的。就是说我们为了控制，我们为了资源，为了我们大家知道的所有现代文明出现的一个基础。但是后来这个故事成为德勒斯在他的哲学研究中重新进行拷问的故事，但是皮埃尔拷问的是德勒斯的思潮。皮埃尔想告诉我们的是，即使是这样一个简单的波浪线的东西，也并不是一个愚蠢的、简单的模仿而已，也不是首领简单地想要去奴役他的族人。皮埃尔的疑问是，为什么人类学家列维-施特劳斯的到来才是这种类似于书写的东西出现的一个最重要的原因？换句话说，我们应该首先去反思的是，我们研究者对于当地人的影响是什么？以及他们是怎么看待我们的？这是我觉得他的书非常有价值或者有意义的地方。接下来的时间就交给两位评议人。

梁永佳教授

那我就抛砖引玉了。首先，我的法国朋友们总是跟我讲，说法国人跟中国人是很像的。今天我领教了，的确是这样，我们都很谦虚。因为皮埃尔说他最主要的工作是翻译了亚马孙的东西，而不是他的理论。但我作为听众来讲，我觉得最受启发的是他的理论。我觉得皮埃尔讲的东西根本不是一个200多人的村子里简单的一件小事，这是全世界有史以来，是人类的历史上一个非常重大的问题。这个问题其实是非常基础性的，其他的学科在这方面没有深入研究。而人类学有一个天生的优势，我可以跟在座的同学们多讲一点。为什么皮埃尔要去找一个没有受基督教影响的地方？因为他们实际上变化的速度是比较慢的，他们并没有优化，但是他们也是人，我们是不是能够在他们身上看到一些我们以前经历过的、类似的事情？或是能够启发我们的一些事情？所以这个研究看似是在一个200多人的小村子里展开的，但实际上它是一个关于200万人，至少是20万人、2万人的问题，所以说这是一个非常宏大的问题。第二，我今天听皮埃尔讲完之后，更理解陈晋的研究了，以前看他的文章，都觉得有点云里雾里，现在我明白他们做的事情是非常重要的。陈老师关于纳西族文字和仪式的研究，以后大家有机会可以跟陈老师了解一下他的研究到底是有什么样的意义。

第三，是我的补充。书写文字到底是一个什么样性质的东西？我觉得我接受皮埃尔教授的看法，即文字的产生在很大意义上是对萨满的仪式，以及他对另外一个世界叙述结果的记录。文字的神圣性实际上并不是一件很难理解的事情。只不过对于今天的我们来讲，太容易看到文字了，以至于我们

图 8-5 讲座现场

觉得文字是一个非常世俗化、工具性的东西。实际上哪怕是在民国时期，中国大地上遍布着许多焚纸炉，含义就是敬惜字纸，意思是写了字的纸如果没有拿来用的话，这个纸是要被烧掉的，因为它是神圣的，文字本身就是神圣的。识文断字的人有一种超越性的权威地位，类似于很多文明中的祭司、巫师这样的权威地位，中国的儒学知识分子都是有这样的地位。所以说，会写字、会书法都是神圣的。更明显的就是道教的符咒，它看上去不是文字，有很多道教个人的创造，比如文字本身的驱鬼、辟邪能力，甚至是指挥各种各样的神灵的能力，这种现象实际上非常普遍，不光是在中国，可以说所有的文字都是这样。总之我特别想说的就是皮埃尔的研究实际上是在说一个很普遍的东西——文字本身的神圣性。中午我跟皮埃尔教授谈到了一堂书写课的事，我觉得这是对我冲击特别大的一件事情。

我想说的是，其实类似的事情在 50 年代的中国发生过，我们那时候系统地记录过各个少数民族和基层社会的民间文学。后来在 80 年代又加入了新的团队，最终形成了民间文学的五种丛书。其中一部分就是关于神话的，现在中国也有很多很有名的神话，像《格萨尔》《江格尔》《玛纳斯》等，这些本来都是没有文字记录的，是很多民间文学专业老一代的学者，比方说李大钊的女儿——李新华教授等学者在基层社会走访记录下来的。有些学者回忆道，他们当年在基层做调查，听一些人讲故事，记录下来以后拿给专家看。专家说："你们这是看到史诗了，赶紧把它记下来。"我们都知道罗马、希腊有很多史诗，实际上我们中国也有很多史诗，积累了大量的、上亿字的文献，还非常有待于继续研究。我觉得这些文献是完全可以跟北美的民族学调查材料相比的，只不过这些材料理论化的利用还远远不够。我觉得在这些史诗的记录、研究过程中，一定发生过大量皮埃尔遇到的事情，虽然那不是人类学的眼光，但是经历是非常类似。曾经一些民间文学的研究者问过我：为什么在没有文字的传统社会中，人们可以讲几天几夜的史诗，而且它能够代代相传？它代代相传的秘密是什么？有学者认为，他们记忆的不是那个故事，而是故事的书股。就类似于我们汉族的评书，一个好的评书家要记住书股，他跟老师学的就是书股，然后他讲给其他人的时候，会加很多自己的评论，这就叫评书。学评书的那些老先生、老前辈会说：我们师父告诉我，做多大人，讲多大书，做人做得高，讲书的水平才高。因为书股是非常稳定的，也很好记忆，但是要把它用白话讲出来，而且讲得能够吸引人，你做人的水平要高。其实在那些没有文字的传统社会中，人们讲史诗的时候，也是这个道理。他记忆中的故事的结构是很简单的，不断地重复，之后就回到原点，这就是没有文字的史诗的叙述过程。我们50年代形成的五种丛书，我建议皮埃尔可以留意一下，或者在座的感兴趣的同学可以去研究一下。

我有一个疑问，刚才皮埃尔教授讲了三种理论解释，其中第一个就是人见到蛇、猎豹会感到害怕，因此大家会注意。皮埃尔觉得这个理论不重要，重要的是结构中的“知识的技术”和讲述者的传统。但是我觉得我刚才讲的所有东西都是从属于他讲的理论，就是说，我们讲述“知识的技术”，但我们不能忽视蛇和猎豹本身对于人作为一个生命体的威胁，人类的这种恐惧会形成深刻的记忆。实际上目前已经有了相关的研究，就是说为什么人怕蛇？人对蛇的那种恐惧反应几乎是本能的。这实际上是灵长类动物在长期的演化中形成的一个必然记忆。最新的一次研究中认为蛇之所以让人害怕，而且这种害怕如此之普遍，正是生物在进化过程中形成的本能，我觉得这一点不能随意忽视。我的问题是，为什么他们愿意把神话叙述一代一代准确地传递下去？我觉得这才是问题本身，或是一个非常值得去考察的问题。我觉得是这种愿望导致了文字的产生。我的一个假设是：这个社会在发生变化，在这个过程中产生了积累时间的愿望。比如中国就是一个玩命积累时间的社会，我们对历史是一种崇拜的心态，认为历史越长越好。我觉得积累时间实际上是积累空间，实际上是积累权力。我想问皮埃尔教授能不能介绍一下自己的看法，就是说这种积累的愿望是一个新的东西，还是一直存在的东西？另外您当年研究的那个部落是一个平权社会，还是一个渐渐等级化的社会？这种等级是人跟人之间的等级，还是人跟非人之间的等级？

皮埃尔·德里亚奇

我首先想说，为什么要尽可能准确地记录？我认为一定要完全准确地来重复蟒蛇说的话，这样才有效果，它如果说错了，或者没有完全说对，那就没有效果，也就没有权力了，这是其中的一个原因。另外，我非常同意您刚才说的在时间、空间包括权力方面的积累。

陈晋副教授

这个问题比较专业，还是我来回答一下吧。刚才永佳兄提的这个问题是一个非常关键的问题，亚马孙的社会到底是不是我们理解的平等社会？关于这一点有很多争论，皮埃尔认为它是一个平等社会。但是我们不要忘记，首先这个社会是不对称的，这个社会中男性是大多数，占主导地位，这个已然跟我们理解的平等社会不一样了。其次，社会之间的战争是普遍化的，所以会永久地存在某种冲突，这一点是德勒斯和列维-施特劳斯在研究视角的转换、狩猎关系里面所共同强调的，也是近 50 年关于南美的印第安人人类学、社会理论学研究里面最关心的问题。皮埃尔认为他可能没办法在五分钟里面回答你这个问题。

图 8-6 讲座现场

潘天舒教授

听了皮埃尔的演讲，我就在反思自己研究生时期接受的训练，坦白讲我主要是在英语体系里受的训练。在听皮埃尔讲述的过程中，我也在尽可能地回想我的老师里哪位在亚马孙流域里做过研究。其中有一个就是梅博里·路易斯，现在已经去世了，他最早去亚马孙的原因是为了挑战列维-施特劳斯。他去了之后，理论研究方面未必很成功，但他写了一本旅行札记——《天真与野蛮》，一度比较畅销。他在当地最主要的工作就是用一切手段来保护当地的文化，也就是说他的工作其实超越了学术研究的范畴。他是我想到的第一个人，是一个做了好事的人，他去世之后当地的土著居民很悲伤，也为他举行了仪式。他的工作是不是做到了逆转的人类学还很难说，但是他想办法保护当地的文化还是很有意义的。也因为这个原因，他学术上的路走得其实比较慢，很长一段时间只做到了讲师。我想起另外一个做了坏事的人，就是拿破仑·沙尼翁(Napoleon Chagnon)，这我就不多说了。我想起的另一个人是我在乔治城学习的时候的朋友——乔安，她开展的工作是合作民族志，也就是和安第斯山脉的土著知识分子合作来写民族志，而且她要让那些土著知识分子占主导地位，她故意退却，更多地表现为一个秘书一样的角色，这可能和皮埃尔教授做的事有点相像。总之我今天只是一个学习者，最后我想问一个技术性的问题，可能比较无知，我在印第安文化博物馆看到过一件文物，并且拍了照片，我想问这件文物和皮埃尔说的附着性文字是不是一回事？

皮埃尔·德里亚奇

是的，跟我说的附着性文字是同一种东西。

潘天舒教授

看来我的人类学没白学，在座的各位如果有机会到华盛顿的话，我建议大家去一下那个博物馆。另外，我补充一下之前提到的干了坏事的拿破仑·沙尼翁，这是人类学非常糟糕的一个公案。他研究亚马孙流域的书卖得很好，仅次于米德的那本书，但是他讲的故事很糟糕。他带着一个社会进化论的假设，认为男人就是要杀人，抢人家的老婆，抢土地，其实他要验证的问题就是男性本质就是凶猛的，女性就是要附属于男性，这是非常糟糕的。另外他研究部落战争的时候，为了方便得出结论而同时给两方买礼物，之后还拍成了民族志电影，这是非常糟糕的，甚至有的部落看到这个电影的时候就哭了。对他的一整套指控是一个新闻记者提出来的，在 2001 年美国人类学年会的时候，这件事情就成一个公案，所有人都在批判他。但是他并没有出现，是他的朋友——密歇根大学的一个人类学家在台上为他辩护。甚至有几名部落首领穿着部落传统的衣服也来到了现场，总之这是人类学历史上从未出现过的一幕。简而言之，人类学研究有许多传统，既有英国、美国的传统，也有法国的传统，可能理论关怀不太一样，但是从列维-施特劳斯出发是这些传统的一个重要的共同点，大家都想去挑战列维-施特劳斯。虽然列维-施特劳斯并没有好好做田野研究，但是他的札记是有思想的。

皮埃尔·德里亚奇

潘老师照片中拍摄的那件文物，就像潘老师所说的它有财会记录方面的一个作用，它是以十为单位来记录的。另一方面它作为附着性的书写，其实基本上已经消失了。

陈晋副教授

潘老师照片中的那件文物就像一个绳结一样，其实有两个功能，一个就是算账，大家可以把它想象成我们的算盘，有一个会计的功能。第二个就是它真的可以用来书写，就是皮埃尔说的那种附着性的书写，比方说用来记录世代国王的名字。但问题是这种书写的功能并没有在安第斯区域保留下来，只有它的算盘功能被保留下来了。唯一的例外是在法国的民族学博物馆，里面展览了一个来自法属圭亚那的保留了书写功能的一件文物，它是唯一一个保留了书写功能的文物。

皮埃尔·德里亚奇

我个人对人类学的思考想法其实源自我的哲学训练，我只对两个部分感兴趣，一个是人类学最普遍的性质，一个是人类当中最特殊的性质，在最普遍性和最特殊性中间的那部分，我是不怎么感兴趣的。

陈晋副教授

非常感谢两位评议人，现在还有一点时间，就留给在座的观众吧，大家如果有问题可以积极地提出，任何的想法、评语都可以，我们都欢迎。

听众一

我是门外汉，我有一个问题。皮埃尔教授提出了逆转人类学的概念，他的意思是土著人研究白人，就变成了逆转的人类学。关于这一点我想问，是不是有一种偏见在里面？

梁永佳教授

逆转人类学本身并不是一个贬义词。

潘天舒教授

我再讲一个更简单的例子，在 2001 的时候我的导师曾经做过类似的事情。我的导师来自美国中部，但是长时间在中国香港地区做田野调查，因此他们结识了很多中国大陆、日本、韩国等地区著名的人类学家。他在 2001 年的时候把这些人类学家请到他的家乡——以农业为主的伊利诺伊州，希望他们来研究美国农民，就像一个实验一样，看看会有什么效果？结果这些农民热情地接待了这些东亚的研究者，有多少问题就回答多少问题，一种可能是高度的老龄化导致他们很孤独，另一种可能是美国中部地区的农民仍然保留了一种淳朴的天性。另外，我的老师詹姆斯·沃森，每次遇到中国的学生，都希望他们去研究一下美国的高中，比如他太太曾经就读的高中是美国乡下一所不错的高中，但是今天这所高中完全不一样了。50 年代的时候，这所高中的孩子可以去读 UC 伯克利，可以成为各行各业的精英，但是到了 60 年代、70 年代、80 年代就不是这样了，很多当地的年轻人能读上州立大学就很不错了。他并不希望美国人来研究这所高中，他想让一个中国人去研究，我觉得这也是某种逆转。如果用后现代话语来表达，这种“逆转”叫作“把凝视回给你”（return the gaze）。在很多民族志中，白人看待当地人的时候的那种凝视就像目光一样。比如安东尼奥尼的电影当初让一些中国人感到不舒服的原因就是那种被凝视的感觉。这种凝视在一定程度还是有意思的，在电影中我们可以看出普通人被镜头看了以后，很自然会给予一种回看（return the gaze）。我觉得这两个例子可能跟皮埃尔的研究有一定的联系，那些被凝视的人是不是会回过头来看看那些白人是怎么回事？其实逆转的人类学讲的就是权力的平衡，或者说权力的倒置，让原本被研究者来研究。

听众二

我来自上海音乐学院。教授今天的讲座对我很有启发，他提到20世纪70年代，我们在后现代语境下去思考学者和已知对象的关系，其实就是对学者反身性的一种思考。教授提到了两种解决方案：一种是改变我们的身份，就是作为一个陪伴者去帮助当地的人，帮助他去书写自己的文化，这让我想到赫斯菲尔德的书，不知道和教授的研究有没有一些联系或者区别？第二是，他提到的逆转人类学里面，印第安人也会模仿白人的书写，还有列维-施特劳斯的"一堂书写课"里面也讲到了一些权力的关系，让我想到一个很鲜活的音乐学案例——有一个学者研究西方人作品中的中国音乐，他研究的是《茉莉花》，它的西传以及它的东归，以及它现在变成了一种中国想象里面的权力关系，其实和这个也是有比较紧密的关联的。

皮埃尔·德里亚奇

先回答第一个问题，关于身份的转化。当然我提出这个身份的转换，并不是说作为一个人类学家就要把作为人类学者最普通的身份给去除掉，我认为这两个身份都需要保持。之所以作为陪伴者，是因为现实的情境要求我们做出这样的变化，特别是40年以来美国的人类学者必须这么做，他们没有选择，因为北美当地的印第安人认为你想到我们这边来研究，就必须按照我们想要的那种研究方式来研究我们，所以说我们是没有选择的。我认为自己是一个出版者的角色，出版者并不只是把当地人的作品出版出来，我也要伴随着他们写作的整个过程，为他们提供建议，选择什么样的题目，选择什么样的图案，不停地跟他们进行对话，所以说我作为一个出版者，在出版过程当中我的介入性是很强的。

回答第二个问题对我来说是比较难的，因为我从来都没有听过《茉莉花》这首曲子。西方人对于茉莉花肯定进行了改编，那些改编的人对中国应该是有某些认识的，这种认识有可能是对的，也有可能是错的，这就导致他的改编有可能是合适的，也有可能是不合适的。那么，再回到我在亚马孙部落做的工作，我在这个族群中把他们的神话当中关于白人的内容收集起来，然后进行一个重组。可以说是重组，但是从某种意义上说，其实也是一种建构，是对于他者知识的一种暴力。

陈晋副教授

皮埃尔说的就是对知识的暴力。他的意思是说，所有的这种生产组织，事实上都带有某种复杂的性质，比方说他去研究印第安人，研究白人，研究他们自己，这中间本来就是一个往复的过程，我们只能接受这样一种知识的复杂性。

我们今天的讲座就到这里吧，如果大家还有别的问题也可以跟皮埃尔继续交流，或者与梁老师、潘老师交流，机会难得。总而言之，非常感谢各位的到来，非常感谢皮埃尔，也非常感谢两位老师的点评和任轶的翻译，感谢大家！

图书在版编目(CIP)数据

全球化、绅士化与后空间 / 朱伟珏主编. —上海：同济大学出版社，2020.11
ISBN 978-7-5608-9522-2

Ⅰ. ①全… Ⅱ. ①朱… Ⅲ. ①城市社会学 Ⅳ. ①C912.81

中国版本图书馆 CIP 数据核字(2020)第 183923 号

全球化、绅士化与后空间

朱伟珏 **主编**

责任编辑 丁会欣 **责任校对** 徐春莲 **封面设计** 张 微

出版发行 同济大学出版社 www.tongjipress.com.cn
(地址:上海市四平路 1239 号 邮编:200092 电话:021-65985622)
经 销 全国各地新华书店
排 版 南京文脉图文设计制作有限公司
印 刷 常熟市华顺印刷有限公司
开 本 787 mm×1092 mm 1/16
印 张 15.5
字 数 310 000
版 次 2020 年 11 月第 1 版 2020 年 11 月第 1 次印刷
书 号 ISBN 978-7-5608-9522-2

定 价 68.00 元